人工智能技术
在高校图书馆资料中的应用研究

刘先熙　李冠华◎著

吉林文史出版社

图书在版编目（CIP）数据

人工智能技术在高校图书馆资料中的应用研究 / 刘

先熙，李冠华著. -- 长春：吉林文史出版社，2024. 7.

ISBN 978-7-5752-0459-0

Ⅰ．G258.6-39

中国国家版本馆CIP数据核字第2024SZ6985号

人工智能技术在高校图书馆资料中的应用研究
RENGONG ZHINENG JISHU ZAI GAOXIAO TUSHUGUAN ZILIAO ZHONG DE YINGYONG YANJIU

著　　者：刘先熙　李冠华
责任编辑：王　新
出版发行：吉林文史出版社
电　　话：0431-81629359
地　　址：长春市福祉大路 5788 号
邮　　编：130117
网　　址：www.jlws.com.cn
印　　刷：河北万卷印刷有限公司
开　　本：710mm×1000mm　1/16
印　　张：15.75
字　　数：210 千字
版　　次：2024 年 7 月第 1 版
印　　次：2025 年 1 月第 1 次印刷
书　　号：ISBN 978-7-5752-0459-0
定　　价：88.00 元

前　言

在当代信息技术飞速发展的背景下，人工智能（AI）技术已经成为推动社会发展的关键力量之一，其影响渗透到教育、医疗、交通等多个领域，高校图书馆作为知识的宝库和学术研究的重要场所，也迎来了前所未有的变革机遇。《人工智能技术在高校图书馆资料中的应用研究》一书正是在此背景下，深入探讨人工智能技术在高校图书馆资料管理和服务中应用的一次重要尝试。随着大数据和云计算的普及，人工智能技术在处理和分析海量信息方面展现出了强大的能力。高校图书馆拥有大量的图书资料和电子资源，如何有效地管理这些资源，提高资源的利用率，满足广大师生的学习和研究需求，已成为图书馆工作的重要任务。人工智能技术的应用，为解决这一问题提供了新的思路和方法。本书从人工智能技术的基础原理出发，详细介绍了此项技术在高校图书馆中的应用价值。结合对高校图书馆自动化、数字化转型过程中人工智能技术的实际应用案例的分析，本书展示了人工智能技术如何在图书资料的存储、组织、检索和服务过程中发挥作用，特别是在个性化教学材料推荐、支持学术研究、优化读者服务等方面的重要贡献。

图书馆的发展水平及其服务质量，成为衡量一个社会文明程度和发展水平的重要标志。图书馆的先进程度直接影响知识的传播效率和广度，对于提高全社会的教育水平和文化素养具有不可替代的作用。随着数字化技术的发展，图书馆服务方式的创新已经成为推动社会文化发展的新引擎。人工智能技术的引入，提升了图书馆在信息检索、资料管理和个性化服务等方面的能力，使得图书馆能够更加高效地服务于公众的知识需求，强化了其在社会发展中的地位和作用。图书馆提供了平等的资源获取机会，有助于弥补不同社会群体之间在教育和文化资源获取方面的差距，为所有人提供了自我提升和发展的平台、平等的知识获取机会，是社会进步和文明发展不可或缺的部分。

图书馆的历史演变反映了社会发展的轨迹，从农业社会的手抄本到工业社会的印刷术革命，再到信息社会的数字化浪潮，每一次跃进都与图书馆的建设和发展紧密相连。目前，图书馆界正在经历一场前所未有的变革，即从以物理藏书为主的传统图书馆，向以电子资源为核心的数字图书馆的转型。这一转变标志着图书馆服务和管理模式的根本性变革，对提升图书馆的功能性和时代性具有深远的影响。在信息社会，信息的价值日益凸显，人们对信息的需求更加多样化和即时化。数字图书馆应运而生，极大地丰富了图书馆的资源类型和服务范围，且通过网络平台打破了时间和空间的限制，使得读者能够随时随地访问和利用信息资源。这一转变极大地提升了图书馆服务的便捷性和效率，满足了现代社会对信息获取速度和质量的高要求。数字图书馆的建设对于推动图书馆事业的发展具有划时代的意义，其不仅代表了图书馆技术和服务理念的更新，也是图书馆适应信息社会发展、满足人们信息需求的重要途径。图书馆通过人工智能，能够实现资源的有效保存和高效管理，保障文化遗产的传承。同时，人工智能图书馆促进了信息资源的共享和普及，加快了知识的流通和创新。随着人工智能、大数据等先进技术的应用，图书馆的功能将进一步拓展，为用户提供更为个性化、智能化的服务。图书馆的这一转型不仅体现了技术进步对社会发展的推动作用，也反映了社会对知识获取方式和学习方式日益多样化的需求。

本书正是立足人工智能技术在图书馆资料中应用的角度，试图对人工智能技术在图书馆资料中的应用进行创建性的指导。但是，由于笔者的时间与精力有限，在撰写本书过程之中难免存在疏漏之处，敬请广大读者批评指正！

目　录

第一章　高校图书馆综述 ……………………………………………………… 001

　　第一节　图书馆的概念解读 …………………………………………… 001

　　第二节　高校图书馆的理论界定 ……………………………………… 016

　　第三节　当代图书馆发展的趋势 ……………………………………… 038

第二章　大数据背景下的人工智能技术 …………………………………… 049

　　第一节　大数据背景下人工智能技术的起源 ………………………… 049

　　第二节　人工智能技术的基础概念 …………………………………… 054

　　第三节　大数据背景下人工智能技术的发展与演变 ………………… 059

第三章　新时代下的高校图书馆的建设与管理 …………………………… 071

　　第一节　高校图书馆电子资源的有效构建工作 ……………………… 071

　　第二节　高校图书馆外文文献资源的开发 …………………………… 075

　　第三节　高校图书馆非书资料的管理与应用 ………………………… 081

　　第四节　高等学校院系资料室的创新及改革 ………………………… 084

第四章　我国高校图书馆自动化到虚拟图书馆的转型 …………………… 091

　　第一节　高校图书馆自动化发展之路 ………………………………… 091

　　第二节　我国高校数字图书馆的构成与发展 ………………………… 095

　　第三节　新时期我国高校虚拟图书馆的转型 ………………………… 102

第五章　高校图书馆文献信息检索渗透人工智能技术的创新思路 ……………110

　　第一节　高校图书馆文献信息的基础介绍 ………………………………110

　　第二节　高校图书馆文献信息检索的方式 ………………………………135

　　第三节　利用人工智能技术的高校文献信息检索创新 …………………147

第六章　基于人工智能的高校数字馆藏资料资源存储与组织 ………………151

　　第一节　高校数字馆藏资料存储体的基本功能 …………………………151

　　第二节　人工智能技术渗透于高校电子书库的构建与网络存储 ………159

　　第三节　基于人工智能的馆藏信息资料资源组织管理与时效性控制 ……169

第七章　人工智能技术支持下高校图书资料的共建、共享与共管发展 ………181

　　第一节　图书资料与资源共建、共享、共管的含义 ……………………181

　　第二节　我国高校图书资料与资源共建、共享、共管的理论与实践 ……187

　　第三节　人工智能时代下高校图书资料共建、共享、共管的发展趋势 ……206

第八章　人工智能在高校图书资料管理与读者服务中的实际应用举措 ………214

　　第一节　我国高校移动图书馆的发展研究 ………………………………214

　　第二节　人工智能融入高校图书馆微博服务的措施 ……………………224

　　第三节　人工智能技术在高校图书馆资料微信公众平台中的实际应用 ……229

　　第四节　基于人工智能技术的开放数据与高校图书馆读者服务优化举措 ……235

参考文献 ……………………………………………………………………………241

第一章　高校图书馆综述

第一节　图书馆的概念解读

一、图书馆的发展

（一）图书馆的定义

图书馆，这一承载着人类智慧和文化财富的殿堂，自古以来就承担着收集、整理、加工、组织、存储、传递和开发文献信息的重要使命。从最早的府、宫、阁、观、院、斋、楼，到如今的数字图书馆，图书馆的形态和功能经历了演变和升华，但其核心价值和社会职能一直未变。[①]图书馆不仅是藏书之所，更是知识传递和文化交流的重要平台。在历史的长河中，对图书馆的定义也随着时代的变迁而演化。从美国图书馆学家巴特勒将图书馆视为一个将人类记忆的东西移植于现在人们的意识之中的社会装置，到各大百科全书和学者们的定义，无不强调了图书馆在收集、保存、提供资料方面的基本职能，以及其在教育、研究和文化传播中的关键作用。[②]《不列颠百科全书》将图书馆定义为收藏图书并使人们阅读、研究或参考的设施，着重强调了图书馆作为知识获取的场所。

[①] 刘传和，陈界. 图书馆知识管理理论与实践 [M]. 北京：海洋出版社，2007：105.

[②] 武德运. 图书馆通论 [M]. 西安：陕西人民出版社，2006：29.

《美国百科全书》则从图书馆的三项主要职能（收集、保存和提供资料）出发，指出图书馆是实现图书及其前身固有潜力的重要工具。法国《拉鲁斯百科全书》和日本《图书馆用语词典》的定义则更加深入地探讨了图书馆在保存和传递人类思想资料方面的任务和职能。在中国，黄宗忠教授在《图书馆学导论》中提出的定义，将图书馆视为一个对信息、知识、科学为内容的文献进行收集、加工、整理、存储、选择、控制、转化和传递，给社会读者提供使用的信息系统，该定义全面地涵盖了图书馆的基本功能和社会作用，强调了图书馆在信息时代的核心地位。图书馆的本质可以被理解为一个科学、文化、教育和信息服务机构，它通过对文献信息的收集、整理、加工、组织、存储、传递和开发，为社会提供服务。图书馆的工作不仅仅局限于对物理图书的管理，更包括对数字化资源的收集和提供，以及为读者提供信息检索、学习空间、文化活动等多元化服务。图书馆的目标是满足读者的知识需求，促进知识的传播和利用，支持教育和研究活动，丰富社会文化生活。

（二）图书馆的基本性质

图书馆的本质作为一种社会机构，不仅承载了人类智慧的继承和发展，也建立起知识创造与知识利用之间的桥梁。以收藏与储存的文献作为媒介，图书馆实现了知识信息的传递和扩散，促进了不同读者之间的信息交流，使图书馆成为连接过去与未来、理论与实践、创造者与学习者的重要纽带。在信息日益丰富的当代社会，图书馆通过有效地组织和提供文献资源，支持了学术研究和个人学习的深化进步和知识的普及。[①]

1.社会性

图书馆作为提供人们共同使用图书财富的文化机构，体现了鲜明的社会性特征。图书馆收藏的图书不仅是人类共有的精神财富，而且涵盖古今中外众多智慧的结晶。文献资源的提供促进了知识的广泛传播和信

① 曹廷华.高校图书馆与校园文化[M].北京：人民教育出版社，2002：5.

息的有效交流，直接影响社会的政治、经济、科学、文化等多个领域。[①]
图书馆还担当着组织读者充分利用人类文化遗产的角色，为广大群众提
供学习、研究和享受文化生活的丰富资源。

2. 学术性

图书馆的学术性是其不可或缺的特质，这一点不仅体现在图书馆作
为科学研究重要组成部分的角色上，而且在其为科研提供必需的文献信
息资源上尤为明显。[②]图书馆是科学研究前期工作的重要基地，通过文献
信息的收集、存储、加工和整理，支撑了学术界的研究活动，促进了科
学知识的创新与发展。图书馆工作本身也具有浓厚的学术性质，图书馆
工作不只是简单的图书管理，而是涉及信息学、图书馆学、计算机科学
等多学科交叉的复杂工作。图书馆工作人员需要掌握专业的知识和技能，
以科学的方法对信息进行整理、加工和提供，需要对相关学科理论进行
深入理解，以及具备熟练的技术应用能力，体现了图书馆工作的独特理
论和方法。

3. 教育性

图书馆的教育性和服务性是其不可分割的两大特性，深刻地影响着
社会的知识传播和文化教育。图书馆通过传递和普及所收藏的知识文献，
对所有读者进行宣传和教育，无论其年龄、职业或背景。图书馆所涵盖
的教育内容涉及领域广泛，从而成为课堂教育和社会教育不可或缺的重
要补充。图书馆的服务性功能也同样重要，作为知识生产与利用之间的
桥梁，图书馆展现了其在社会知识交流系统中的服务性和中介性。图书
馆通过收集、整理、加工文献，准备服务的物质基础，旨在最大限度地
发挥文献的作用，满足读者多样化的阅读需求。图书馆并不直接创造或
利用文献，但其工作确保了知识的有效传播和利用，为社会提供了丰富

① 康万武 . 高校图书馆与素质教育 [M]. 北京：人民教育出版社，2002：55.
② 黄娜 . 高校图书馆与学科建设 [M]. 长春：吉林人民出版社，2019：17.

的学习和研究资源。图书馆通过其教育性和服务性，扮演着塑造知识社会、促进文化交流和支持终身学习的关键角色。图书馆为公众提供了一个开放、包容的学习空间，鼓励自我教育和个人成长，同时作为社会知识流通的重要节点，优化了知识的获取和应用过程。

4.服务性

图书馆的服务宗旨在于架设一个平台，让知识的生产者和使用者之间的距离缩短，使得知识的流动更加畅通无阻。精心的组织和管理使得图书馆能够确保文献资源的高效利用，最大限度地挖掘和发挥这些资源的潜在价值。不论是学生、教师、研究人员，还是普通公众，图书馆都能为他们提供所需的信息资源，助力他们的学习、研究和个人发展。图书馆通过有关的服务活动大大促进了知识的传播，强化了其在社会文化发展中的核心地位。

（三）图书馆的基础职能

图书馆的职能涉及社会生活之中的各个领域，在图书馆的历史发展过程中，其职能伴随着社会与其自身的发展规律变化而变化。概括来讲，图书馆的职能诸多，主要有以下五个方面。

1.社会文献流的整序

社会文献的生产呈现出连续性和无序状态两个显著特征，需要图书馆对其进行有效的整序和管理。社会文献流的连续性意味着新的信息和知识不断地被创造出来，形成一个永不停歇的知识流动，源源不断地流动为社会的发展提供了丰富的知识资源，但也带来了信息过载的问题。社会文献流的无序状态增加了信息检索和利用的难度，从个体角度来看，每一项文献生产都是有目的的，但从整体来看，文献流动呈现出一种看似无目的、分散乃至失控的状态。此种状态下，读者很难从海量的信息中找到自己所需的知识。因此，图书馆的职能之一就是将这些分散、无序的文献进行整理、分类和索引，从而使其成为有序、易于检索和利用的信息资源。图书馆通过建立和维护分类系统、目录、索引等信息检索工具，将杂乱无章的文献流转化为结构化、有序的知识体系。

2.人类文化遗产的保存

数千年的科学与文化历史通过文字记载下来，这些文献资料不仅记录了人类历史的发展演变，而且见证了人类征服和改造自然的壮丽篇章。图书馆作为宝贵文化遗产的保管者，对于维护社会文化的连续性和完整性具有重要意义。图书馆保存文化遗产的职能是其所有职能中最为根本的一项，它为图书馆的其他服务和职能提供了物质基础和前提条件。如果没有这一职能，图书馆的教育、研究支持和社会服务等功能都将受到影响。图书馆对各类文献资料的收集、整理和保护，确保了人类智慧的结晶得以安全保存，并为后世研究和学习提供了丰富的资源。

3.情报的传递

拥有丰富文献资源和最新科研成果的图书馆，结合对大量情报源的及时加工和整序，迅速而准确地向用户传递所需信息，最大化地实现了文献的情报价值。此过程既促进了知识的传播，也加速了科研成果的应用和转化，对于支持学术研究、促进技术创新以及满足公众信息需求等方面具有极其重要的意义。图书馆在情报信息的处理和提供中，既是一个重要的信息吸收源，又是一个关键的信息发散源。收集和整合来自不同领域和渠道的最新科学情报，使图书馆成为知识更新和信息获取的重要场所。图书馆还通过各种服务，如参考咨询、文献检索、信息分析等，确保了科学情报能够高效地输出给有需要的用户。

4.社会教育

随着知识经济的发展和信息技术的迅速进步，知识更新速度加快，要求个人必须持续学习，不断地更新自己的知识和技能。图书馆作为一个向公众开放的知识和信息资源中心，为广大读者提供了一个自主学习和终身教育的理想环境。其提供的丰富多样的学习资源和灵活多变的学习方式，支持和促进了个人的自我教育和终身发展。图书馆的独特教育作用还在于它为读者提供了一个自由探索和研究的空间，在这里，读者可以根据自己的学习需求和兴趣，自由选择阅读材料，自主安排学习进度。自主学习的环境对于培养读者的学习兴趣、提升自主学习能力以及发展批判性思维技能等方面，具有不可替代的作用。此外，图书馆还通过组织各种形式的教育活动，如讲座、研讨会、展览等，为读者提供了与专家学者交流、获取最新科学文化知识的机会，丰富了读者的学习体验，拓宽了他们的知识视野，促进了社会文化的交流与发展。被誉为"没有围墙的大学"的图书馆，切实地体现了其在社会教育中的独特地位和作用。

5. 智力资源的开发

图书馆中收藏的图书资料和知识信息不只是人类智慧的结晶，更是推动社会进步的宝贵资源。与自然资源不同，智力资源的特点在于它能够被重复和长期使用，通过不断地学习和研究，还能产生新的智力资源，其可再生性和可持续性使得智力资源成为未来信息社会发展的重要基础。随着知识经济的兴起和信息技术的发展，社会对于高素质脑力劳动者的需求日益增加。在这一背景下，单靠学校教育已不能满足快速变化的知识更新和人才培养的需求。图书馆作为信息中心和知识网络的重要组成部分，自然而然地承担起了开发智力资源的责任和任务。通过提供丰富多样的学习和研究资源，图书馆有效地支持了个人的自主学习和终身教育，促进了知识的创造和创新。具体如表 1-1 所示：

表 1-1　图书馆的性质与职能

分 类	职能/特点	基本论述
社会性	社会文化机构	图书馆作为一个连接过去与未来、理论与实践的纽带，提供了文献资源，促进了知识的传递与交流

分　类	职能/特点	基本论述
社会性	知识的广泛传播	通过收藏的文献资源，图书馆促进了不同领域如政治、经济、科学等的知识传播，影响深远
学术性	科研支持	图书馆提供必需的文献信息资源，支持科学研究，促进科学知识的创新与发展
	学术资源的深度管理	通过对文献信息的收集、存储、加工和整理，图书馆为学术界提供了强大的后勤支持
教育性	教育与服务的结合	图书馆通过传递所收藏的知识，对所有读者进行宣传和教育，支持个人学习和社会教育
	终身学习的支持	提供自主学习的环境，支持读者的个人成长，促进批判性思维技能的发展
服务性	知识与资源的有效链接	作为知识生产者与使用者之间的桥梁，图书馆通过精心的组织和管理，确保了信息资源的高效利用
	服务活动的组织	通过讲座、研讨会等活动，图书馆强化了知识传播的作用，优化了知识的获取和应用过程
基础职能	文献流的整序	对连续性和无序的社会文献流进行整理和管理，使之成为有序、易于检索的资源
	文化遗产的保存	作为文化遗产的保管者，图书馆保存和保护人类智慧的结晶，为社会文化的连续性提供支持
	情报的传递	图书馆迅速准确地向用户传递所需信息，最大化地实现文献的情报价值，支持学术研究和技术创新
	社会教育	作为"没有围墙的大学"，图书馆为公众提供了学习和教育的理想环境，支持知识经济的发展和个人知识技能的更新
	智力资源的开发	图书馆开发智力资源，支持个人的自主学习和终身教育，促进知识的创造和创新

（四）图书馆发展概述

高校图书馆是一个专门收集、整理、传播文献资料，并且进一步为社会利用的科学、文化以及教育机构，其产生与出现以文字为前提。在我国，图书馆发展至今已经有数千年的历史。

1.我国古代的图书馆

在中国，古代的藏书机构以"藏书楼"为统称，其历史可以追溯至周朝，至秦汉时期已有较为完善的图书管理制度。随着时代的演进，古代图书馆的功能与形态也不断发展。汉朝时，皇家藏书机构规模宏大，已具备整理和编目藏书的能力。三国时期，出现了专职负责图书管理的官职，如"秘书令""中书令"。到了隋唐及五代，私人藏书开始兴起，书院藏书在宋代取得了较大的发展，皇家藏书更是拥有如"秘阁""龙图阁"等机构。明清两代，皇家与民间藏书均达到高峰，尤其是《四库全书》的编纂，体现了清代皇室藏书的丰富程度。古代图书馆的命名多样，涵盖府、宫、阁、观、殿、院、斋、堂、楼等多种称谓，反映了藏书机构的多样性与复杂性。从官府藏书到私人藏书，再到书院和寺观藏书，古代图书馆形成了四大藏书体系，各自承载着不同的文化与教育职能。古代图书馆的主要特点集中体现在以藏书为主，服务对象有限，强调版本精良和目录详细。图书载体从甲骨、竹简到纸张，记录形式也从直接书写到雕版印刷，显示了技术的进步和文化的传承。与此同时，图书的馆外流通较少，反映了当时文献资源共享与利用的局限性。随着文献量的增加和社会的发展，文献储存结构由集中转向分散，出现了更多的藏书点，如私人藏书、书院藏书等。这一变化不仅促进了图书馆事业的多元化发展，也使图书馆成为一种广泛的社会事业。

2.近代化的图书馆

近代图书馆的出现标志着图书馆事业在形式、功能和社会角色上的重大转变，与资本主义制度的形成和发展紧密相关。从 17 世纪中叶英国的资产阶级革命开始，资本主义在西方逐步萌芽，为图书馆的现代化发展创造了新的社会条件和经济条件。资本主义大工业的兴起推动了图书馆由特权阶层的专属逐渐转变为广大劳动者可以享受的公共资源，在此过程中，图书馆开始承担起劳动者劳动培训的任务，显示出其教育和培训功能的初步形成。在中国，近代图书馆的发展则是在西方文化传入的背景下逐步展开的。旧时代的藏书楼不再适应社会发展的需要，公共图书馆应运而生。从1902年古越藏书楼的建立，到1903年武昌文华公书林的建成，再到湖北省和湖南省图书馆的相继设立，标志着中国近代图书馆事业的开端。1912年，京师图书馆（国家图书馆的前身）的对外开放，更是近代图书馆向公众服务转型的重要里程碑。中华图书馆协会的成立则为图书馆事业的组织化发展奠定了基础。近代图书馆的特点主要体现在四个方面：①图书馆从少数人的专属逐步走向社会化，成为面向公众开放的服务机构，此变化既反映了图书馆功能和服务对象的扩大，也体现了社会对知识普及和教育普及需求的增加；②图书馆的职能由单一的文献保管向综合的藏用兼顾发展，图书馆逐渐成为社会教育和文化普及的重要场所；③图书馆藏书主要以纸质印刷品为主，大大地方便了读者的阅读和借阅，提高了图书的流通率；④图书馆的活动范围从简单的整理藏书扩展到图书文献的采访、处理、存储、传递和利用等多个环节，形成了一个完整、科学的工作体系，为读者提供了更加专业和多样化的服务。

3. 现代化的图书馆

1954年计算机在图书馆的首次应用，以及1966年机读目录（MARC）的研制成功，都极大地推进了图书馆技术方法的革新。光学技术、声像技术、缩微技术等现代信息技术的广泛应用有效地改变了图书馆的藏书结构，并使得服务方式和手段更加多样化和高效。在中华人民共和国成立后，尽管我国的图书馆事业经历了一系列挑战，仍取得了显著成就，逐步形成了一个多元化的图书馆体系，包括公共图书馆、高校图书馆、科研及专业图书馆等。该体系充分满足了不同读者群体的需求，也为科研、教育和文化传播提供了坚实支持。进入 21 世纪的信息时代，图书馆面临着前所未有的发展机遇和挑战。数字图书馆、虚拟图书馆、电子图书馆等概念的出现拓展了图书馆的功能和服务边界，使图书馆的存在形态和服务模式更加灵活和多样。新兴的图书馆形态，利用现代信息技术提供远程访问、数字化文献资源和个性化信息服务，大大地提升了图书馆的服务效率和质量，满足了社会对信息快速、便捷获取的需求。

现代图书馆的发展和变革，体现了科技进步对传统图书馆职能和服务模式的深刻影响。计算机技术的广泛应用代替了传统的手工操作，而且贯穿图书馆的各个工作环节，显著地提高了图书馆的工作效率。技术革新改变了图书馆的内部运作方式，极大地扩展了图书馆的服务能力和范围。在藏书载体方面，现代图书馆不再局限于收藏印刷型图书文献，还广泛收藏缩微品、录像带、磁盘、光盘等非印刷型资料。多样化的藏书载体丰富了图书馆的资源结构，使图书馆能够满足不同读者的多元需求，改变了传统图书馆的形态，推动了图书馆服务方式的创新。随着图书馆服务的深化，现代图书馆不仅提供原始文献资料，还对所收藏的知识材料进行加工和整合，以满足用户对更为精确信息单元（如篇章、摘要、数据、图表等）的需求。在图书馆的组织形态方面，现代图书馆之间的联系更加紧密，发展趋向于网络化、国际化。现代信息网络的发展，使得全球范围内的文献资源共享成为可能，不仅为图书馆资源的互联互通和知识的全球流动提供了技术平台，也扩展了图书馆的服务边界，更促进了全球文化和知识的交流与融合。除了继续履行保存文化典籍、普及科学文化知识、进行社会教育等传统职能外，现代图书馆还增加了信息的选择、传递、交流以及智力资源的开发等新的职能。

从古代的藏书楼到近代图书馆，再到现代图书馆，人们见证了信息资源的扩展、信息载体的多样化、信息用户群的扩大、信息技术的革新、图书馆组织结构的演变、图书馆管理员的专业技能提升，以及图书馆间合作范围的拓展和图书馆管理水平的提高，诸多变化反映了图书馆为适应社会发展和用户需求的不断调整和进步。然而，在这一切不断变化的背后，图书馆的核心使命和宗旨保持着惊人的一致性和持久性。图书馆以有限的信息资源满足用户无限的信息需求，这一宗旨始终没有改变。图书馆致力于信息资源体系的开发、维护、发展和利用，以促进人类社会文明的进步，这一神圣使命始终如一。变与不变的统一体，既展示了图书馆适应时代发展的灵活性，也彰显了其在知识传承与智慧启迪中坚守的坚定性。面对现代信息社会的迅猛发展，图书馆如何成为信息巨浪中的领航者，如何完成从传统到现代的转型，已经成为图书馆界面临的重要挑战，既需要图书馆不断引入先进的信息技术、拓展信息资源、优化服务模式，也需要图书馆员提升专业技能、改变服务观念，更需要图书馆界共同探索和实践在新的社会背景下，如何更好地发挥图书馆在促进教育平等、知识传播和文化交流中的作用。

二、图书馆的基本类型

为了有效地推进图书馆事业的全面发展，实现资源共享与优化配置，对我国图书馆进行类型划分显得尤为必要。按主管部门或领导系统分类，可以清晰地掌握不同图书馆的特点及其工作规律，从而为制定地区范围内乃至全国的图书馆发展战略提供科学依据。如此分类既有助于精准施策，促进图书馆服务质量的提升，也能够更好地满足不同用户群体的需求，推动图书馆事业向更高质量、更有效率的方向发展。在我国，划分图书馆类型的标准主要有以下几种，如图 1-1 所示：

1. 按照图书馆的管理体制划分，如文化系统图书馆、教育系统图书馆等

2. 按照馆藏文献范围划分，如综合性图书馆、专业性图书馆等

3. 按照图书载体划分，如传统图书馆、移动图书馆、数字图书馆等

4. 按照用户群划分，如儿童图书馆、少数民族图书馆、盲人图书馆等

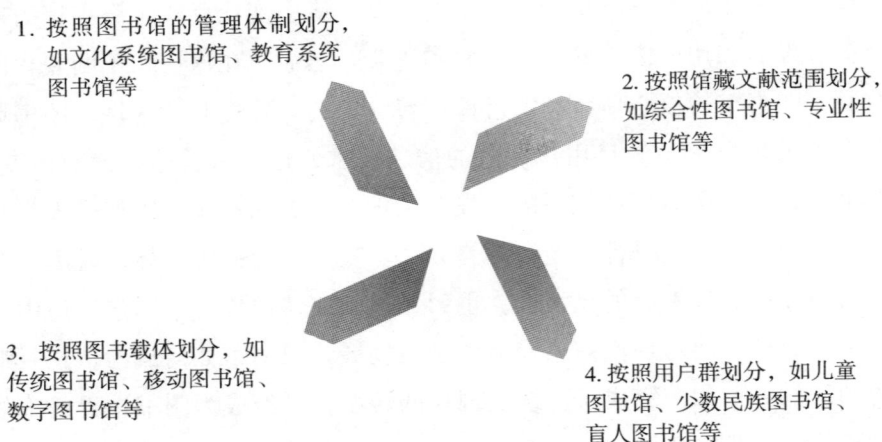

图1-1　我国常用的划分图书馆类型的标准

　　图书馆类型的划分需综合多种标准，而非依赖单一的指标，从而更全面地反映图书馆的功能和服务特色，准确地把握不同图书馆间的差异与联系。综合利用各种标准，可以为图书馆的分类提供一个多维度的视角，从而更有效地指导图书馆服务的优化和资源配置，确保图书馆体系的多样性和服务的针对性。

（一）国家图书馆

　　国家图书馆作为一个国家图书馆事业的核心，不仅充分地体现了该国图书馆事业的发展水平，而且有效地推动了本国图书馆系统的整体进步。作为国家信息系统的中心，国家图书馆不仅承担着领导和协调国内图书馆成员的责任，也积极地参与了国家信息系统的建设，制定出全面的国家图书馆发展规划。国家图书馆的任务既广泛又深入，主要包括：完整、系统地收集和保存本国文献，确保国家文化遗产的传承；有选择性地收集外国出版物，形成丰富的外交藏书；编印国家书目，提供统一的编目卡片，制作回溯性书目和联合目录，利用网络实现远程合作编目，从而发挥国家书目中心的重要作用。此外，国家图书馆还负责研究、试

验、应用和推广现代图书馆的技术设备，设计、组织和协调图书馆信息网络，推动图书馆向现代化转型。[①]同时，国家图书馆还致力于图书馆学研究的信息资料收集、编译和提供，组织学术讨论，促进全国图书馆学研究的发展。国家图书馆参加国际图书馆组织，执行国家在对外文化协定中有关国际书刊交换和国际互借的规定，开展与国际图书馆界的合作与交流。

（二）公共图书馆

公共图书馆广泛地服务于社会各个层面的人群，从儿童到成人，提供各类非专业图书如通俗读物、报纸杂志及参考书。[②]公共图书馆还提供公共信息服务、互联网接入和图书馆教育活动，满足市民日益增长的知识需求和信息检索需求，并致力于收集反映本地文化特色的资料，为社区活动提供场地，从而成为推动地方文化发展和社区交流的重要平台。

公共图书馆作为社会文明发展的产物，具有独特的特点，体现了其在社会公共服务体系中的重要地位。它们收藏的学科范围广泛，满足了不同读者群体的需求，包括儿童、工人、农民等，确保了读者成分的多样性。公共图书馆由中央或地方政府管理、资助和支持，为社会公众免费提供服务，保障了图书馆服务的公共性和普遍性。公共图书馆向所有居民开放，其经费主要来源于地方行政机构的税收，其运营和设立必须有法律依据，确保了其服务的稳定性和持续性。

（三）高校图书馆

高校图书馆作为学校的文献信息中心，其定位不同于传统的教学、学术机构或行政、服务机构，更不同于以收藏为主的藏书楼或以文化普

---

① 霍瑞娟.新业态环境下我国国家图书馆社会职能定位研究[M].北京：北京邮电大学出版社，2014：10.

② 张辉梅.公共图书馆管理与读者服务研究[M].长春：吉林人民出版社，2021：91.

及为主的文化馆。高校图书馆是一个旨在服务教学和科研的学术性机构，其服务性和学术性是密切相关、不可分割的。服务的专业性和学术性是高校图书馆的显著特点。从服务内容到服务手段再到服务方法，高校图书馆的每一个方面都体现了其深厚的学术性质。此种学术服务既包括提供专业的文献信息资源，也涉及支持教学和研究活动的各种服务，如信息检索、文献供应、学术交流支持等。根据馆藏文献的范围，高校图书馆可分为综合性和专业性两大类。综合性图书馆和师范院校图书馆涵盖广泛的学科领域，服务于多种专业的教学和研究需要；多科性理工科院校图书馆和单科性院校图书馆则更侧重于特定领域的专业服务，满足特定学科的深入研究。在我国，许多历史悠久、馆藏丰富的高校图书馆，如北京大学图书馆、清华大学图书馆、北京师范大学图书馆、复旦大学图书馆等，不仅在本校的教学和科研活动中发挥着重要作用，作为全国或地区中心图书馆的成员，也担负着为广泛读者服务的重要职责和任务。高校图书馆的存在价值和基本特征在于为教学和科研服务，其所提供丰富的信息资源、专业的服务和现代化的技术支持，已经成为学校教学和科研工作不可或缺的一部分。其工作涵盖了文献资料的收集、整理、保存和利用，以及促进学术交流、支持教学创新、提升研究效率等多方面的内容，体现了高校图书馆在知识创新和人才培养过程中的核心作用。

西方国家大学图书馆的发展历史，反映了图书馆从无到有、从小到大的演变过程。在早期，大学中并不存在图书馆这一概念。教授们拥有自己的藏书，学生们通过向教师借阅或向书商购买来获取所需读物。然而，随着大学规模的逐渐扩大，特定院系的学生开始组织起来，共同使用一批图书，这些图书有时还包括毕业生或赞助人的捐赠。集体使用图书的初步形态，为后来图书馆的建立奠定了基础。索邦大学图书馆的建立，便是基于索邦神父对自己藏书的捐献。随后，德国、意大利、英国、西班牙的学者陆续捐款、赠书，许多作家也将自己著作的原稿交给图书馆保存，使得索邦大学图书馆逐渐成为巴黎最重要的图书馆之一。同样，牛津大学图书馆的早期发展也依赖于捐书活动，英国著名的藏书家理查德·德伯里将自己的私人藏书委托给牛津大学图书馆使用和保存，被誉为"大学图书馆的先驱"。

我国古代书院图书馆是中国封建社会特有的学校图书馆形式，始于唐代，其后在宋至清时期经历了长足的发展，成为重要的读书、讲学场所。我国古代书院图书馆的建立主要是为了支持书院的教学研究需要，与西方古代的高校图书馆在功能上颇为相似，都旨在为学术研究提供支持。然而，中国最早的现代意义上的"图书馆"出现于1897年的北京通艺学堂，这标志着中国图书馆事业向现代化迈出了重要一步。随着近代教育的发展，特别是鸦片战争后，中国开始出现由中国人自己创办的高等学府。早期的高等教育机构，如天津中西头等学堂、南洋公学、求是书院、京师大学堂，不仅是高等教育的摇篮，也为高校图书馆的发展奠定了基础。这些学校在成立之初就十分重视图书馆的建设，建有藏书楼或图书室，体现了图书馆在教育和学术研究中的重要作用。特别是京师大学堂的图书馆，从1902年设立藏书楼，到1912年随着京师大学堂更名为北京大学而称为图书部，再到1930年正式更名为图书馆，其发展历程反映了中国高校图书馆从萌芽到成长的历史轨迹。这些图书馆收藏了丰富的图书资源，也为教学和研究提供了重要支持，促进了学术交流和知识传播。

自中华人民共和国成立以来，尽管我国的高校图书馆事业经历了不少波折，但在党和政府的重视与支持下，高校图书馆得到了迅速发展。从1949年的132所增长到1983年的745所，藏书量也从约794万册激增至2.5亿余册，这一成就标志着我国高校图书馆事业的显著进步。1987年，原国家教委颁发的《普通高等学校图书馆规程》为高校图书馆的发展提供了明确的指导和规范，涵盖图书馆的性质、任务、业务工作、领导体制、组织机构、人员组成以及经费、馆舍和设备等多方面内容。这一政策的出台有效地促进了高校图书馆事业的规范化、系统化发展，确保了图书馆服务质量的持续提升，为支持高等教育的教学和科研工作提供了坚实的基础。

自 20 世纪 90 年代以来，科技的飞速发展极大地推动了高校图书馆的现代化进程。以电子计算机为核心的多种先进技术，如缩微技术、声像技术、数字化技术、网络技术、光盘技术和多媒体技术等，被广泛地应用于高校图书馆的知识信息搜集、加工、存储和传递工作中，显著地提升了高校图书馆的服务能力和管理效率。特别是中国教育和科研计算机网络（CERNET）的建成，为高校图书馆实现全面自动化提供了前所未有的机遇和条件。目前，绝大多数高校图书馆已经建立了局域网，设立了电子阅览室，接入了中国教育和科研计算网络和互联网，并建立了自己的网站，一系列举措使高校图书馆成为一个开放的知识信息系统，极大地方便了校内师生的学习和研究，也为校外读者提供了丰富的资源和便捷的服务。

第二节　高校图书馆的理论界定

一、高校图书馆的主要职能

高校图书馆承担着为教学与科研服务的双重任务，是培养人才以及开展科学研究的主要基地之一，其基本任务包括以下几点（如图 1-2 所示）。

高等学校致力于落实国家教育方针，培养全面发展的人才，以支持社会主义现代化建设。在这一宏大目标的指引下，高校图书馆必须通过引进现代化技术、实施科学管理，不断地提升业务工作的质量和服务效率。图书馆的核心任务是最大限度地满足广大师生的信息需求，为学校的教学和科研活动提供全面的文献信息支持。高校图书馆通过优化资源配置、加强信息服务和提高信息利用效率，有效地促进了知识的传播、学术的交流和创新能力的培养，为高等教育事业的发展做出了重要贡献。高校图书馆的主要职能涉及以下几个方面。

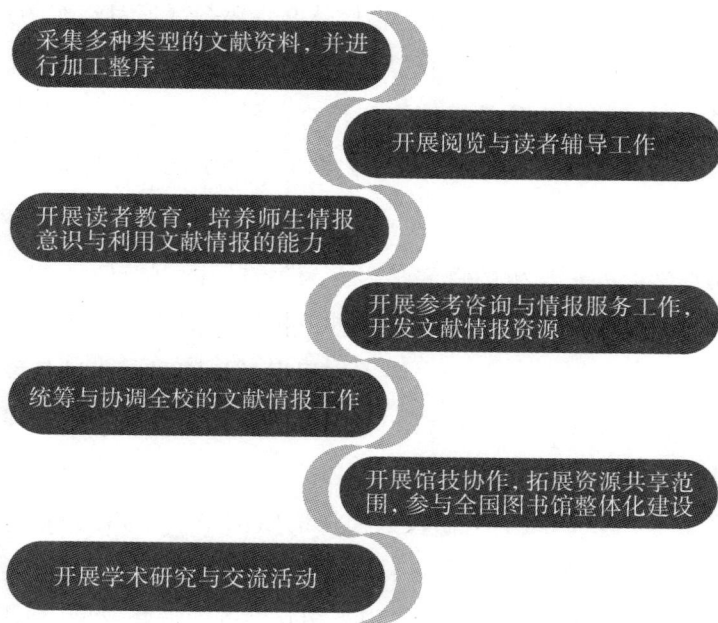

采集多种类型的文献资料，并进行加工整序

开展阅览与读者辅导工作

开展读者教育，培养师生情报意识与利用文献情报的能力

开展参考咨询与情报服务工作，开发文献情报资源

统筹与协调全校的文献情报工作

开展馆技协作，拓展资源共享范围，参与全国图书馆整体化建设

开展学术研究与交流活动

图 1-2　高校图书馆的基本任务

（一）高校图书馆的教育职能

随着高等教育改革的不断推进，高校图书馆的教育职能经历了显著的深化与扩展。图书馆不再只是教学活动的辅助单位，而是逐步转化为直接参与教学过程的关键机构，为师生提供获取新知识、扩展视野及调整知识结构的重要渠道。

1.思想品质教育

图书馆在高校中不只是知识的宝库，更是思想品德教育的重要阵地，承担着贯彻国家教育方针、培养全面发展的社会主义建设人才的使命。

图书馆通过收集和提供丰富的文献信息，支持学校的教育教学活动，同时采取多样化的形式，与学校有关部门协作，对学生进行思想品德教育。图书馆利用电子阅览室和校园网等现代信息技术手段，为学生提供包括爱国主义教育、时事政治等内容的多媒体文献服务。通过组织图片展览、读书讲座、专题报告和书刊评介等活动，图书馆吸引学生阅读优秀的图书和资料，以激发学生的爱国情怀和社会责任感。此外，励志书和资料能够在潜移默化中提升学生的思想文化水平，加强他们的思想道德修养。

2.专业知识教育

除课堂学习外，学生的自主学习尤为关键，图书馆便是这一学习活动的核心场所。其既是课堂学习的延伸、扩展和深化，也是学生探索知识、提高自我能力的重要平台。图书馆根据教学需要，通过各种方式推荐、报道、传递最新的书刊资料。利用校园网、电子阅览室、视听阅览室等现代化设施，图书馆提供了电子文献的阅读和下载服务，多媒体文献的生动形象可以帮助学生在轻松愉快的氛围中学习相关的知识技能，拓展和深化了课堂学习，并弥补了一些课堂教学条件的不足，形成了课堂教学与课外学习的有机结合，实现了相互促进的良好效果。毋庸置疑，图书馆对于专科生、本科生乃至研究生的培养都极为关键，而教师知识的更新同样离不开图书馆这一宝贵资源。

3.信息素质教育

信息素质涵盖信息意识素质、信息能力素质和信息道德素质三个方面，对大学生走向社会、实现生存和发展的能力具有重要影响。在此背景下，高校图书馆的作用越发凸显。作为学校信息化和社会信息化的重要基地，高校图书馆拥有丰富的人力资源、信息资源和信息基础设施，肩负着对大学生进行信息素质教育的责任和义务。结合入馆教育、开设文献信息检索与利用课程以及其他形式的活动，高校图书馆致力于培养大学生的信息获取、鉴别和利用能力。高校图书馆在信息素质教育中不仅仅限于传授信息检索技能，更包括提升学生的信息意识、培养良好的信息道德观念。结合实践操作、案例分析、主题讨论等多种教学方法，图书馆帮助学生理解信息的价值，学会批判性地评价和有效地利用信息，同时倡导合法、负责任地使用信息。信息素质教育活动既为学生的学术研究提供支持，也为其将来在复杂的信息社会中做出明智决策打下了坚实的基础。

4.拓展学生知识视野

在当今科技飞速发展的时代，知识更新的速度远超过往任何时期，现代科学技术学科间的相互交叉和渗透要求人们具备更加广泛的知识面和更高的整体知识水平。以医药卫生领域为例，疾病的产生、流行、诊断、治疗及预后等问题不仅涉及自然科学知识，还涉及社会科学领域，诸多复杂的问题往往无法仅通过教科书和课堂讲授来全面掌握。因此，课外阅读成为拓宽学生知识面、深化专业理解的重要方式。图书馆在这一过程中通过开发和利用丰富的文献信息资源，为大学生提供了一个学习和研究的宝贵平台。图书馆内蕴藏着大量的文献资源，包括但不限于图书、期刊、论文以及多媒体资料等，都是拓展学生知识面的重要来源。学生通过系统的利用有关资源，能够全面地提升自身的文化素养，陶冶情操，并且能形成科学的世界观和人生观，同时掌握专业知识和了解现代科技的最新成就。图书馆的作用不止于此。它还为学生提供了自主学习的空间，使学生能够根据自己的学习需求和兴趣，进行个性化的学习和研究。通过阅读最新的科研成果，学生能够及时了解所学领域的前沿动态。

（二）高校图书馆的信息服务职能

随着科技的迅速发展，高校图书馆在向数字化转型的过程中，大大地丰富了实体馆藏，还通过馆际协作、网络资源开发及服务方式的创新，大幅扩展了信息服务的范围，从而为师生提供了更加广泛和深入的支持。其变革不仅体现在信息资源的获取和利用上，还涉及高校图书馆的多元职能，包括流通阅览、资源传递、参考咨询、编辑出版情报刊物、信息调研和社会服务以及休闲娱乐等方面。流通阅览、资源传递和参考咨询是高校图书馆的基础服务，针对教学科研的需求，图书馆收集和开发了大量的文献信息资源并及时提供给师生。新技术的应用，如网上预约、续借、文献传递等网络服务，极大地提高了服务效率和便利性。此外，高校图书馆通过编辑出版专题文摘综述、调研报告等，为本校的教学科研活动提供了有力的信息支持。信息调研服务则围绕科研课题提供全程定向服务，为科研人员提供相关文献信息，反映课题的最新动态，避免重复劳动，并为研究提供科学依据。高校图书馆还承担着对社会经济、科技、文化等方面的文献信息服务，拓展了图书馆的服务领域和社会影响力。休闲娱乐功能的增加，使得高校图书馆不仅是学习和研究的场所，也成为师生休息放松的好去处，高校图书馆提供的多媒体文学艺术资料、科幻书刊、漫画、娱乐新闻等，满足了广大师生在紧张的学习和研究之余调节心情和娱乐的需求，成为精神文化生活的重要组成部分。

二、高校图书馆的服务类型

（一）外借服务类

外借服务，作为图书馆传统且核心的服务方式之一，主要是为了满足读者对阅读的需求。它允许读者将馆藏文献借出馆外，便于读者在自己选择的时间和空间进行自由阅读和研究。[①]外借服务方式极大地方便了读者，使他们能够根据个人的学习和研究节奏，集中时间利用馆藏文献，从而提高了阅读和研究的效率。正因如此，外借服务成为读者最喜爱和频繁使用的服务之一，在图书馆众多服务方式中占据了不可或缺的地位。

---

① 高伟.图书馆建设与阅读服务管理[M].长春：吉林人民出版社，2021：67.

1.个人外借服务

个人外借服务，作为图书馆文献服务中最核心和最基础的形式，深受广大读者的欢迎。读者可以通过外借服务方式，根据个人的阅读需求和兴趣，凭借书证借阅所需的文献资料。个人外借服务模式的灵活性和个性化满足了读者多样化的阅读需求，从而使个人外借成为图书馆外借方式中流通量最大、活动最为频繁的一种。在高校图书馆中，个人外借服务针对的主要服务对象是教师和学生这一特定读者群体。由于这一群体的阅读需求具有较强的专业性，尤其是在教学过程中，教师对于教学用书的需求既大量又频繁，而且所需图书的种类和数量相对稳定。因此，教学用书的流通成为高校图书馆个人外借服务的一个重点领域。教学工作的阶段性特征也对个人外借服务提出了特殊要求，学校的开学、上课、考试和放假等不同的教学阶段，教师和学生对于文献资料的需求存在明显的差异。这就要求高校图书馆能够灵活地调整服务策略，以适应教学周期中不同阶段的特定需求，如在考试阶段提供更多的复习资料，或在假期提供更多的拓展阅读材料等。

2.预约外借服务

预约外借作为图书馆提供的一种创新服务方式，极大地提升了读者借阅文献的便利性和图书馆文献资源的利用效率。在传统的外借服务中，读者往往因为文献被他人借阅、新采购文献未加工入库或者排架错误而无法即时借到所需资料，此类情况在一定程度上影响了读者的学习和研究进度。预约外借服务的实施，有效地解决了这一问题，它允许读者提前预约登记自己需要的文献，一旦文献可用，图书馆便会按照预约的先后顺序通知读者前来办理借阅手续。预约外借服务方式为读者节省了宝贵的时间，避免了因文献暂时无法借阅而带来的不便，并显著地提高了图书馆文献资源的流通率和使用效率。对于图书馆而言，预约外借服务能够更准确地掌握读者的需求，合理调配资源，降低文献的"拒借率"，确保馆藏资源得到最大限度的利用。预约外借服务还反映了图书馆服务理念的转变，即从被动提供服务转向主动满足读者需求。图书馆通过预约外借方式，增强了与读者的互动，提升了读者的满意度和忠诚度，进一步有效地发挥了图书馆在学术研究和教育教学中的支持作用。

3. 馆际互借服务

馆际互借服务作为图书馆界的一项重要创新，极大地拓宽了图书馆服务的范围和深度，有效实现了书刊资源的共享，满足了读者多元化的阅读需求。由于单个图书馆的藏书范围、品种和数量有一定的局限性，仅靠单馆的资源很难全面地满足广泛的借阅需求。馆际互借的方式使各个图书馆能够相互借用彼此的藏书资源，从而充分利用现有文献资源，优化资源配置，提高藏书的利用率。高校图书馆的馆际互借服务，依托现代信息技术，形成了四种主要的互借模式：直接借阅、委托借阅、混合模式和自助式借阅。每种模式都有其特点和适用场景，共同构成了一个多样化、灵活性强的服务体系。直接借阅模式允许读者持通用借书证直接到其他成员馆借书，此种"人动书不动"的模式适用于读者与目标图书馆距离较近的情况。而委托借阅模式则是一种"书动人不动"的服务，通过馆际互借平台，读者可以在线申请借阅，由读者所在的图书馆负责图书的借出和归还工作，此模式适合距离较远的馆际借阅。混合模式结合了前两种模式的优点，根据实际情况灵活地选择借阅方式，既便捷又高效。自助式借阅模式则代表了馆际互借服务的最高水平，通过网络平台，读者可以自主操作所有借阅流程，实现了真正的自助服务。馆际互借模式的实施有效地加强了各高校图书馆之间的合作与共享，极大地方便了广大师生的学习和研究。它们为读者提供了更加丰富的文献资源，拓展了读者的学术视野，促进了学术交流与合作，增强了图书馆服务的灵活性和效率。

随着学术研究和教育需求的日益增长，高校图书馆面临着资源收集的巨大挑战。经费和空间的限制使得图书馆难以收集到所有出版物，而资料价格的不断上涨及出版物数量的激增加剧了这一局限性。每所高校都有自己的学科专业侧重点，导致图书馆藏书结构呈现出各自的特色，诸多因素共同推动了高校图书馆馆际互借服务的发展和实施。馆际互借服务，作为一种创新的图书馆服务模式，有效地解决了单个高校图书馆资源有限的问题。建立图书馆之间的互借关系使得不同高校的图书馆可以共享资源，互通有无，使得师生能够借阅到其他馆藏的图书和资料，从而大大地拓宽了学习和研究的范围，提高了图书馆资源的利用率，促进了学科交叉融合和学术交流。馆际互借的实践表明，馆际互借服务模式在协调高校图书馆藏书特色与满足广泛师生需求之间的矛盾方面发挥了积极作用。高校图书馆能够通过互借的方式，更有效地支持高校的教学和科研活动，为师生提供更加全面和深入的文献信息服务。馆际互借还体现了图书馆界的协作精神，通过资源共享，共同应对资源紧缺和信息爆炸的挑战。馆际互借服务能否得到有效开展，在较大程度上取决于是否能够建立起完善的馆际互借规范体系，而馆际互借规范体系可分为三个层次，如图 1-3 所示：

制定全国范围的高校馆际互借通用规则，旨在明确信息资料共享的根本原则与成员馆的基本权利与义务。

各个图书馆制定自身的馆际互借服务规则，主要针对普通的馆际互借合作，规定提供馆际互借的服务类型、借阅规则等内容。

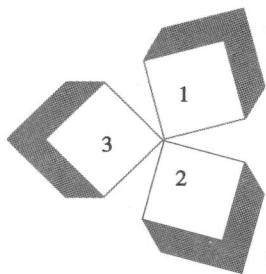

各地区图书馆联盟制定馆际互借合作办法，主要针对联盟内开展的馆际互借合作项目，规定其合作内容、申请与传递方式、收费标准，并且对于处理速度做出明确的限定。

图 1-3 馆际互借规范体系的层次

规范明确了互借的流程、服务范围、责任义务以及违约责任，从而为合作图书馆之间的协作提供了明确的指引和规则，有力地约束了参与馆际互借的各方行为，从而有助于避免潜在的矛盾和冲突并确保了服务的质量和效率，满足了读者日益增长的文献需求。高质量的编目工作为馆际互借打下了坚实的基础，规范化的编目流程和统一的数据标准，确保了馆藏目录和联机目录的准确性和可靠性，为读者检索和馆际之间互借提供了便利条件。良好的编目质量提高了图书馆资源的可发现性和可访问性，也大大地提高了互借服务的效率。馆际互借服务中既包括免费服务又包括收费服务，多样化的服务模式满足了不同用户的需求。对于直接借阅图书等服务，一般为无偿服务；对于需要较高成本的文献复印、代借代还等服务，则采取有偿服务，收费标准通常由借出图书馆规定或双方协商确定，合理的收费标准和明确的收费机制有利于补偿馆际互借活动中的资源和人力消耗。以 CASHL 的外文文献传递服务为例，CASHL 是中国高校人文社会科学文献中心（China Academic Humanities and Social Sciences Library）的英文简称，该服务采取了明确的收费机制，为用户提供了快速、方便的获取所需文献的渠道。灵活便捷的收费机制有效确保了用户能够及时获得所需的文献资源，推动了馆际互借服务的可持续发展，扩大了服务的规模，促进了资源共享，提高了图书馆服务的整体水平。

4. 通借通还服务

通借通还服务极大地提升了图书馆的服务效率和读者的借阅便利性，此项服务允许读者在图书馆的任一分馆借出或归还图书，无论这些图书是属于借出分馆还是其他分馆的馆藏。通借通还服务不仅方便了读者跨分馆借阅图书，而且实现了跨分馆的图书归还，大大节省了读者的时间和精力。通借服务让读者能够灵活地从图书馆的任一分馆借书，甚至通过图书馆主页在线委托外借其他分馆的馆藏图书，满足了读者多样化和个性化的阅读需求。通还服务的实施，则进一步方便了读者，允许他们在任一分馆归还图书，之后由图书馆工作人员负责将图书送回原属分馆，确保了图书的有效流通和管理。

在高校图书馆中，通借通还服务通常适用于同一所高校内不同校区之间的图书馆服务，提高了图书资源的利用率，促进了高校内部的资源共享，加强了各分馆之间的协作，为广大师生提供了极大的便利。就目前而言，基于多校区模式下的高校图书馆通借通还服务方式主要采用以下三种。

（1）委托借阅模式。在多校区高校图书馆中，委托借阅模式作为一种有效的图书资源共享方式，极大地促进了校区间文献资源的流通与利用。委托借阅模式主要分为现场或网络申请模式和通借通还预约模式两种形式，为读者提供了方便快捷的借阅渠道，使他们能够轻松借阅到分布在不同校区图书馆的馆藏文献。现场或网络申请模式允许读者通过填写"图书委托申请单"的方式，委托图书馆借阅位于其他校区图书馆的图书，而通借通还预约模式是通过网络直接预约其他校区图书馆的图书。这两种方式都可以实现在任一校区分馆归还借出的图书，极大地方便了读者的借阅与归还，提高了图书的流通效率。委托借阅模式的优势在于，它为读者提供了极大的便利，无须亲自前往其他校区即可借阅所需图书，尤其是在经费和资源有限的情况下，能够最大限度地提高图书的利用率，解决了多校区文献资源采购、典藏与利用之间的矛盾。然而，委托借阅模式也存在一定的挑战和不足。需要成立专门的通借通还服务项目小组，专项处理通借通还业务，无疑增加了图书馆的人力和财力投入。由于委托借阅依赖于读者的申请单填写或网络预约，容易出现失误或信息填写不完整的情况，从而增加了管理成本。此外，还存在借阅时间上的真空期，即读者预约或委托后，另一校区图书馆未能及时处理请求，导致图书可能已被他人借走。图书的有效流通还需要依赖于完善的物流系统，这对于学校的行政管理和财政投入是一个不小的挑战。

（2）直接借阅模式。直接借阅模式作为图书馆服务的一种传统形式，允许读者亲自到不同地点的分馆借阅和归还图书。直接借阅模式的显著优点是保持了图书馆及学校相关部门原有工作的稳定性和连贯性，不需要对现有的借阅和管理流程进行大的调整，因而在实施过程中相对容易操作和维护。然而，直接借阅模式也存在明显的局限性。就读者而言，尤其是在多校区的高校环境中，需要亲自前往非本地分馆借阅图书，从而增加了读者的时间和交通成本，限制了他们利用图书馆资源的便捷性。特别是对于一些距离较远的分馆，读者可能会因为不便利而放弃借阅，从而导致文献信息资源的利用率大大降低。

（3）混合模式。在多校区高等教育环境中，图书馆服务的混合模式提供了一个综合的解决方案，结合了委托借阅与直接借阅模式的优势，以满足广大读者的多样化需求。混合模式便利了读者的借阅过程，也极大地提高了图书资源的利用效率。混合模式下，读者既可以利用通用借书证直接在任一分馆借还图书，也可以通过现场或网络申请模式及通借通还预约模式进行委托借阅。其灵活性使得读者可以根据个人的实际情况和需求选择最适合的借阅方式，无论是直接访问图书馆，还是通过网络预约借阅，都可以实现方便快捷的服务体验。为了保证混合模式的有效实施，需要从管理角度出发，建立一套完善的管理与协调机制，包括成立管理与协调机构，以统一工作流程，协调执行过程中可能出现的各类问题。该机构的主要职责包括制定通借通还的借阅细则和实施办法，建立文献保障体系、仲裁纠纷，以及处理一些日常事务的管理等。制定有效的读者事务解决方案涉及读者数据库的整合，读者证的注册、挂失、注销以及图书流通等多个方面的问题，必须对各个环节的细节进行周到的考虑，预先分析可能出现的问题，并准备相应的解决方案，以确保通借通还服务的顺利进行。混合模式的实施，虽然在行政管理和技术成本上可能带来一定的挑战，如增加了管理成本和操作难度，但通过有效的管理协调和详尽的事务解决方案，则可以妥善解决有关问题。只要做好充分的准备工作，混合模式就能实现通借通还服务的高效运行，为各校区间的资源共享和文献信息的流通提供强有力的保障。

5.集体外借服务

集体外借服务针对特定读者群体的共同阅读需求提供了有效的解决方案，集体外借服务模式通过使用集体借书凭证，允许指定负责人一次性借出多种类、大量且借阅周期较长的文献，为高校的各系、室及科研单位等特定集体或单位提供便捷的借阅服务。集体外借的优势在于，它既能显著减轻图书馆个人外借的工作负担，也解决了因地理位置、时间限制等多种原因不能亲自到图书馆借书的读者的实际困难。此外，集体外借还有助于图书馆合理分配和管理图书资源，加快图书的流通周转率，有效缓解图书资源供需之间的矛盾。高校图书馆实施集体外借服务能够更好地服务于教学和科研工作的特定需求，特别是对于需要大量特定领域文献支持的研究项目或学术团队，集体外借提供了一种高效的资源共享方式。

（二）阅览服务类

阅览服务作为图书馆提供的基础服务之一，为读者在舒适的图书馆环境中直接阅读提供了便捷条件。该服务方式通过图书馆的固定场所，如阅览室，使读者能够现场阅读各种图书和资料，特别是一些不对外借的文献资源，如期刊、工具书、特种文献等，保证了读者能够及时获取并参考这些宝贵的信息资源。阅览服务的提供能够有效提高图书馆文献资源的利用率，为图书馆工作人员深入了解读者的阅读需求和偏好提供了可能，从而更好地指导图书馆的图书采购、资料推荐及阅读指导工作。阅览服务还为图书馆组织各类读书活动、提供参考咨询服务创造了条件，进一步丰富了图书馆的文化服务功能，增强了图书馆在知识传播和文化教育中的作用。

1.图书的阅览服务

在现代图书馆服务体系中，图书阅览服务作为一项基础且核心的服务，深受广大读者的欢迎。按照图书的类型，图书阅览室可以细分为文学图书阅览室、社会科学图书阅览室、自然科学图书阅览室和工具书阅览室等。此种分类方式既方便了读者根据自己的研究领域或兴趣直接找到所需资料，也提高了图书的利用率和图书馆的服务效率。文学图书阅览室汇集戏剧、诗歌、小说、散文等文学作品，为喜爱文学的读者提供了一个丰富的阅读空间。社会科学图书阅览室则覆盖哲学、管理、经济、法律等社会科学领域的图书，满足了对社会科学研究感兴趣的读者的需求。自然科学图书阅览室收藏了包括数理、天文、工业技术、医药、生物等自然科学领域的图书，为自然科学研究者提供了宝贵的资源。工具书阅览室则主要收藏了各种参考工具书，为读者提供了解决阅读和研究中遇到的各种问题的途径。

图书馆开架阅览允许读者自由进入阅览室，在书架上自由挑选、取阅图书。此种服务模式极大地提高了读者的阅读积极性和自主性，让读者在选书过程中既能找到自己需要的资料，又能发现一些原本未曾了解的有趣图书，从而扩大了读者的阅读视野和知识面。此外，开架阅览还解放了图书馆工作人员，使他们有更多的时间和机会接近读者，了解读者的需求，开展宣传辅导和信息咨询工作。开架阅览服务的普及，标志着图书馆服务向更加开放、便捷和人性化的方向发展。图书馆通过不断创新服务模式，如设立专业分类的阅览室、实施开架阅览服务等，旨在为读者提供更加丰富、高效和便捷的阅览体验。

2.报刊的阅览服务

报刊阅览分为现刊阅览和过刊阅览两个部分，每个部分都有其特定的管理和阅览方式，以满足读者对最新和历史资料的需求。现刊阅览涵盖本年度的中外文期刊和报纸，为了方便读者查找和阅读，报纸一般按照报纸名称的首个拼音字母顺序排列，而期刊根据中国图书馆分类法排列。如此，可以使读者更加快速找到他们感兴趣的最新报纸和期刊，从而提高阅读效率。过刊阅览则主要针对本年度之前的期刊和报纸，为了便于读者查找往年的资料，期刊通常以合订本的形式保存，即按年度合订，报纸则按照名称的首个拼音字母顺序，以年度为单位进行保存。此种归档方式不仅保证了资料的系统性，而且方便了读者对历史资料的查询和研究。报刊的特殊性和时效性要求图书馆的报刊阅览服务以开架阅览的形式进行，这要求图书馆在阅览室内必须明确报刊的排架规则，让读者能够轻松识别架位的排布，迅速定位所需资料。为了减少读者在查找过程中的盲目性，图书馆工作人员需要定期进行巡架和整架，及时纠正错放的资料，引导读者正确查找和阅读，保障报刊的正常流通。保持报刊的整齐摆放对于维护良好的阅览环境同样重要，整洁的阅览环境不仅能够提升读者的阅览体验，还能促进后续读者的利用效率。

3. 多媒体阅览服务

随着科技进步和信息时代的到来，现代图书馆的服务模式也在不断演进。多媒体阅览室作为这一变革的典型代表，以其独特的服务功能，为读者提供了全新的信息获取和学习体验。基于计算机技术和网络通信技术，多媒体阅览室集成了电子文献的检索、阅览、咨询培训等服务于一体，极大地拓展了图书馆服务的范围和深度。多媒体阅览室的服务主要包括光盘数据库检索、电子图书阅览、网络服务、馆藏文献检索以及读者教育培训等方面，每一项服务都体现了多媒体阅览室在满足现代读者需求方面的重要作用。光盘数据库的检索服务是多媒体阅览室最为核心的功能之一，利用光盘检索系统，读者可以方便快捷地对大量数据进行检索，无论是作者、题名、关键词还是机构等字段，都可以轻松查询，极大地提升了信息检索的效率。电子图书阅览则满足了读者对便捷阅读方式的需求，随着电子图书的发展，越来越多的读者倾向于通过电子设备阅读图书，既方便携带，又节约空间和成本。网络服务的提供，使得图书馆的服务突破了时空限制，读者既可以通过多媒体电子阅览室访问图书馆网页，进行书目查询、借阅查询、新书通报、参考咨询等操作，也可以在网上直接翻阅电子图书，浏览丰富的互联网资源，使信息资源得到有效共享并极大地丰富了读者的学习和研究资源。馆藏文献检索服务则方便了读者对纸质图书的查找和利用，读者可以通过多媒体阅览室的计算机系统，轻松地进行文献检索、续借以及修改个人信息等操作，有效地提高了图书流通的效率。由于信息技术的快速发展，读者在信息检索和资料阅读方面面临着新的挑战。多媒体阅览室提供的培训服务，旨在帮助读者提高检索技能，熟悉电子资源的使用方法，有效地获取和利用网络资源，提升自身的信息素养。

4.特种文献阅览服务

特种文献因其独特的出版发行方式、获取途径以及在学术研究中的重要地位，成为科研人员和学者不可或缺的信息资源。此类文献包括会议文献、科技报告、专利文献、学位论文、标准文献、科技档案、政府出版物和产品样本等，其特点是内容前沿、信息量大、参考价值高。针对此类特殊资源的阅览方式，现代图书馆主要采用纸质文献阅览和数据库阅览两种形式。

纸质文献的存在形式，尤其是对特种文献而言，具有不可替代的价值。由于特种文献的获取途径相对复杂，有的可能需要通过内部渠道索取，有的可能是本校教师或权威人士的珍贵手稿，使得其物理形式的保存和阅览成为必要。设立专门的特种文献阅览室，不仅可以保护珍贵的文献资源，也为学术研究提供了重要的实体支持。通过建立纸质阅览室，图书馆能够为师生提供一个直接接触并研究特种文献的平台，从而满足学术研究的深入需求。

随着信息技术的迅速发展，数据库阅览已成为获取特种文献的主要方式之一。特种文献数据库通过数字化形式，将大量的科研成果、最新科研动态和教学经验进行系统的汇总和整理，为科研人员、教师和学生提供了一个快速、便捷的信息获取平台。数据库阅览方式既大大地拓宽了特种文献的获取渠道，也极大地提高了科研效率。现代高校图书馆通过订阅各类专业数据库，为用户提供了从任何地点、任何时间访问特种文献的可能，这无疑是对学术研究支持的重大进步。

（三）参考咨询服务类

1.口头咨询服务

口头咨询作为图书馆咨询服务的一种基本形式，扮演着重要的角色，尤其在需要快速回应读者简单问题的场合。口头咨询服务方式以其即时性和方便性，满足了读者对于紧急且简单知识点解答的需求。由于口头咨询通常是时间紧迫而精确度要求不是特别高的问题，咨询人员可以根据自己的知识储备直接给予答复，无须通过复杂的查询过程。然而，口头咨询的高效与否，在很大程度上依赖于咨询人员的知识广度和即兴应变能力。口头咨询形式虽然便捷，但同时对咨询人员提出了更高的专业知识和即时反应的要求。因此，图书馆需要不断提升咨询人员的专业水平和综合素质，以确保能够有效、准确地完成口头咨询任务。

2.电话咨询服务

图书馆电话咨询服务是一种传统而高效的信息咨询方式，自其问世以来就深受读者和图书馆工作人员的青睐。电话咨询服务方式不仅是图书馆信息服务的重要组成部分，更是图书馆对外交流和沟通的重要渠道。电话咨询能够使图书馆实现与读者的即时沟通，迅速响应读者的需求，展现图书馆的服务态度和专业水平。电话咨询的便捷性在于其远程服务的特点，读者无须亲临图书馆即可获取所需的信息和帮助。电话咨询服务方式的高效性、方便性及低成本特性，使得图书馆能够有效地突破传统服务的时间和空间限制，大大地拓展服务范围，增加服务的可及性和实效性。电话咨询使图书馆的服务更加贴近读者的日常生活，成为连接图书馆与读者的重要桥梁。然而，电话咨询服务对图书馆的硬件设施和管理体系提出了挑战，更对参考咨询员的个人能力提出了更高的要求。参考咨询员需要具备出色的语言表达能力，以清晰、准确的方式传达信息，同时需要良好的心理素质和快速反应能力，以应对电话咨询过程中可能出现的各种突发情况和复杂问题。为了提升电话咨询服务的质量和效率，图书馆应当对参考咨询员进行专业培训，提高其信息检索、问题分析和沟通技巧，确保他们能够在电话咨询中提供高效、准确的服务。

3.虚拟参考咨询服务

虚拟参考咨询服务，作为图书馆数字化服务体系中的一环，为用户提供了一种全新的信息咨询体验。借助于数字信息资源和网络技术，虚拟参考咨询服务模式使得参考咨询活动不再受到时间和地点的限制。通过电子邮件、在线聊天等实时交流工具，图书馆能够向用户提供快速、有效的信息服务，如表 1-2 所示：

表 1-2　虚拟参考咨询的特点与形式

虚拟参考咨询的特点	检索性
	开放性
	实时性
	广泛性
虚拟参考咨询的形式	实时问答咨询
	学科咨询
	电子邮件咨询
	知识检索库

4.文献传递服务

文献传递服务为用户提供了从文献源到使用者的直接信息流通，文献传递服务起源于馆际互借，随着信息技术的发展，已经演变成包括图书、期刊论文、专利文献、学位论文和会议文献等多种形式文献的传递。文献传递的方式主要分为人工传递和电子传递两种。人工传递指的是通过传统邮寄、快递等物理途径将纸质文献直接送达用户；而电子传递则是利用电子邮件、在线数据库等数字化手段，迅速高效地将文献的电子版或扫描版发送给用户，极大地提高了文献获取的速度和便捷性。

5.定题服务

在信息化时代背景下，高校图书馆的服务方式正在经历一场革命性的变化，其中，定题服务（Selective Dissemination of Information, Service, SDI）的角色日益凸显。定题服务通过精准定位用户的研究需求，主动提供与特定研究课题相关的最新文献资料，不仅提高了信息资源的利用率，而且极大地促进了科研工作的高效进行。

定题服务是根据用户的具体需求，通过计算机技术，针对特定课题提供持续的、专门化的文献资料支持，不仅满足了广大科研工作者和学者在教学、科研过程中对信息的具体需求，而且提升了图书馆服务的精准度和效率。尤其是在当前信息爆炸的时代背景下，定题服务通过为用户筛选最相关、最新的信息，有效避免了信息过载的问题，显著提高了信息检索的质量和科研的针对性。定题服务主要分为标准 SDI 和用户委托 SDI 两种类型。标准 SDI 更注重于围绕特定主题或研究领域，定期为用户提供最新的研究成果和文献信息；而用户委托 SDI 是基于用户的具体委托任务，提供更加个性化的信息检索和文献服务。这两种服务方式各有侧重，共同构成了高校图书馆面向未来的信息服务体系。定题服务的最大特点在于其主动性、针对性、连续性和专深性，此服务方式不是被动等待用户来检索所需信息，而是图书馆根据用户的研究领域和需求，主动提供相关的信息服务。

6.代查代检服务

代查代检服务主要是图书馆工作人员根据用户的具体需求进行文献检索和信息获取，然后将检索结果以文摘或全文形式提供给用户。代查代检服务模式极大地方便了广大读者，尤其是对于一些缺乏检索技能或缺少检索资源的用户来说，代查代检服务无疑提供了巨大的帮助。代查代检服务的主要内容包括但不限于文献检索、查引服务等。文献检索服务围绕着自然科学、社会科学及人文科学等各个学科展开，不仅涵盖专利文献、标准文献和学位论文的检索，还包括外文数据库论文的代查。这样的服务模式能够确保用户及时获取到最新、最全面的研究资料，有效地支持其学术研究或学科建设。查引服务则主要满足读者在申报课题、学科建设、晋升职称等方面的需要，特别是对于那些需要验证自己的研究成果被国际知名检索工具（如 SCI、EI、SSCI、CSSCI 等）收录和引用情况的学者来说，查引服务提供了重要的支持。对于不能直接访问这些检索工具的图书馆来说，通过与其他图书馆或信息中心的合作，也能够为读者提供必要的查引服务，从而协助他们完成相关的学术评价或职称晋升过程。

7.学科导航服务

学科导航是指图书馆针对不同学科专业，通过网络平台开展的文献信息搜寻与整合服务。该服务旨在为用户查询相关学科领域的各种网络学术资源，节省搜寻网站的时间，并将分散的文献信息资源按一定的知识管理规则组织起来，形成一个有机整体。学科导航不仅便于读者利用，而且提高了图书馆服务的效率，特别是在学术研究和教学活动中，学科导航服务通过提供精准、高质量的学术资源，大大地促进了科研工作的高效进行和学术水平的提升。学科导航服务的核心特点包括针对性、学术性和规范性。针对性强调服务必须基于学科需求，直接服务于学科领域或特定主题；学术性体现在提供的网络资源必须经过严格评估，保证其具有高学术价值；规范性则要求在整个服务过程中进行规范操作，包括内容的搜集、类型的确定以及网络资源的规范化描述，以确保服务质量和效果。

学科导航的实现主要依托于网络资源导航库，这是一种以学科或专业为单位，利用计算机和网络技术手段对网络学术资源进行搜寻、鉴别、组织和重组的服务模式。网络资源导航库通过图书馆主页提供服务，以动态链接的方式建立，引导用户快速、准确地获取所需的学科信息。此种形式的学科导航服务大大方便了用户，尤其是学术研究人员和学生，他们可以轻松地通过图书馆主页访问到相关的学科资源，获取最新的研究成果和学术资讯。

8.科技查新服务

科技查新作为科研活动中的关键环节，旨在确保科研项目的新颖性，避免研究资源的浪费，促进科研成果的创新和科技进步。科技查新是对科研项目进行前期的可行性分析，可将其看作一种高效的知识管理和情报分析工作，涉及文献检索、数据分析、新颖性评估等方面。科技查新通过对科研内容进行系统的检索和分析，评估其在当前科学技术领域内的新颖性，对避免重复研究、提升科研质量、保护知识产权、促进技术创新等方面起到了关键作用。科技查新不仅有利于科研人员及早发现研究方向上可能存在的问题和挑战，而且通过科技查新报告的形式为科研立项、成果鉴定、成果转化提供决策支持。

科技查新的实施过程可以划分为四个主要阶段：委托受理、资料查找、报告撰写与审核、出具报告。委托受理阶段的核心是与委托人进行沟通，明确查新的具体内容和要求，确立双方的合作意向并签订查新服务合同。资料查找是在明确了查新的主题和范围后，通过各种数据库和信息检索工具进行深入的文献检索工作。该阶段需要根据查新的具体需求，选择合适的检索路径和工具，确保检索结果的全面性和准确性。报告撰写与审核是基于检索结果，对相关文献进行细致的分析和比较，评估科研项目的新颖性，并形成初步的查新报告。报告需经过内部审核和专家咨询，确保其结论的客观性和科学性。出具报告是经过审核无误后，向委托人提交最终的查新报告，并对所有文献资料和报告进行归档管理，以便日后查询和参考。

对于不具备直接查新能力的高校图书馆而言，开展科技查新中介服务是一种有效途径。通过与具有查新资质的机构合作，为本校科研人员提供专业的查新服务，不仅扩展了图书馆的服务功能，而且促进了学校科研工作的高效开展。科技查新服务有利于促进科研创新、提高科研效率、防止重复研究和促进科技成果转化，科研人员可以通过专业的查新服务，更准确地把握研究领域的最新动态和技术前沿，避免在已有的研究基础上重复劳动，为科研项目的成功实施和成果转化提供了坚实的基础。科技查新的发展趋势要求图书馆和查新机构不断提高信息检索和分析的专业水平，利用最新的信息技术和数据库资源，提供更为精准和高效的查新服务。同时，应加强查新人员的专业培训，提升他们的信息素养和技术应用能力，确保查新服务质量的不断提升。随着数字技术的发展和科研环境的变化，科技查新服务也在不断地创新和进步。例如，人工智能和大数据技术的应用，为科技查新提供了新的方法和手段。利用先进技术可以大大地提高文献检索的速度和准确性，实现更深层次的数据挖掘和信息分析，为科研人员提供更为全面和深入的查新报告。

（四）其他服务类

1. 视听技术

在当今信息爆炸的时代，高校图书馆的视听技术服务已经成为其现代化建设中不可或缺的一环。通过引入丰富多样的视听资料，如音频、视频、电子图书和在线课程等，图书馆能够为师生提供更加生动、直观的学习和研究材料。视听技术服务模式不仅拓宽了传统图书馆服务的边界，而且提高了图书馆资源的利用率和用户满意度。为了更好地服务于广大师生，高校图书馆正不断地完善视听技术设备，优化视听资料的组织与管理，努力将视听技术服务打造成图书馆现代化建设中的一大亮点。

2.文献复制

高校图书馆提供的文献复制服务，是满足广大师生在学术研究和学习过程中对特定资料需求的有效方式。图书馆利用现代化的文献复制技术和信息技术，能够快速、准确地为读者提供所需文献的复制品。此项服务既方便了读者对难以直接获取或不便外借的珍贵文献资料的利用，又极大地提高了图书馆资源的使用效率。文献复制服务的提供，不仅体现了图书馆服务的灵活性和实用性，而且有效地支撑了教学和研究活动的多样化需求。为了进一步优化服务，高校图书馆还不断地探索更高效的文献复制方法和技术，致力于将这一服务项目做得更加完善，确保图书馆在数字化时代依然能够为广大师生提供高效、便捷的信息服务。

3.光盘技术

随着计算机技术和多媒体技术的不断进步，光盘技术以其独特的存储优势，为高校师生提供了便捷高效的信息检索与学习途径。光盘技术服务使得高校图书馆能够实现对海量数据和丰富多媒体内容的高效管理与广泛分享，极大地丰富了图书馆的资源种类，拓展了服务领域。外借服务和内阅服务为读者提供了灵活多样的使用方式。外借服务使读者能够将光盘带回家中或实验室，便于个人学习和研究使用；而内阅服务确保了光盘的安全与完整，降低了光盘损坏或丢失的风险。同时，这两种服务方式也满足了不同读者的具体需求，无论是在图书馆内部专设的电子阅览室，还是在个人的私人空间，读者均可根据自己的学习习惯选择最适合的服务方式。网上服务的推出，更是将光盘技术服务推向了新的高度。通过将光盘内容数字化上网不仅有效地实现了资源的高效共享，还打破了时间和空间的限制，让校园网内的每位师生能够随时随地访问到宝贵的光盘资源。网上服务方式极大地提高了光盘资源的利用率，并促进了图书馆服务模式的现代化转型。

4. 缩微技术

缩微技术服务在高校图书馆中虽然不是主流服务，但其独特的保存和阅读方式在保护珍贵文献、节省空间等方面发挥着不可替代的作用。缩微技术通过将原始文献缩小成胶片，能够大幅降低文献保管所需的物理空间，并为珍贵文献的长期保存提供了可能。缩微技术还能够有效防止原始资料的损坏和遗失，确保文献资源的安全和完整。对于学术研究领域中的历史文献、罕见资料的研究者来说，缩微技术服务提供了一种重要的资料查询和使用方式。

第三节　当代图书馆发展的趋势

一、当代图书馆的发展趋势分析

在过去半个世纪里，图书馆经历了翻天覆地的变化，这些变化既是社会和经济需求提升的结果，又是新兴技术广泛应用的直接结果。传统的图书馆正在逐渐向电子图书馆、网络图书馆、数字图书馆、虚拟图书馆等形式转型，不仅改变了图书馆的工作环境和服务方式，而且促成了图书馆在本质上的变革。现代信息技术的引入，既让图书馆的服务范围得以扩大，服务方式变得更加多样化和个性化，又大大地提升了信息资源的获取效率和利用率。图书馆的角色也逐渐从传统的文献收藏和阅读服务，转变为信息资源的整合者和知识服务的提供者。

（一）图书馆建筑的虚拟化与无形化发展

随着互联网技术的迅猛发展，图书馆的建筑形态正在经历着一场深刻的变革。未来图书馆将逐渐脱离传统的物理空间限制，转向无形化、虚拟化的发展方向，这不仅仅是形态上的转变，更是图书馆服务模式和功能定位的重大演进。① 虚拟图书馆的概念，基于电子文献和网络技术，将图书馆从一个固定的物理空间转变为一个无界限的信息资源共享平台。在该平台上，无论是学术研究还是日常学习，用户都能随时随地访问到全球范围内丰富的数字资源。虚拟图书馆不受地理位置的限制，为用户提供 7×24 小时不间断服务，极大地提升了图书馆的服务效率和资源利用率。② 虚拟图书馆通过高效的网络系统将分散在世界各地的数据库和信息资源组织起来，形成了一个有序的、集成化的信息网络系统，使图书馆的服务范围得以大大扩展，从单一的藏书建设转变为全方位的信息服务提供者。在这一模式下，图书馆不再是一个孤立的知识宝库，而是成为信息网络中的一个节点，与全球的图书馆和信息资源共享平台紧密相连。

（二）馆藏结构的多元化发展

随着信息技术的不断进步和新型信息载体的出现，图书馆的馆藏结构正经历一场前所未有的变革，传统的以纸质图书为主的收藏模式正在逐渐向多元化、数字化转变。③ 在此过程中，多媒体光盘、数字档案、在线数据库等新型信息载体成为图书馆馆藏的重要组成部分，极大地丰富了图书馆的资源种类和形式。馆藏结构的多元化既提升了图书馆服务的质量和效率，也为用户带来了全新的信息获取体验。用户可以通过图书馆接触到各种形式的信息资源，包括视频、音频、电子图书等，满足了不同用户的多样化需求。另外，多元化的馆藏结构也促进了图书馆的信息资源共享，通过网络技术，用户可以远程访问图书馆的数字资源，实现了信息资源的全球共享。图书馆馆藏的多元化，标志着图书馆正在从

---

① 陈科，彭蕾蕾.高校智慧图书馆建设现状及发展趋势研究 [M].成都：四川大学出版社，2023：18.

② 庞余良，董恩娜，温颖.数字化图书馆建设与阅读服务创新 [M].长春：吉林人民出版社，2021：32.

③ 罗时进，唐忠明.坚守与超越：高校图书馆发展研究 [M].苏州：苏州大学出版社，2013：9.

传统的文献收藏机构向综合性的信息服务中心转变。在这一转变过程中，图书馆需要不断地适应新技术的发展，更新馆藏资源，改善信息服务。

（三）信息资源的数字化发展

在 21 世纪的信息时代，图书馆面临着前所未有的挑战与机遇。馆藏信息资源的数字化是这一时代的必然趋势，也是图书馆发展的关键步骤。将馆藏信息转化为计算机可读形式，图书馆能够以全新的方式服务于本地及远程用户，实现信息资源的有效共享和广泛传播。数字化的核心在于数据库的建设，除了书目数据库的构建，还有全文数据库的开发。书目数据库的建设使传统的卡片式目录变得过时，它允许用户通过计算机终端快速检索到所需信息，提高了检索效率，还减轻了馆员和读者的工作负担。更为重要的是，它使得异地联机编目和检索成为可能，从而实现了书目资源的共享。全文数据库的建设扩展了数字化的深度和广度，除了将传统介质上的信息资源数字化外，越来越多的出版商开始直接在互联网上出版与印刷版相对应的全文数据库。此种趋势极大地方便了用户获取信息，也为信息的即时更新和传播提供了可能。随着光盘等大容量存储介质的普及及多媒体、超媒体技术的成熟，信息资源的全面数字化已成为现实。同时，数据库与信息网络的结合不仅极大地扩展了信息服务的范围，也为用户提供了更加便捷、丰富的服务。馆藏信息资源的数字化并非一蹴而就，它需要图书馆投入大量的时间、精力和财力。图书馆需要与时俱进，不断探索和采用新技术，以提高信息资源的获取、管理和服务能力。图书馆还需要加强与出版社、信息提供商等外部资源的合作，共同推动信息资源的数字化进程，为用户提供更高质量的服务。

（四）资源共享全球化与远程化发展

社会与经济的发展需求，高新技术的不断涌现和采用，不仅推动了图书馆朝着电子化、网络化、数字化、虚拟化方向迅速转型，也带来了工作环境和服务手段的变化，更引起了图书馆形态和服务质量的根本转变。在这一过程中，信息资源共享全球化、远程化成为图书馆发展的一个显著趋势。文献爆炸和信息总量的剧增带来的挑战，在传统图书馆模式下难以解决。购书经费的紧缺和文献资源保障能力的下降，更加剧了图书馆服务的困难。然而，现代信息技术的发展为图书馆提供了解决一系列问题的有效手段。资源共享的概念，从早期的"合作藏书""共建共享"，到现在的数字化、网络化信息资源共享，图书馆的服务模式和资源获取方式经历了深刻的变革。信息资源的数字化和网络化，突破了时空的限制，使得用户能够跨越地理界限，实时获取全球的信息资源。在这一时代背景下，图书馆的馆藏信息资源从有限扩展到无限，为用户提供了前所未有的便利。图书馆不再仅仅局限于实体收藏，而是通过网络将分散的信息资源集成为一个有机的整体，实现了资源的全球共享。

在网络环境下，图书馆的文献保障体系由传统的分散、自给自足型转变为统一的资源共享型体制，不仅提高了文献信息的获取效率，而且大大地降低了信息服务的成本。用户可以在家或办公室通过全国或全球性网络系统享受各种信息服务，无论是检索国外著名图书馆的馆藏目录，还是获取国内珍贵古籍的数字化资源，都变得异常便捷。国际互联网的发展既拉近了全球信息资源的距离，也为信息资源的共建共享提供了可能。在这个"地球村"中，每个人都成为地球公民，享受平等的信息获取机会。

（五）图书馆员素质的专家化发展

由于多媒体技术和网络通信技术的快速发展，图书馆的运营模式、工作方式、服务内容等发生了重大变化。图书馆的核心职能正从传统的藏书建设和文献保障，转向信息资源的开发和用户教育培训。这一转变要求图书馆员不仅要具备传统的图书管理和文献处理能力，也需要掌握现代信息技术，如计算机网络技术和信息资源开发等专业知识。图书馆员的专业化，意味着他们需要从传统的管理角色转变为信息专家和知识服务提供者。在未来的图书馆工作中，图书馆员将更多地参与到信息检索、数字资源管理、用户教育和咨询服务等领域，他们的工作将更加注重脑力思考和技术应用。如此，不仅提升了图书馆员的职业地位，也为图书馆提供了更高质量、更专业化的服务。

1. 掌握计算机知识与网络技术

在 21 世纪的数字化时代，图书馆工作的模式和图书馆员的角色发生了根本性的变化，计算机知识和网络技术已成为图书馆员必备的核心技能。随着图书馆服务的数字化进程加速，从采访、编目、典藏、借阅到咨询服务等各个环节都离不开计算机和网络技术的支持。这一转变不仅极大地提升了图书馆工作的效率，也对图书馆员提出了更高的技能要求。图书馆员需要熟练掌握计算机编目方式、方法，具备高效的信息管理和检索技能，以便能够快速准确地处理和提供文献信息。此外，随着新技术的不断涌现，图书馆员还需持续学习最新的信息技术，如人工智能、大数据分析等，以适应图书馆服务的新发展。因此，对于图书馆员而言，不仅要有扎实的图书馆学和情报学理论基础，而且要有强大的计算机技术实践能力。

2. 具备网上获取信息的能力

在 21 世纪的信息化社会中，图书馆及其服务方式正在经历一场革命性的变革。过去，图书馆作为物理空间存在，其主要职能是收集、保存并借阅实体图书。然而，随着互联网和数字技术的飞速发展，信息资源的形式和获取方式发生了根本的改变。图书馆服务也必须从传统的"物的传递"向"知识的传递"转变，以适应这种变化。现代图书馆既要能够提供物理图书，又要能够为读者提供快速、准确地获取数字化信息资源的途径。这要求图书馆必须具备强大的网上获取信息的能力，能够熟练地使用各类电子数据库、电子书和学术期刊，并利用社交媒体开放获取资源和各种网络平台来获取和分享信息。图书馆员既是信息的守门人，也是指引读者如何在信息海洋中航行的导航员。他们需要具备深厚的信息检索技能，能够帮助读者在繁杂的网络环境中精准定位所需信息。

3.具备对信息的鉴别筛选能力与良好的外语水平

互联网以其庞大的信息库和迅速的信息更新速度，不仅为图书馆提供了无限的资源，也带来了信息过载的问题。图书馆员要成为信息的筛选者和导航员，帮助读者在繁杂的网络信息中寻找到真正有价值的知识。图书馆员需要具备高度的信息鉴别和筛选能力，这一点在当今信息泛滥的互联网时代尤为关键。他们必须能够准确快速地辨别信息的真伪，评估信息的可靠性和实用性，以确保图书馆提供的信息服务既专业又高效。这不仅涉及技术层面的信息检索技能，也需要图书馆员具备批判性思维能力，能够从复杂的信息中提炼精华，为读者提供最优质的知识资源。此外，良好的外语水平，尤其是英语水平，对图书馆员来说也至关重要。在全球化的今天，大量的学术资源和先进的知识都是以英文呈现的。图书馆员拥有良好的英语水平可以帮助他们更有效地获取和利用国际上的信息资源，更好地服务于不同国家和地区的读者，促进图书馆信息资源的国际化交流与共享。为了适应这一需求，图书馆员应不断提升自己的专业技能和语言能力，定期参加相关的培训和进修，学习最新的信息检索技术和外语知识。

二、未来图书馆的主体形态解析

（一）电子图书馆形式

电子图书馆通过局域网建立，将传统的图书资料转化为数字格式并存储于服务器中，使读者可通过网络实施查找、阅读和打印等操作。电子图书馆模式利用光盘库或光盘塔，为用户提供了一个灵活、便捷的信息访问平台。电子图书馆的建立标志着图书馆服务向数字化、网络化的转变，大大地提高了信息利用的效率，满足了现代社会对于快速获取信息的需求。电子图书馆有以下几个特点，如图1-6所示：

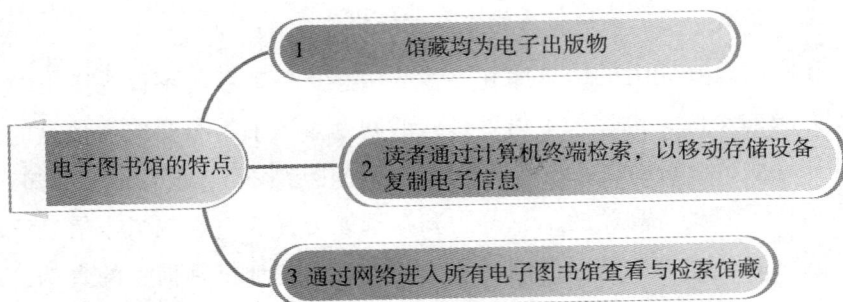

图 1-6　电子图书馆的特点

（二）虚拟图书馆形式

虚拟图书馆代表了图书馆事业在数字化和网络化浪潮中的一次根本性转变，其在技术层面上不仅对传统图书馆的服务模式进行了革命性的更新，而且在理念上为用户和图书馆之间建立了新的互动关系。虚拟图书馆的核心概念是利用现代信息技术，尤其是互联网，为用户提供一个无须实际走进实体图书馆即可获得大量信息资源的平台。此种新型的图书馆形式，以其独有的特点，正在逐渐改变人们获取、利用信息的方式。

虚拟图书馆的出现打破了传统图书馆存在的物理限制，实现了图书馆服务的无界化。在这一虚拟的空间里，无论是学术研究者、学生还是普通读者，都可以跨越地理和时间的界限，方便快捷地访问世界各地的图书馆资源。此种服务的无限扩展性，不仅极大地丰富了用户的阅读和研究资源，也使知识传播的效率得到显著提高。虚拟图书馆彻底颠覆了传统馆际和地域概念的限制，使得信息资源共享成为可能。[①]结合网络技术，虚拟图书馆将分散在不同地点的信息资源整合在一起，为用户提供一站式服务，以跨馆际、跨地域的资源共享扩大了用户获取信息的渠道，促进了全球范围内的知识共享与传播。虚拟图书馆以其全面的、高

①庞余良，董恩娜，温颖. 数字化图书馆建设与阅读服务创新 [M]. 长春：吉林人民出版社，2021：1.

度数字化的海量信息资源，为用户提供了几乎无限的知识库。数字化处理后的文献资料、图像、视频等多媒体信息，不仅便于存储和检索，而且能满足用户多样化的信息需求。与此同时，高智能的个性化信息服务更是虚拟图书馆的一大亮点。通过智能检索系统和个性化推荐算法，用户可以更快速、更准确地找到所需信息，极大地提高了研究和学习的效率。虚拟图书馆的信息资源具有高频度更新的特性，从而保证了提供给用户的信息始终保持最新状态。相较于传统图书馆需要周期性的实体更新，虚拟图书馆能够实现实时更新。

（三）数字图书馆形式

数字图书馆是 21 世纪图书馆事业发展的一个重要标志，它利用先进的数字技术将传统图书馆的服务模式转化为更为高效、便捷、智能的信息服务系统。数字图书馆的出现不仅极大地丰富了图书馆的服务内容和形式，而且为用户提供了全新的信息获取和知识学习方式。数字图书馆的核心是信息资源的数字化，这一变革使得原本以纸质为主的图书、期刊、报纸等文献资料转换为数字格式，存储于电子设备中，不仅大幅节省了物理空间，还便于信息的快速检索和高效管理。数字图书馆通过数据库技术，能够实现对海量信息资源的高效管理和利用，为用户提供快速准确的检索服务。数字图书馆打破了传统图书馆物理空间的限制，实现了信息传播和服务的网络化。通过互联网，用户无论身处何地，都可以轻松地访问数字图书馆的资源。此种服务模式不仅极大地方便了用户，也使图书馆的服务范围从局部扩展到全球。数字图书馆推动了信息资源及利用的共享化，通过建立和参与各种数字图书馆联盟，图书馆之间可以实现资源的互联互通和共建共享，极大地提高了资源利用率，有效解决了单一图书馆资源有限的问题，为用户提供了更加丰富和全面的信息服务。此外，数字图书馆实现了文献信息的实体虚拟化。与传统的纸质文献相比，数字图书馆中的文献以电子形式存在，用户可以通过电子设备随时随地阅读、下载和打印所需资料。此种模式不仅方便了用户，也加快了信息传播的速度。数字图书馆还致力于提升文献用户界面的友善化，通过用户界面设计的不断优化，数字图书馆为用户提供了更为便捷、直观的检索和阅读体验，使用户能够更加轻松地获取所需信息。信息资源的多样化也是数字图书馆的一大特点，除了传统的文本信息外，数字图书馆还提供了音频、视频等多媒体信息服务，满足了用户对多种形式信息的需求。数字图书馆强调信息资源的加工和职能化，数字图书馆的建立不仅仅是对物理资源的数字化转换，更是对信息资源的深度加工和综合利用，如各类专业数据库、学科前沿数据库和地域特色数据库等。

（四）复合图书馆形式

复合图书馆代表图书馆发展的一个新阶段，它在传统图书馆与数字图书馆之间搭建了一座桥梁，既保留了传统图书馆的基本功能和服务，又融入了数字化的先进技术，形成了一种新型的服务模式。复合图书馆模式将纸质资源与数字资源、传统服务与现代技术服务、传统管理与现代管理有机结合，构建了一种既具有传统韵味又不失现代风格的图书馆新形态。纸质馆藏与数字馆藏的并存是复合图书馆最显著的特点之一。纸质资源以其独有的历史价值和文化内涵，为图书馆提供了丰富的学术资源和阅读体验；而数字资源以其高效、便捷、易于分享的特点，极大地拓展了图书馆的服务范围，使图书馆的信息服务不再受时间和空间的限制。两者的并存能满足不同用户的需求，并促进图书馆资源的综合利用和信息的有效传播。复合图书馆在传统服务与新技术服务方面也实现了有机融合，传统的借阅、咨询等服务依然是图书馆不可或缺的基本功能，而新技术的引入，如自助借还机、在线数据库检索、虚拟参考咨询等，为用户提供了更加智能化、个性化的服务体验。此种融合既提高了图书馆的服务效率，又丰富了图书馆的服务内容，更满足了用户多样化的信息需求。从管理模式来看，复合图书馆实现了传统管理与现代化管理的并存。在遵循图书馆基本规范和原则的同时，引入现代化管理理念和技术，如电子资源管理系统、数字版权管理等，既提高了图书馆的管理效率和服务质量，也为图书馆的可持续发展提供了新的思路和方法。

复合图书馆的出现，标志着图书馆服务向更加多元化、个性化、智能化的方向发展。在新型图书馆模式下，图书馆不仅仅是传统意义上的知识存储和传播场所，更是文化交流、科技创新和社会教育的重要平台。它通过将传统与现代、物理与数字有机结合，不断探索和实践新的服务模式，以满足现代社会日益增长的信息需求和文化需求。未来的复合图书馆将继续在资源整合、服务创新和管理优化等方面进行深入探索，以更加灵活多变的姿态迎接图书馆事业发展的新挑战。复合图书馆通过不断地创新和改进，将为用户提供更加丰富多样、高效便捷的信息服务，成为知识传播和文化交流的重要阵地。

（五）移动图书馆形式

移动图书馆的兴起标志着图书馆服务模式的一大飞跃，使得图书馆的信息服务跨入了一个全新的时代。依托于先进的移动通信技术和互联网，移动图书馆提供了随时随地的信息访问，极大地扩展了图书馆的服务范围和时间，提高了信息服务的效率和便捷性，从而满足了现代社会快速、灵活、高效的信息需求。移动图书馆的出现是技术进步的产物。现代移动通信技术、无线网络技术的不断发展和完善，使得信息的传递和交流不再受到物理空间的限制。技术基础上的创新，使得图书馆能够通过移动设备，如智能手机、平板电脑等，为用户提供全新的信息检索和阅读体验。此外，随着电子书、在线数据库等数字资源的丰富，移动图书馆能够为用户提供更为丰富多样的信息资源。从服务模式上看，移动图书馆突破了传统图书馆服务的时空限制，为用户提供 7×24 小时不间断的信息服务。无论是在家中、路途中，还是任何可以连接网络的地点，用户都可以通过移动设备轻松地访问图书馆资源，进行图书检索、电子阅读、信息咨询等操作，极大地满足了用户随时获取信息的需求。个性化服务是移动图书馆的另一大特色，通过对用户行为的分析和学习，移动图书馆能够根据用户的偏好和需求提供个性化的信息推荐和服务，如个性化的阅读推荐、信息提醒服务等，极大地提高了用户的服务体验和满意度。互动性是移动图书馆区别于传统图书馆的又一显著特征，在移动图书馆中，用户可以通过移动设备进行实时的交流和反馈，无论是提出咨询问题、图书预约，还是参与线上讲座、研讨会等活动，都能得到即时响应和交互，这种双向的、实时的交互方式极大地增强了用户的参与感和满足感。集成性体现在移动图书馆能够整合各种信息资源和服务平台，为用户提供一站式的信息服务。用户可以通过一个界面，访问和使用图书馆的各种资源和服务，包括馆藏查询、电子资源检索、个人借阅管理等，极大地方便了用户的信息获取和利用。服务全天候是移动图书馆的基本要求，在移动网络环境下，图书馆能够实现 7×24 小时不间断服务，无论何时，用户都能通过移动设备获得所需的信息服务，随时随地满足用户信息需求的同时，也大大地提升了图书馆的服务能力和形象。

第二章　大数据背景下的人工智能技术

第一节　大数据背景下人工智能技术的起源

一、大数据背景下人工智能技术的孕育期

人工智能的孕育期标志着该领域理论和工具的初步构建，自 1956 年以前起步，其间，积累了重要的理论基础和计算工具，为人工智能后续的发展提供了坚实的支撑。

（一）问题的提出

20 世纪初，数学界发生了一系列重大事件，既推动了数学理论的深入发展，也为计算机科学乃至人工智能的诞生奠定了基础。1900 年，在巴黎数学家代表大会上，大卫·希尔伯特提出的 23 个数学问题引起了社会广泛关注，其中第二个问题和第十个问题与后来的人工智能发展密切相关。希尔伯特的第二个问题探讨了数学真理的一致性，即数学体系内部不存在矛盾，所有数学真理都可以被公理化，并通过逻辑推演证明其正确性。而第十个问题则探索了算法的界限，即是否存在一种机械化的方法来判定任意丢番图方程的解。这两个问题直接关系计算理论和算法的发展，成为计算机科学发展的催化剂。哥德尔的不完备性定理挑战了希尔伯特的第二个问题，证明了在任何包含基本算术的公理系统中，总存在一些既不能证明为真也不能证明为假的命题，从而推翻了数学公理

系统的完备性和自足性。这一发现深刻影响了逻辑学、数学和计算机科学,揭示了数学和逻辑体系的根本局限性。图灵的工作则是对希尔伯特第十个问题的一种回应,通过构想图灵机,图灵定义了可计算性的概念,建立了计算机科学的理论基础。图灵机不仅模拟了人类的计算过程,也为后来的计算机设计提供了原型。图灵的研究进一步发展为图灵测试,成为评估机器智能的标准之一,推动了人工智能领域的发展。麦卡洛克和皮茨的人工神经元模型以及海布的学习理论,为后来的神经网络和机器学习提供了理论基础。这些研究成果标志着人工智能领域的早期探索,它们结合数学、逻辑、生理学和控制论的知识,开创了将生物学原理应用于机器学习和智能系统设计的新路径。

人工智能(AI)的孕育期见证了众多学科的融合,从数学到计算机科学,这些领域的深入探索为人工智能的诞生和发展奠定了坚实的基础。1956年,在达特茅斯会议上,麦卡锡等先驱首次提出"人工智能",这次会议标志着人工智能作为一个独立学科的正式诞生,此会议聚集了来自不同学科背景的研究者,共同探讨机器智能的可能性,从此开启了人工智能的探索之路。会议中,参与者围绕自动机理论、神经元网络和智能研究等主题展开了深入讨论。此次会议确立了"人工智能"这一术语,而且为后续的研究和实践指明了方向,使得人工智能成为一个跨学科的研究领域。此后,人工智能的研究得到了飞速发展,特别是在机器学习和深度学习等领域取得了显著成就。然而,人工智能是否能达到甚至超越人类智能的问题,始终是一个极具争议的话题。一方面,根据哥德尔定理,任何足够强大以表述基础数学的形式系统,必然存在一些既不能证明又不能反证的命题。这意味着,如果将人工智能视为一个机械化的数学公理系统,那么理论上将总存在一些机器无法解决的问题。从这一角度看,人工智能似乎不可能超过人类的智能水平。另一方面,随着深度学习等技术的发展,机器能够通过学习自我优化和调整其行为模式,表现出越来越多类似人类的智能行为。其学习和自我调整的能力,让人们看到了实现真正人工智能的可能性。深度学习使得计算机程序能够处理以往难以解决的复杂问题，不断突破限制，展现出超乎预期的智能水平。

（二）计算机的诞生

计算机科学的发展历程充满了创新和革命性的里程碑，从 17 世纪帕斯卡的机械式加法机到 20 世纪中叶的电子计算机，每一步的进展都极大地拓展了技术的边界，为后续的科学研究和技术发展打下了坚实的基础。帕斯卡的机械式加法机标志着人类首次尝试用机械装置来辅助计算，开启了自动计算机械的先河。而莱布尼茨的乘法计算机及其对二进制的研究，不仅展现了数学的美妙，而且为后来的计算机编码系统提供了理论基础。查尔斯·巴贝奇的差分机和分析机更是直接预示了现代计算机的多种基本特征和功能。20 世纪 30 年代，朱斯的 Z 系列计算机和香农的信息论的提出，加深了人们对于计算和信息处理的理解，香农将布尔代数应用于开关电路设计中，为后续电子计算机的电路设计奠定了基础。而"埃尼阿克"（ENIAC）的成功研制，无疑是电子计算机发展史上的重大突破，它大大地提高了计算速度，更开启了电子计算机时代。神经网络计算机的诞生，尤其是 SNARC 的建造，展现了计算机科学在模拟人类神经系统方面的潜能，为后来的人工智能研究提供了重要的启发和工具。冯·诺依曼提出的存储程序概念和后来的 EDVAC 系统，为计算机程序的编写和执行提供了极为关键的理论基础，冯·诺依曼结构至今仍是大多数计算机设计的基础。电子数字计算机的发展既是技术进步的体现，也是人类对于知识、信息处理和智能探索不懈追求的结果。从机械计算到电子计算，从简单计算到复杂的数据处理和人工智能，每一步的进展都凝聚了无数科学家的智慧和努力。其成就既推动了计算机科学和技术的飞速发展，也为人工智能等新兴科学领域的诞生提供了技术平台和理论基础。

二、人工智能基础技术的研究与形成时期

在人工智能（AI）的历史上，1956 年至 1970 年标志着基础技术研究和形成的关键时期，这一时期涌现出一系列的创新性成果，既奠定了人工智能的理论基础，也开拓了后续研究的方向。1956 年，纽厄尔和西蒙合作研制成功的"逻辑理论机"成为处理符号而非数字的计算机程序的先驱，这一里程碑性的成就标志着计算机从事逻辑推理和数学定理证明的初次尝试。同年，塞缪尔的"跳棋程序"展示了计算机程序具备自我改善、自适应、积累经验和学习的能力，这对模拟人类学习和智能的研究产生了深远的影响。1960 年，纽厄尔和西蒙再次突破，研制成功了"通用问题求解程序（GPS）"系统，该系统能够处理包括不定积分、三角函数、代数方程等在内的多种性质不同的问题，展示了计算机在处理多种类型问题上的能力。同年，麦卡锡提出并成功研制了"表处理语言LISP"，这一语言的推出，使处理数据和符号变得更加方便，极大地推动了符号微积分计算、数学定理证明、博弈、图像识别等领域的发展。1965 年，鲁滨逊提出的归结原理推进了自动定理证明的研究，这种定理证明方法的提出，由于其简单性和易于在计算机程序上实现的特点，立即引起了广泛关注，成为自动定理证明研究的一个重要里程碑。这些开创性的工作既证明了计算机在模拟人类智能方面的潜能，也为人工智能领域提供了理论和技术支持。它们使得人工智能从一个模糊的概念转变为一门具有实际应用前景的科学领域，开辟了人工智能在问题解决、语言理解、学习和推理等多个方面的研究道路。这一时期的成就，不仅对人工智能领域产生了深远的影响，也为计算机科学、逻辑学、认知科学等相关学科的发展贡献了重要的理论和技术基础。

在人工智能（AI）的发展过程中，研究者们逐渐意识到，要让计算机系统有效地解决现实世界中的复杂问题，仅仅依靠通用的问题求解方法是远远不够的。这种认识导致了专家系统的诞生，标志着人工智能领

域一个新的里程碑。专家系统的研究与开发，旨在模拟人类专家在特定领域内的决策过程，通过引入和应用专家的知识来解决该领域的复杂问题。1965年，费根鲍姆及其团队的研究开启了这一新领域的探索，他们对如何在计算机系统中集成人类专家的知识进行了深入的研究。1968年，他们研制成功的 DENDRAL 系统成为第一个专家系统，它主要用于分析有机化合物的分子结构。DENDRAL 的成功不仅展示了专家系统在科学研究中的应用潜力，也为后续专家系统的开发奠定了基础，开辟了人工智能在知识密集型领域应用的新途径。费根鲍姆的这一贡献不仅表现在 DENDRAL 系统本身，更重要的是他提出的将专业知识编码进计算机程序的理念极大地推动了人工智能技术的发展。专家系统的成功开发，证明了计算机既能进行数学计算，又能进行复杂的逻辑推理和决策分析。从此，人工智能领域开启了专门知识的研究和应用新纪元，专家系统的研究为人工智能技术在医疗诊断、金融分析、地质勘探等多个领域的应用提供了强有力的支持。费根鲍姆和他的团队通过 DENDRAL 项目不仅拓展了人工智能的应用领域，也为后来的人工智能研究和实践提供了宝贵的经验和方法论。

1969年的第一届国际人工智能联合会议（IJCAI）和1970年《人工智能国际杂志》的创刊，共同标志着人工智能（AI）作为一门独立的学科正式跻身国际学术舞台，这两个事件对于推动人工智能领域的研究与发展产生了深远的影响。高层次学术会议和专业期刊为全世界的研究者提供了交流最新研究成果、分享经验和探讨未来发展方向的重要平台，不仅促进了国际学术合作，还加速了人工智能技术的创新和应用，推动了人工智能科学的快速进步和广泛应用。

第二节　人工智能技术的基础概念

一、人工智能的概念界定

自古以来，人类依靠发明和技术的力量与自然环境作斗争，并在此过程中不断进步与发展。古代，简单的工具（如轮子和火）的使用标志着人类文明的起点。15 世纪，古登堡的活版印刷术的发明，为知识的传播带来了革命性的变化，使得图书成为大众可以接触到的资源，极大地促进了文化和科学的发展。19 世纪的工业革命，电力的广泛应用推动了制造业、交通业和通信业的飞速发展，从而开启了现代工业社会的大门。进入 20 世纪，人类的探索足迹扩展到了天空和太空，个人计算机、互联网、万维网和智能手机等成为改变人类生活方式的关键技术。近几十年来，世界经历了从信息爆炸到知识社会的转变，海量的数据、事实和信息的涌现，对人类如何处理、管理和利用这些信息提出了新的挑战。人类社会的发展历程证明，每一次技术革新都极大地推动了社会的进步和变革，也对人类如何理解和运用这些知识提出了新的要求。

（一）智能的定义

"智能"一词的词源来自拉丁语"intelligentia"，表达了"洞察力"或"理解能力"的含义，它派生自拉丁语动词"intellegere"，意为"理解"。进一步分析，这个词由前缀"inter"（之间）和动词"legere"（选择）组合而成，这在词源上为"智能"赋予了选择的内涵。这表明，从最初的含义上来看，"智能"不是被动地接收或处理信息，而是涉及主动选择、判断和决策的过程。此种对"智能"概念的理解，强调了智能行为不仅需要理解能力，还包括在众多可能性之间做出选择的能力，对于理解人工智能、模拟人类智能过程的本质具有重要的启示意义。

智能，这一概念在当今时代获得了前所未有的关注与发展。它不仅被视为理解事物和事实的一种智力水平，而且在于通过挖掘事物间的关系，构建出合理的知识性解释，进而对未知场景进行理解和适应。此种定义把智能看作一种适应能力，即利用已有信息处理能力达成特定目标的能力。特别引人注目的是，随着互联网和数字化时代的到来，智能的概念被拓展到了数字世界。信息在这个世界中以光速传播，无时无刻不在生成新的数据，从事务、文本、图像到声音，构成了一个永不停歇的数据流动态，即所谓的"大数据"，它成为现代智能系统工作的基础。大数据为智能系统提供了丰富的学习材料，使得智能系统能够基于海量数据分析，提炼出有价值的信息，从而实现对过去经验的积累和对未来趋势的预测。在此过程中，智能系统的核心在于如何有效地处理和利用这些信息。它需要不只是收集和存储数据，更关键的是对数据进行分析和理解，发现其中的模式和规律，以此来指导实际行动。智能系统因此被赋予了预测未来、指导决策的能力，这正是其价值所在。

从古至今，人类一直在寻求利用过去的经验来指导未来行动的方法。在数字化时代，这种寻求不仅限于人类个体的经验积累，更拓展到了通过智能系统对大数据进行分析，以期从中发现规律、预测未来。此种对智能的理解和应用不仅极大地拓宽了智能的边界，也为人类社会的发展打开了新的可能。智能在这一过程中，既是工具又是伙伴，其通过对信息的加工处理，帮助人类更好地适应环境，实现目标，体现了智能的真正价值。

（二）商业智能的概念

商业智能（BI）作为一种数据驱动的决策支持系统，旨在为企业提供实时、可靠、全面的数据分析，帮助决策者快速做出精准决策。随着信息技术的飞速发展，商业智能在各个行业中的应用日趋广泛，成为企业运营管理的重要工具。商业智能系统的核心功能包括数据采集、存储、处理、分析和呈现，通过对企业内外部数据的深度挖掘和分析，商业智能能够帮助企业洞察市场趋势、客户需求、产品性能和运营效率等关键信息，进而优化产品策略、提升服务质量、增强竞争力和盈利能力。在此过程中，商业智能系统的设计应密切结合企业的运营决策过程，以确保信息的准确性和实时性，减少运营误差，提升决策效率。然而，商业智能的应用并非没有挑战。随着大数据时代的来临，数据的爆炸式增长给数据处理和数据分析带来了巨大的压力。如何从海量数据中提取有价值的信息，如何保证数据的安全和隐私，如何实现数据的实时更新和处理，都是 BI 需要解决的问题。此外，商业智能的成功实施还需要企业具备一定的数据文化基础，包括员工的数据素养、企业的数据治理体系等。

从更广阔的视角来看，商业智能与人工智能、机器学习等技术的融合，正开辟着新的可能。人工智能技术的加入，不仅能够进一步提升商业智能系统的智能化水平，实现更深入的数据分析和预测，还能通过自然语言处理、图像识别等技术，拓展商业智能的应用场景。随着技术的不断进步，未来的商业智能将更加智能、高效和个性化，成为驱动企业创新和增长的重要力量。与此同时，人们也需要正视人工智能技术的"双刃剑"效应。正如人造交通工具给人们带来便利的同时产生了环境污染和噪声干扰，人工智能的应用也可能伴随着数据隐私泄露、失业问题等社会挑战。因此，在推进商业智能和人工智能技术的应用过程中，平衡技术进步与社会责任，确保技术伦理，成为不可或缺的考量因素。

二、人工智能领域的主要研究内容

（一）人工智能的本质

人工智能（AI）作为一门科学的发展和演化，始终在探索和模仿人类智能的神秘和复杂性。这一领域的核心追求是通过机器实现人类智能的功能，不仅仅是模拟人类的认知过程，更重要的是理解智能的本质。然而，人工智能的发展历程也反映出了对于智能本质的不同理解和诠释。从广义上讲，人工智能被视为通过计算机系统或非生命实体实现的智能形式，其关键在于智能行为的表现，而不限于人类智能的具体实现机制。此观点强调了智能行为的多样性和普遍性，即智能可以跨越不同的生物种类和人造系统。对另一些研究者而言，人工智能的核心在于是否能精确模拟人类智能的机制，包括认知过程、情感、直觉和其他非逻辑因素。此种观点将人工智能的研究重点放在了深入理解人类智能的运作方式上，以此作为开发高级人工智能系统的基础。人工智能的发展并不是孤立的技术进步，它深深植根于对人类智能行为的理解和模拟。

在探索人工智能的本质时，人们不得不面对"人工"和"自然"之间的辩证关系。人工智能既是对自然智能的模仿和扩展，也是人类利用技术超越自然局限的一种表现。人造光、人造花和各种交通工具的出现，虽然在某些方面超越了自然，但也给环境和社会带来了挑战。同样，人工智能在提升效率和能力的同时，也引发了关于伦理、社会影响和技术控制的深刻讨论。人工智能的未来发展，既需要技术创新，也需要对智能本质深入的理解和反思。它不仅是计算机科学和技术的挑战，也是对人类自我认知和社会发展的探索。人工智能的道路充满了未知和可能，人们在追求更高级的智能系统时，也应该深思如何使这些系统更好地服务于人类社会，促进人类福祉的提升。

（二）思维与智能的分析

智能，一个既抽象又具体的概念，长久以来成为心理学、哲学、人工智能和认知科学等多个领域研究的核心。在日常生活中，人们通过观察他人的语言、行为和反应来间接评估其智力。此种评估方式虽然简单，但在某种程度上能够反映一个人的认知能力和适应能力。然而，当此种评估方式应用于动物时，问题便变得复杂起来。

动物的智能无疑存在，并表现在多种多样的行为中。许多研究表明，某些动物能够使用工具、解决复杂问题，甚至在社群内展现出一定程度的情感和社交策略，这些都是智能行为的体现。评估动物智能的难点在于，动物与人类的交流方式截然不同，它们不能通过人类的语言来表达思考过程或作出逻辑回应。因此，科学家们设计了各种实验，从动物解决问题的能力、学习能力、记忆能力、社会行为等方面来评估它们的智能。例如，通过观察黑猩猩使用树枝捕获白蚁吃、海豚通过声纳定位、大象通过镜子自我识别等行为，科学家能够间接了解到它们的认知能力。此外，对智能的探究也不断推动着人工智能领域的发展。通过模拟人类乃至动物的认知过程，人工智能试图在机器上重现智能行为。这一进程对理解智能本身具有重要意义，也为解决实际问题提供了新的工具和方法。然而，无论是对人类智能的评估，还是对动物智能的研究，人们都必须承认智能的多样性和复杂性。智能不只是简单的信息处理和逻辑推理，还包括情感、直觉、创造力等多维度的成分。

在深入探讨人工智能的本质和其在现代科技中的定位时，不可避免地涉及两个根本性的问题。首先，智能是不是生命的特质，即只有生命体才能拥有智能？其次，无生命的物体，如计算机，是否能够展现出智能？这两个问题直接触及了人工智能领域最为根本的理论基础和实践目标，即创造能够模仿甚至超越人类智能水平的计算机系统。"机器能思考吗？"这个由图灵提出的经典问题，至今仍然是人工智能研究中最具争议的话题之一。图灵通过设计"图灵测试"来尝试回答这个问题，而这个测试也成为评价机器是否能展现出与人类相似智能的标准。但在讨论这个问题之前，人们需要明确思考和智能的区别。思考可以被视为一种工具，它包括推理、分析、评估以及形成思想和概念的过程。智能则可能是指在思考过程中展现出的效率和有效性。许多人对机器是否能思考持有偏见，一部分人认为由于计算机是由硅和电路组成的，它们无法拥有智能；另一部分人则认为，计算机在计算速度上远超人类，因此在某种程度上具有更高的"智商"。然而，真实情况可能并不属于这两个极端。正如动物界中不同物种表现出不同级别的智能一样，人工智能领域开发的软件和硬件系统同样展现出了不同层次的智能。目前，虽然还没有为动物开发出标准化的智商测试，但人们对于评估机器智能的存在极为感兴趣。在此方面，人工智能的目标不仅仅是让机器模仿人类的思考方式，更重要的是让机器完成需要智能才能完成的任务。因此，拉斐尔的观点为我们提供了一个清晰的方向：人工智能是一门科学，它致力于让机器完成那些需要智能才能解决的任务。从这一角度来看，人工智能的探索不再仅仅局限于是否能够完全复制人类智能的机制，而是关注于如何利用机器的独特能力，如处理大量数据、快速计算等，来解决复杂的问题，从而拓展人类智能的边界。

第三节　大数据背景下人工智能技术的发展与演变

一、大数据背景下的人工智能技术发展历程

（一）人工智能技术的初始发展阶段

20世纪40—50年代，人工智能领域迎来了其起始阶段，这一时期，神经学家沃伦·麦卡洛克和沃尔特·皮茨的开创性工作《神经活动中内在思想的逻辑演算》标志着人工智能研究的正式开始。他们提出的人工神经元模型，虽然简单，但是对生物神经元功能的首次数学抽象化，开启了模拟人脑神经网络的可能性。人工神经元的设计原理，尽管原始，却极具前瞻性。它基于二进制逻辑，通过加权和的计算和阈值判断来模拟神经元的激活与抑制过程，体现了对生物神经系统工作机制的初步理解。该模型为后来复杂神经网络的发展提供了理论基础，尤其是在权重调整和学习算法的探索上，为机器学习和深度学习等现代人工智能技术

的崛起铺平了道路。当时的人工神经元模型虽然仅能执行简单的逻辑判断，但其设计理念——通过模拟生物神经元的结构和功能来实现计算和学习——开辟了人工智能研究的新方向，体现了科学家对人脑复杂功能的好奇和探索欲望，反映了早期人工智能研究者试图解答"机器能否模拟人类智能"的根本问题。这一时期的研究，尽管受限于当时的技术条件和计算能力，但在人工智能的历史进程中占据重要地位。麦卡洛克和皮茨的工作不仅引发了科学界对人工智能概念的广泛关注，也激发了后续几代科学家和工程师对智能机器的深入研究和开发。他们的贡献，特别是在神经元模型的提出和人工神经网络的早期构想上，为人工智能的理论发展和技术进步奠定了坚实基础。

随着时间的推移，人工神经元的概念经历了不断发展，从单一的逻辑单位演化成为能够处理复杂计算和模式识别任务的神经网络。1956 年，多名计算机科学家在达特茅斯会议上共同提出了"人工智能"的概念。此次会议主要关注智能与智能机器的关系，具体如图 2-1 所示：

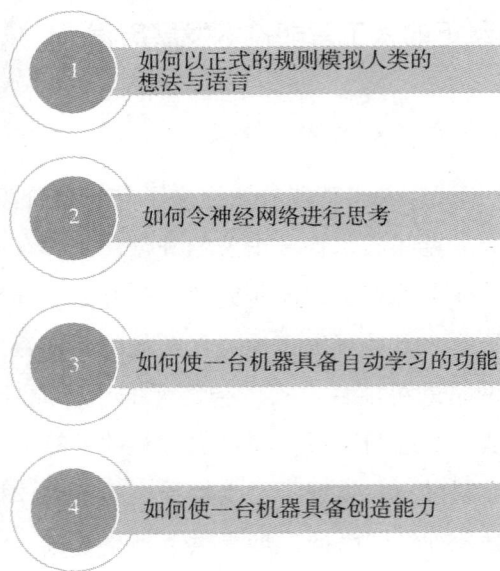

1	如何以正式的规则模拟人类的想法与语言
2	如何令神经网络进行思考
3	如何使一台机器具备自动学习的功能
4	如何使一台机器具备创造能力

图 2-1　智能与智能机器的关系

（二）人工智能技术的蓬勃发展阶段

20 世纪 60 年代，人工智能领域迎来了蓬勃发展的黄金时期。这一时期，科学家们提出了许多创新观点，并开发出了众多程序来解决这一系列复杂的问题。从证明数学定理到下棋，再到解谜和机器翻译的初步尝试，人工智能的应用领域迅速扩展，展现出了前所未有的活力和潜力。这一阶段的发展是技术和算法上的进步，更重要的是，它标志着人工智能从理论探索向实际应用的转变。各类程序的成功开发，证明了计算机不仅能够执行简单的计算任务，也能够处理更为复杂的认知和逻辑问题，为后来人工智能在模式识别、自然语言处理和机器学习等领域的发展奠定了坚实基础。此外，这一时期人工智能的快速发展，也吸引了更多科学家和研究机构的关注，为后续更深入的研究提供了丰富的理论和实验资源。

（三）人工智能技术的深入发展阶段

1. 20 世纪 70 年代

20 世纪 70 年代，人工智能领域遭遇了重大挑战。当时，计算机的计算能力十分有限，使得人工智能程序的运行速度十分缓慢，难以产生有说服力的成果。这一时期由于缺乏有效的实例来证明人工智能技术的实用性和潜力，同时，实现复杂人工智能程序的技术难题也令研究者们感到困惑。更为严重的挑战来自两位杰出科学家——明斯基（ Minsky ）和帕珀特（ Papert ）。在他们的著作《感知机》中，批评了当时神经网络技术的局限性。尤其是他们指出，当时的神经网络模型连区分两个二进制数这样简单的任务都无法完成。这一观点对神经网络研究造成了沉重的打击，导致人工智能研究的一个分支——自动学习领域进入所谓的"冬天"，在随后的一段时间里，这一领域的研究受到了广泛的质疑和怀疑。

2. 20 世纪 80 年代

进入 20 世纪 80 年代，人工智能领域迎来了显著的转机。专家系统的诞生既标志着人工智能技术的一大进展，也为该领域注入了新的活力。此类系统通过模拟人类专家在特定领域的知识和推理过程，处理并解决一些对一般人来说极其复杂和困难的问题。专家系统的应用范围广泛，其中，血液感染分析系统就是一个杰出的例子。该系统通过应用 450 条专业规则来分析血液感染，其分析的准确度能够与人类专家相媲美。这一时期，专家系统的成功应用极大地提高了人工智能在学术界和工业界的知名度和可信度，让之前对人工智能技术持质疑态度的观点逐渐减少。随着计算机硬件性能的提升和人工智能算法的不断完善，专家系统成为推动人工智能技术应用和发展的重要力量。此外，专家系统的成功也为后续人工智能的研究提供了宝贵的经验和启示，促进了人工智能技术向更广泛的应用领域扩展。

3. 20 世纪 90 年代

20 世纪 90 年代，人工智能领域经历了一场关键性的复兴，特别是在神经网络的研究上取得了重要的进展。这一时期，研究者"重新发现"了反向传播学习规则，这一学习机制极大地推动了神经网络研究的发展。比较期望输出与实际输出之间的误差，并将误差信息从输出层反向传递至输入层，逐层调整神经元之间的连接权重，使得神经网络模型的预测性能逐步提升，此学习方法的应用使得神经网络成为解决复杂非线性问题强有力的工具。尽管反向传播的概念在 20 世纪 60 年代末期就已提出，但直到 20 世纪 90 年代，随着计算技术的进步和对该方法理解的加深，神经网络的研究和应用才真正获得了广泛的关注和快速的发展。

（四）人工智能技术的全面发展阶段

21 世纪初至今，人工智能（AI）经历了前所未有的全面发展阶段，其应用领域和影响范围日益扩大。这一发展阶段的特点主要归功于两个关键因素：图形处理器（GPU）的广泛使用，以及全球互联网和联网设备的持续数字化。图形处理器的使用极大地加速了人工智能算法的处理速度，与传统的中央处理器（CPU）相比，图形处理器能够提供更高的并行计算能力，直接影响了训练大规模神经网络。图形处理器的设计初衷是为了提升图形处理性能，但其强大的并行处理能力使其成为运行复杂人工智能算法的理想选择。IBM 公司推出的 TrueNorth 芯片便是一个典型的例子，它包含 54 亿个晶体管，构建了 100 万个神经元和 2.56 亿个突触，模拟人脑的工作方式，为人工智能的发展提供了新的动力。全球互联网的持续扩张，各种联网设备的普及，为人工智能提供了海量的数据资源。在这一数据驱动的时代，大数据成为人工智能算法学习和训练的基石。无论是社交媒体的用户数据，还是各类传感器收集的实时数据，都为人工智能系统提供了丰富的学习材料，从而极大地提高了人工智能在各个领域应用的准确性和效率。得益于图形处理器的高效计算能力和大数据的支持，人工智能技术得以突飞猛进，其应用领域也越来越广泛。在游戏领域，人工智能既能创建更具挑战性的对手，也能提供个性化的游戏体验。在医药领域，人工智能技术在疾病诊断、药物发现和个性化治疗方面展现出巨大潜力。在交通领域，无人驾驶技术的进步正逐步改变我们的出行方式。此外，智能家居和个人助理等消费电子产品的普及，更是让人工智能走进了千家万户，成为现代生活的一部分。

二、大数据背景下人工智能的近期历史

（一）博弈

博弈作为检验和展示人工智能（AI）实力的一个领域，长久以来吸引了无数研究者的兴趣。特别是在 1959 年，亚瑟·塞缪尔（Arthur Samuel）展示了他的跳棋程序，标志着人工智能在博弈领域的一大进步。塞缪尔的程序通过与自我竞争并从失败中学习，逐步改善其策略，尽管

它未能掌握跳棋的全部精髓，但这种自我改进的能力是人工智能研究中的一个重要里程碑。随着时间的推移，人工智能在各类博弈中的应用变得更加广泛和深入，包括西洋双陆棋、扑克、桥牌、奥赛罗以及被誉为"人工智能新果蝇"的围棋。

（二）专家系统

专家系统代表了人工智能应用于特定知识领域，以模拟人类专家的决策能力的尝试。自 20 世纪 60 年代初期以来，随着计算机科技的发展，人们开始探索如何将机器用于复杂的问题解决中，特别是在需要深厚专业知识的领域。DENDRAL 和 MYCIN 是早期专家系统的两个经典例子，它们展示了专家系统如何使用编码的专业知识来进行推理和解决特定问题的潜力。DENDRAL 作为第一个成功的专家系统，它的开发目标是基于质谱图来鉴定未知化合物。该系统的成功展示了专家系统在实际应用中的巨大潜力，特别是在化学领域的分析和预测中。与此同时，MYCIN系统的开发旨在辅助医生诊断和治疗传染性血液疾病，它通过利用约 400 条规则的知识库来进行诊断和推荐治疗方案。MYCIN 不仅在其应用领域取得了显著成就，而且为未来基于知识的系统设计提供了模板。

进入 20 世纪 70—80 年代，专家系统在多个领域内得到了广泛的应用，如矿物勘探的 PROSPECTOR 系统，以及用于配置 VAX 计算机上电路板的 XCON 系统。这些系统的成功不仅充分证明了专家系统在特定领域内的有效性，而且推动了人工智能技术在商业和工业应用中的普及。专家系统的开发表明，通过将领域专家的知识编码入机器，机器可以模拟专家的思考过程并做出复杂决策。除了成功案例外，专家系统的研究也促进了人工智能理论和技术的发展，如证据理论应用于不确定性条件下的推理，以及模糊逻辑在处理不精确或不确定信息中的重要作用。这些理论和技术的发展为专家系统提供了更为强大和灵活的推理能力，使它们能够更有效地解决实际问题。今天，随着计算能力的提升和大数据技术的发展，专家系统已经更加普遍地融入我们日常生活和工作的各个方面，从医疗诊断到客户服务，从金融分析到制造业的过程控制。通过与其他软件系统的集成，专家系统已经成为提高效率、优化决策过程和增强用户体验的重要工具。

（三）神经计算

神经计算的发展经历了起伏和重大的技术突破，其中的关键节点反映了人工智能领域对于模仿人类大脑功能的探索。20世纪中叶，神经科学家麦卡洛克（McCulloch）和数学家皮茨（Pitts）合作提出人工神经网络（ANN）模型，标志着神经计算领域的诞生。尽管该模型存在不包含学习机制的缺点，但它奠定了后续研究的基础。弗兰克·罗森布拉特（Frank Rosenblatt）的感知器学习规则的引入，为单层网络中权重的调整提供了方法，显示了神经网络在学习过程中的潜力。然而，明斯基（Marvin Minsky）和帕尔特（Seymour Papert）关于单层感知器无法解决某些问题的声明，如异或（XOR）函数，导致了神经计算研究的一段低潮期。这一阶段，神经网络研究的进展受到了严重的挫折，许多研究者和资金转向了其他人工智能领域。

进入20世纪80年代，神经计算领域经历了重要的复兴。霍普菲尔德的异步网络模型，利用能量函数解决了非确定性多项式（NP）完全问题的近似解，开启了神经网络研究的第二次活跃期。尤为重要的是，反向传播算法的发现为多层网络提供了有效的学习方法。反向传播算法通过调整网络中的权重来最小化预测误差，成为多层前馈神经网络训练的基石。反向传播算法的应用广泛，从金融市场的预测到光学字符识别系统，显示了神经网络处理复杂模式识别问题的能力。例如，使用基于反向传播的网络来预测道琼斯指数的平均值，展示了神经网络在解决金融预测领域的应用潜力。同样，光学字符识别系统的开发，使计算机能够读取并理解印刷材料，标志着机器视觉和文本处理领域的重大进步。

ALVINN 项目的实施展示了神经网络在自动驾驶技术中的应用，通过对车辆行驶轨迹的监控和控制，ALVINN 系统能够在驾驶员偏离车道时发出警告，从而提高了驾驶安全。这一应用不仅证明了神经网络在实际问题中的实用性，也预示着自动驾驶技术未来的发展方向。神经计算的发展历程充分体现了在模仿人脑处理信息和学习能力方面所取得的进展，从早期的模型缺陷到反向传播算法的突破，再到神经网络在各个领域的应用，此过程有效地推动了人工智能技术的发展，并为未来神经计算的研究和应用打开了新的可能。

（四）进化计算

进化计算作为人工智能领域的一个分支，致力于模仿生物进化的过程来解决问题，其核心是利用概率和并行性技术。美国心理学家约翰·霍兰德（John Holland）提出，通过遗传算法展示了优化问题的解决方案。此类算法采用自然选择和遗传原理，通过迭代生成解决方案的"种群"，并逐渐逼近最优解。遗传算法的应用范围广泛，从机器学习、路径规划到复杂系统的优化等，显示出其强大的适应性和灵活性。但进化计算的影响远不止于此。它不仅是解决优化问题的一种工具，还探索了智能体如何通过与环境的交互而表现出智能行为的更深层次问题。麻省理工学院计算机科学和人工智能实验室的前主任罗德尼·布鲁克斯（Rodney Brooks），以其对进化计算的独到见解而闻名。布鲁克斯摒弃了传统依赖于符号处理和启发式搜索的方法，转而采用基于体系架构的方法，强调智能的产生需要智能体与其环境之间的直接交互。此种思想引领了一种新的研究方向，即通过模仿生物体与环境的相互作用来设计和实现人工智能系统。布鲁克斯的工作重点是创建类似昆虫的自主机器人，这些机器人能够在没有预定计划的情况下与环境交互，展现出适应性行为，其设计思想不是建立在复杂的计算和数据处理上，而是在于它们如何感知周围环境，并基于感知作出反应。通过此种方式，布鲁克斯的工作展示了一种全新的人工智能实现路径，即智能不必依赖于复杂的算法和数据处理，而可以通过简单的、基于感知的反应机制来实现。

（五）自然语言的处理

自然语言处理（NLP）在人工智能领域占有独特且至关重要的地位，是连接机器与人类语言的桥梁。自然语言处理的早期探索，如约瑟夫·维森鲍姆（Joseph Weizenbaum）开发的 Eliza 和特里·维诺格拉德（Terry Winograd）的 SHRDLU，标志着人们试图使机器能够理解和生成人类语言的雄心壮志。这些早期尝试虽然简单，但为自然语言处理的发展奠定了基础，揭示了人工智能能够达到的复杂性和交互性的可能性。一方面，Eliza 通过模拟精神病医生与患者之间的对话，展示了机器在模仿人类对话方面的潜力，尽管其方式相对简单。维森鲍姆对 Eliza 引发的强烈人类情感反应感到惊讶，这种现象揭示了人类对与机器交互的深层心理影响。另一方面，SHRDLU 提供了一个更复杂的模型，它能够理解和执行基于简单物理世界的英语命令，展现了机器在解析和响应自然语言指令方面的能力。然而，自然语言处理的发展并非一帆风顺。20 世纪 70 年代的"感知机"批评表明，早期的神经网络模型在处理一些基本逻辑功能上的局限性，导致人工智能研究在一段时间内陷入低谷。20 世纪 80 年代，随着专家系统的兴起和计算机技术的进步，人工智能及自然语言处理领域开始恢复活力，并逐渐扩展到更广泛的应用场景中。

随着时间的推移，自然语言处理的重点逐渐从规则驱动的方法转向基于统计和机器学习的方法。这一转变归功于大数据的兴起和计算能力的增强，使得自然语言处理能够处理更复杂的语言现象，并在语义理解、情感分析、语言生成等方面取得显著进展。特别是基于统计的方法，如机器翻译和语音识别，已经成为自然语言处理领域的主流。今天的自然语言处理技术已经能够支持复杂的对话系统、自然语言理解和生成等应用，一系列技术正在改变着人们与机器的交互方式，广泛地应用于客服机器人、智能助理、内容推荐系统等领域。自然语言处理的进步不仅仅体现在技术层面，更在于它如何提升机器与人类之间沟通的自然性和效率以及它对社会、经济和文化的深远影响。

（六）生物信息学

生物信息学利用计算机科学的方法和技术，对分子生物学中海量的生物数据进行有效的管理和深入的分析。随着基因测序技术的进步和生物数据的指数级增长，传统的手工分析方法已经无法满足研究的需求，需要生物信息学通过自动化工具来辅助科研人员在数据海洋中进行导航。特别是在结构基因组学领域，为每个蛋白质指定正确的三维结构，是理解其功能和参与生物学过程的关键。生物信息学的自动发现和数据挖掘技术，如基于案例的推理，为研究人员提供了强大的工具，以识别和预测蛋白质的结构，从而推动了生物医药科学的进步。随着越来越多的生物数据变得可用，数据的种类和数量对于微生物学家来说既是挑战又是机遇。

三、大数据背景下人工智能的最新发展

人工智能作为一门革命性的学科，已经深刻地改变了我们对未来生活的想象和构想。从它诞生之初到现在，人工智能的技术和方法已经渗透计算机科学的各个领域，成为标准技术的一部分。特别是人工智能研究中发展起来的搜索技术和专家系统，它们极大地推动了科学技术的发展，并在实际应用中展现了巨大的价值。这些技术现已广泛地应用于控制系统、金融系统以及众多基于 Web（万维网）的应用程序中，极大地提高了有关系统的效率和智能水平，为人们的生活和工作带来了极大的便利和效益。

随着医学、药物、营养学以及关于人类健康的知识不断取得突破，人类的平均寿命正在持续增长，活到八九十岁已不再是稀奇事。多方面

的进步不仅提升了人类的生活质量，还为延长人类寿命提供了坚实的基础。另外，科技的飞速发展也为残障人士带来了新的希望，先进的义肢装置能够让他们在更少受身体限制的情况下自由活动。未来，小型化、不显眼的嵌入式智能系统将增强人类的思维能力，维护大脑健康。

最初，这些技术因成本高昂而仅限于少数人使用，引发对技术普及性和公平性的担忧。随着时间的推移，虽然标准化和成本下降可能使这些技术更广泛可用，但长寿社会带来的影响仍然是人们必须面对的重大问题。如果大量人口能够活过百岁，那么我们将如何应对老年人口增加带来的社会、经济和资源分配挑战？居住空间、医疗保健和社会保障系统的压力将如何管理？生命的本质和终结的定义可能需要重新考量。此外，混合生物与非生物材料以延续生命的决定涉及个人选择与社会伦理的冲突，引发了关于人类身份、生命价值以及何时适宜结束生命的深刻思考。

人工智能是否会成为推动人类进步的关键技术，取决于人们如何应用和发展它。人工智能在逻辑、搜索和知识表示等领域的进步已经在现实生活中显示出其强大的潜力，从改善决策过程到提高工作效率。此外，从简单系统的组织到复杂系统的管理，人工智能提供了一种全新的方式来解决问题和创造机会。专家系统、自然语言处理、计算机视觉和机器人技术的发展为特定行业和日常生活带来了革命性的变化。例如，专家系统在医疗、金融和教育等领域提供了专业知识和决策支持，而自然语言处理技术使机器能够更好地理解和响应人类语言，从而提高了人机交互的自然性和效率。神经网络和机器学习技术则为人工智能提供了学习和自我改进的能力，使机器能够处理和分析大量数据，发现模式和洞见，支持复杂决策过程。有关技术的融合和发展将继续推动人工智能在各个领域的应用，从智能家居到自动驾驶汽车，从个性化医疗到智能城市管理。虽然未来的具体轨迹难以预测，但可以确定的是，人工智能将是推动社会进步和改善人类生活条件的重要力量。通过科学的方法和伦理的考量，可以确保这些技术被用于促进共同利益，创造一个更加智能、更加高效和更加包容的未来。

技术的每一步发展，无论多么微小，似乎都在为人类社会的未来铺设新的道路。然而，随着人工智能和机器人技术的快速发展，人们面临着前所未有的挑战和风险。技术进步带来的不只是便利和效率的提升，还伴随着新的危险，在不当的环境和条件下可能导致灾难性的后果。特别是当先进技术可能落入恶意行为者之手时，其潜在的破坏力让人不寒而栗。想象一下，如果战斗机器人被用于不正当目的，其带来的混乱和破坏将是无法预计的。然而，尽管存在这些潜在的风险，技术的进步仍然被广泛接受和欢迎。这是因为，与这些风险相比，技术创新给人类带来的好处更为显著，从提高生活质量到解决复杂的问题，技术的积极影响无处不在。

机器人技术的迅猛发展正在逐渐改变人们的生活方式和工作方式，从执行简单的家务活，如吸尘和购物，到在搜索救援和远程医疗等更加复杂和挑战性的任务中提供帮助，机器人的潜力是巨大的。技术进步不仅提高了人类的生活质量，在很多特殊情况下，还能够执行人类难以或无法完成的任务，展现了其在提高工作效率和安全性方面的重要价值。然而，随着机器人技术的不断发展，它们不仅被预期会承担更多的任务，还被期望具备情感、感知甚至爱的能力，在某种程度上模糊了人类与机器之间的界限。技术发展引发了深刻的哲学和伦理问题，包括人们如何定义智能机器人，以及如果机器人的智能最终超过人类，人们将如何应对。

第三章 新时代下的高校图书馆的建设与管理

第一节 高校图书馆电子资源的有效构建工作

一、高校图书馆电子资源构建工作的现状分析

（一）有待加强规划与指导

在当前的高校图书馆建设中，电子资源的配置问题成为一个不容忽视的挑战。一方面，由于缺乏明确的规划和分工协调，电子资源与纸本文献的重复建设现象严重，造成了资源的浪费和配置的不合理。另一方面，资金的有限性使图书馆在电子资源的投入上显得力不从心；难以覆盖到所有质量高、评价好的电子资源，从而影响了图书馆电子资源建设的质量和效果。对此，高校图书馆在电子资源配置上需要采取一系列的创新举措，以确保资源配置的合理性和有效性，提升电子资源的使用效果。图书馆应制订长远且具有前瞻性的电子资源建设规划，明确电子资源的收集方向和重点，避免资源的重复购置和浪费。在此过程中，可利用人工智能技术，如数据分析和预测工具，来分析和预测读者的需求和使用行为，指导图书馆电子资源的采购和配置。

（二）资源建设有待强化

针对检索功能的不足，图书馆应当着手建立一个统一的检索平台，实现多数据库间的信息共享和跨库检索。采用人工智能技术，如自然语言处理和机器学习，图书馆可以构建一个智能化的检索系统，该系统能够根据用户的检索历史和偏好提供个性化的检索服务，大大提高了用户的检索效率和满意度。对于电子资源的整合问题，图书馆应该采用人工智能辅助的资源管理系统，对现有的电子资源进行智能分类和整合。通过机器学习算法，系统能够自动识别资源的内容和属性，按照学科领域和用户需求进行智能分类，同时，应充分利用网络上的免费资源，建立一个包含正式购买资源和网络免费资源的综合性资源数据库，为用户提供更加丰富和全面的信息服务。针对电子资源建设人员素质的问题，高校图书馆应当加大对技术人员的培训力度，提供图书情报知识的培训以及最新的信息技术、人工智能应用等方面的培训。引入专业的人工智能培训课程，提升技术人员在自然语言处理、数据分析、智能推荐等领域的技术能力，为电子资源的深层次开发和利用奠定坚实的技术基础。图书馆还可以通过建立与其他高校图书馆的合作机制，共享资源和技术，共同探索电子资源建设的最佳实践。通过合作交流，不仅可以共享彼此的优秀资源和经验，还可以共同研发适合高校图书馆需求的人工智能应用，推动图书馆电子资源建设向更高水平发展。

二、高校图书馆电子资源有效建设的措施

（一）加大电子资源建设的力度

结合人工智能技术的引入和应用，可以为高校图书馆的电子资源建设带来革新性的改变，使其更加高效、更加精准地服务于学术研究和教育教学。合理规划电子资源采购是提高资金使用效率的关键所在，高校图书馆需要根据教学和研究的实际需求，采用人工智能技术进行大数据

分析，准确预测和识别师生对电子资源的需求趋势。结合智能分析工具可以优化资源采购策略，避免重复采购和资源浪费，确保有限的资金被用于最需要的资源上。在基础建设方面，高校图书馆应当利用人工智能技术推进馆藏资源的数字化进程。智能扫描和识别系统可以大幅提升文献数字化的速度和质量，通过建立智能化的电子资源管理平台，实现资源的高效组织、分类和检索。人工智能技术还能帮助图书馆发现并整合网络上的优质免费资源，扩大电子资源的覆盖范围。人工智能技术的应用，如文本分析、图像识别等，能够有效地支持学校特色资源的挖掘和整理工作。例如，利用机器学习算法分析学术论文、专利和科研项目报告，提取关键信息，建立特色数据库，为师生提供更具价值的信息服务。图书馆应通过组织专业培训、参加行业交流等方式，不断地提升图书馆员在人工智能技术应用、电子资源管理和数字化服务方面的能力。同时，引入跨学科人才，建立信息技术与图书情报学科的交叉合作模式，促进图书馆服务模式的创新。

（二）推动电子资源共建共享的实现

借助人工智能和先进的信息技术，高校图书馆可以在资源共建共享方面实现质的飞跃。建立完善的政策体系是实现电子资源共建共享的前提，高校图书馆需要根据自身的定位和特色，制定明确的资源共建共享策略和标准。在此基础上，通过建立跨校、跨地区的图书馆联盟，形成统一的管理和组织机制，保证资源共享体系的健康有序发展。各高校图书馆在资源采购时，应当根据自身的学科特色和师生需求，避免不必要的重复采购。对于通用性强的重要资源，可以采取联合购买的方式，共享资源使用权，从而大幅降低成本。通过构建统一的电子资源目录及检索平台，实现资源信息的互联互通，既可以为用户提供一站式检索服务，也能通过馆际互借等机制，使电子资源得到更广泛的共享和利用。利用人工智能技术可以进一步推动电子资源共建共享的深入发展，例如，利用人工智能对资源进行智能标注、分类和推荐，提高资源检索的精准度和效率；利用机器学习算法分析用户行为，优化资源配置和服务策略，以更好地满足用户需求。

（三）强化电子资源服务

随着人工智能技术的发展，图书馆的服务模式和服务内容应与时俱进，强化对电子资源的服务，以更好地满足师生的需求。加大图书馆网站、社交媒体、电子邮件通知等多渠道的宣传，可以大幅提升图书馆电子资源的知名度和覆盖率。举办电子资源展示周或线上资源博览会，能够更直观地向读者展示资源的丰富性和实用性，激发读者的学习和研究兴趣。结合人工智能技术，图书馆可以开发智能教学系统，通过在线教程、虚拟助手等形式，为读者提供个性化的培训服务。此外，图书馆还可以组织面向特定学科的数据库使用技巧培训，帮助师生掌握高级检索方法，提高信息检索的成功率和效率。整合资源、深度开发是发挥电子资源最大价值的重要途径。利用人工智能技术，图书馆可以实现资源的智能整合和分类，构建更加科学合理的资源组织结构。同时，深度学习算法分析用户行为和需求，图书馆能够提供更加精准的资源推荐服务，实现资源的个性化定制。高校图书馆应加强与学科教师的合作，共同开展科研信息服务，建立学科信息服务团队，深入了解学科发展趋势和研究热点，图书馆能够更好地为学科研究提供支持，促进学术交流和成果转化。

第二节　高校图书馆外文文献资源的开发

一、高校图书馆外文文献资源开发的必要性

（一）外文文献的地位突出

外文文献资源是最新科学技术和学术研究成果的主要载体，全球科研成果和先进技术大多首先以英文或其他外语形式发布，外文文献成为获取这些信息的重要渠道。高校图书馆通过提供广泛的外文文献，能使教师和学生直接接触到科研前沿，快速地掌握国际学术动态和技术进展，增强学术研究和创新能力。在经济全球化和文化多样性的背景下，具备良好的外语能力和国际化思维的人才更能适应未来社会发展的需求。通过阅读和分析外文资料，学生既能够提升外语水平，也能够了解不同文化和学术观点，从而拓宽视野，增强跨文化交流和合作的能力。外文文献资源的开发有助于提升高校的学术声誉和吸引力，一所高校的图书馆如果藏书丰富、信息资源更新速度快，就能有效地支持学术研究和教学活动，也能吸引更多的国内外优秀学者和学生来校交流和学习，从而提高学校的学术地位和影响力。因此，高校图书馆必须重视外文文献资源的开发和利用，通过合理规划和科学管理，有效整合和充分利用外文资源，以满足教育教学的需求，支持学校的长远发展。

（二）外文文献资源自身有着明显的优势

外文文献特别是科技期刊的出版周期相对较短，一些领域的重要期刊甚至半周发布一次，确保了科研人员能够迅速获取最新的研究成果，其快速的信息更新频率对于追踪学科最新发展趋势至关重要，尤其是在科

学技术迅猛发展的今天，及时访问最新的研究数据和理论成为科研成功的关键。随着网络技术的普及和信息技术的快速发展，外文电子文献的获取和传播变得更加便捷。电子出版物不受物理空间的限制，可以通过网络实现即时访问，极大地加快了信息的流通速度，扩大了信息的传播范围。开放获取（Open Access）模式的崛起，使得许多重要的学术成果能够在全球范围内无偿共享，从而降低了获取知识的经济门槛，促进了学术信息的民主化和知识的平等获取。外文文献的数字化和网络化，为全球读者提供了极大的方便，使得读者无论身处何地都能够访问到需要的信息资源。此种资源的可获取性不仅大大增强了其在全球教育和研究中的实用价值，也促使高校图书馆在服务教学和研究方面发挥更大的作用。

二、外文文献资源开发利用的措施

（一）加大经费投入

为了更好地建设外文文献资源，高校图书馆需要积极地增加经费投入，确保所需资源的广泛覆盖和更新。经费的充足既能保证馆藏的数量和质量，又能促进图书馆服务功能的全面提升。高校图书馆应该多方筹集资金，主动向学校管理层和上级教育部门申请必要的支持与资金。此外，通过网络平台免费获取和整理文献资源也是一种节约成本、高效利用现有资源的方法。图书馆需要充分考虑与相关院系和其他高校图书馆合作，共同购买外文资源，以集团采购的方式降低成本，增加采购的议价能力。图书馆可以开展捐赠活动，接受校友和社会爱心人士的捐书与资助，从而增加馆藏资源，加强校友与学校的联系，增进社会各界对高校图书馆的支持与关注。

（二）改革馆藏结构

高校图书馆在构建和优化馆藏结构的过程中，应以满足教学和科研需求为核心目标，主动调整外文文献资源的配置，深入了解学生和教研人员的具体需求，并通过持续的沟通和信息收集，确保资源配置的精准性和实用性。[1]首要任务是进行广泛调研，了解用户的阅读偏好和研究方向。图书馆可以通过问卷调查、访谈、读者座谈会等方式，收集用户对外文资源的具体需求，从而制订出更符合实际需要的采购计划。在资源类型的选择上，应优先考虑那些能够直接支持当前教学和研究项目的文献，同时考虑其学术价值和长期收藏的必要性。[2]随着数字技术的发展，图书馆应逐步增加外文电子资源的比例，如电子图书、电子期刊和专业数据库，从而提高资源的可获取性，有效补充纸质资源的局限性。图书馆应积极探索开放存取资源，充分利用互联网上的免费外文文献资源，采取有关措施丰富馆藏内容和形式。此外，图书馆需要与校内各学院的资料室进行有效的沟通与协作，统筹资源采购与配置，避免资源的重复购买和浪费，确保资金的高效利用。

（三）优化管理与服务

1. 强化宣传推介

高校图书馆在提升外文文献资源利用率和读者满意度上，必须注重宣传和推广的策略。采用多元化的宣传手段，可以有效提高读者对馆藏外文资源的认知度和使用频率。图书馆应定期在校园内外设置专门的新书展示区域，从而吸引读者的注意力，便于他们直接接触和浏览最新的外文资料。利用数字化的信息发布平台，如校园网站和公告栏，发布外文文献的更新信息、使用指南及资源介绍，可以让读者即使不前往图书馆的实体位置，也能随时了解资源情况，提高信息的可达性。同时，图

---

[1] 郑婧.高校图书馆外文文献资源的使用率现状和优化路径[J].造纸装备及材料，2023，52（12）：164.

[2] 王广东.网络环境下高校图书馆外文文献资源建设的新思考[J].科技资讯，2021，19（3）：189.

书馆应利用现代社交媒体工具，定期推送外文文献导读和书评，增加文献的曝光率，激发读者的阅读兴趣和学术探索的动力。为了更好地满足读者需求，图书馆还应组织系列讲座和培训，如外文文献检索课程、阅读技巧讲座等，帮助读者提高信息检索能力和阅读效率。如此一来，高校图书馆不仅能够提升外文文献资源的使用率，还能增强图书馆在学术支持方面的作用，进一步服务于学校的教学和研究任务。

2.提升服务质量

图书馆需要从传统的借还功能转型为积极主动的学术支持中心，这需要图书馆管理层在服务理念上进行根本的转变，图书馆应通过问卷调查、面对面交流、网络平台等多种途径，了解读者对外文文献的具体需求和期望，从而实现收集反馈，并根据读者的研究方向和兴趣，主动提供个性化的文献推荐和导读服务。整合图书馆的信息技术资源，建立统一的电子检索平台，使读者可以方便地访问和检索电子资源，进而提高工作效率，提升用户体验，使读者能在最短时间内找到所需资料。图书馆应积极地收集和整理与学校教学和研究方向相匹配的高质量外文文献，特别是在学科领域内具有前瞻性的新资料和信息。通过定期组织学术资源介绍会或研讨会，介绍领域内的最新发展和趋势。转化传统的纸质文献为电子格式，方便读者远程访问，也便于进行信息的长期保存和管理。同时，通过网络平台分享资源，实现校内外的资源共享，扩大资源的使用范围。图书馆不仅应提供基础的文献借阅服务，还应通过深度开发外文资源，提供如文献综述、趋势分析、专题研究报告等高级信息服务。这将帮助教学科研人员在复杂的信息环境中，进行更有效的学术研究和决策。

（四）提升管理人员综合素质

高校图书馆在开发和利用外文文献资源的过程中，管理人员的综合素质显得尤为重要。为此，学校与图书馆需共同制订完善的人才培养与发展计划，重视管理队伍的专业培训与综合素质提升。首要任务是为图书馆管理人员提供系统的培训和学习机会，让他们掌握最新的图书情报科技，特别是外文资料的管理和检索技术。图书馆应定期组织外文文献管理相关的培训课程，邀请专业人士或利用在线资源进行学术交流和技能提升，如外文数据库使用、数字资源管理等。同时，管理人员需要对自我要求严格，增强自主学习能力，不断更新其专业知识库。他们应该深入了解图书馆的馆藏特色和流通动态，通过数据分析来把握读者的需求和阅读偏好，以便更有效地服务于教学与研究。管理人员应具备较强的信息筛选和整合能力，能在海量的外文信息资源中精准识别和提取对学校有重要学术价值的文献，进行深度开发，通过创新服务方式，如个性化文献推荐、主题导读等，提高外文文献的利用率和读者的满意度。

（五）强化外文资源共享

在当今的信息时代，高校图书馆应加强外文文献资源的共享，以提升资源利用效率，满足广大师生的学术需求，并有效节约成本。高校图书馆可以利用互联网和现代通信技术，将自有的馆藏文献与互联网上的免费外文资源进行整合，便于读者随时获取和使用这些资源，并在潜移默化中促进学术交流的深入发展。[①]与其他高校图书馆进行密切合作，通过文献传递和馆际互借等方式互补馆藏资源，可以弥补各自馆藏的不足，还能通过资源共享提高服务质量，加强学术资源的区域均衡性。此外，参与或建立图书馆联盟也是一个有效的策略。通过联盟，各成员图书馆可以共享资源，实现优势互补，提高各自的馆藏质量，还能在采购新的外文资源时实现成本共担，有效减轻经济压力。[②]与国外高校建立直接的联系和合作，争取外援，可以获取更多的第一手外文文献资源。国际合

① 陈毅晖. 深圳大学城图书馆外文文献资源保障策略研究 [J]. 大学图书馆学报，2019，37（2）：39.

② 王明惠. 高校图书馆外文文献资源共享模式研究 [J]. 图书馆建设，2008（11）：41.

作可以扩大图书馆的资源获取范围，提高图书馆服务的国际化水平，提升高校的国际影响力。①

（六）强化读者培训

图书馆应在新生入馆教育期间，针对外文文献资源开设专门的介绍课程，帮助学生了解馆藏外文资源的种类和使用方法，使他们在学术生涯的起步阶段就树立正确的信息检索观念。系统的教育既可以使新生更快地融入学术环境，也能有效地利用这些宝贵的学术资源。图书馆应利用现代信息技术，如图书馆网站、社交媒体等网络平台，积极宣传外文文献的重要性和价值，扩大外文资源的影响力，激发读者探索未知领域的兴趣。为了帮助读者克服使用外文文献时可能遇到的语言障碍，图书馆可以组织语言工作坊和辅导班，特别是针对一些外语基础较弱的学生，通过实际操作和互动教学，帮助他们提高外语水平，增强自信。定期举办文献检索技能讲座和实践操作培训，教授学生如何高效地检索和利用外文文献，大大提高他们的信息素养，使他们在日后的学术研究中能更熟练地获取所需资料。

外文文献资源在高校的教学与科研活动中具有举足轻重的作用，因此，高校图书馆需采取有效措施，提升外文文献资源的建设与利用效率。为实现这一目标，首要任务是通过调查分析，深入了解当前外文文献资源利用率低下的原因。可能存在的问题包括资源更新不及时、缺乏有效的检索系统、读者对外文资源的不熟悉等。针对有关问题，图书馆应加强与学校各学科部门的合作，确保文献资源与教学科研需求相匹配。同时，通过定期培训和工作坊，提高师生对外文资源的使用技能和信息素养。图书馆还应利用技术手段优化文献检索系统，提高检索效率，使资

---

① 顾力文. 高校图书馆外文文献资源开发利用新构想 [J]. 中国图书馆学报，2001（2）：89.

源检索更为便捷。不仅如此，图书馆还需要加大宣传力度，通过网络平台、研讨会等多种渠道，增强师生对外文文献重要性的认识和使用意识。

第三节 高校图书馆非书资料的管理与应用

一、非书资料的内涵解读

非书资料作为一种科技含量较高的信息资源载体，广泛应用于图书馆、教育机构和信息中心，此类资料通常包括录音制品、录像制品、幻灯片、电影片、缩微制品、图片、模型以及各种机读文件等。与传统的纸质文献相比，非书资料因其独特的表现形式和技术特性，展现出一系列不可替代的优势。非书资料的体积普遍较小，但能够存储大量信息，使得它们在空间使用上更为经济，保存更为方便。例如，一个小小的光盘就能存放几百本书的内容，节省了大量的物理空间。非书资料多样的载体形式和声像并茂的特点，使得信息的呈现更加生动直观。无论是通过影像还是声音，此种多媒体方式更容易吸引用户的注意，也更容易提高信息的接受率和记忆效果。非书资料的易于复制和传播特性，使其在资源共享方面有着天然的优势。不受物理限制的数字化非书资料可以快速通过网络传播，用户可以在全球任何一个角落通过互联网访问这些资源，极大地提高了信息的可获取性和交流效率。

非书资料覆盖了一系列不依赖传统图书形式的信息载体，这些资料因其独特的表现形式和技术特性而在信息传递和教育领域中扮演着重要角色，其共同特点是需要特定工具或设备才能使用，使得它们在功能上具有特定的便利性和优势。根据其功能和形态的不同，非书资料可被划分为多个类别。例如，按照作用分，可以划分为阅读型和检索型。阅读型，如录像带和录音带类视听资料，主要用于展示和传达信息；而检索型如光盘数据库，则更多地用于信息的存储和快速检索。从信息形式来看，非书资料可以分为语音资料、图像资料、缩微资料和实物模型等，每种类型都有其特定的使用场景和用户群体。例如，语音资料和图像资料多用于视听学习，缩微资料常用于存档大量文档，实物模型则广泛应用于科学教育和研究。根据载体形式的不同，非书资料还可以被划分为录音带、录像带和软盘等。而从信息编码方式上，则可以划分为电子资源和非电子资源。电子资源如各种类型的数字文件，便于网络传输和多平台使用；而非电子资源如传统的磁带和胶片，则需要特定的播放或阅读设备。

二、强化高校图书馆非书资料的管理及应用

（一）重视采集工作管理

高校图书馆在进行非书资料的采集工作时，需要高度重视采集策略，确保所收集的资料精准满足教学和研究的需求。首要步骤是进行深入的市场调研和需求分析，包括了解读者的具体需求和最新的学术研究趋势。此外，采集计划还应考虑到图书馆现有的资源特点和技术设施以及读者的普遍偏好。采集人员在这一过程中需要具备辨别资源质量的专业能力，以确保所采购的非书资料具有高标准的学术价值和制作质量。采集人员还需具备管理和策略规划的能力，以最有效的方式使用有限的预算。通过精确的资源选购，可以最大限度地避免资源的重复购买和遗漏，同时确保图书馆的资源投资得到合理的回报。采集团队还需具备一定的法律知识，尤其是关于版权和知识产权的知识，以避免引入可能引发法律问题的伪劣产品。

（二）非书资料的加工

高校图书馆在处理非书资料时，必须进行精确的标准化著录工作，以确保这些资源的有效管理和广泛共享。通过采用最新的著录规范，图书馆应将非书资料的编目和检索过程完全计算机化，准确地展现每项资

料的独特属性，以提高资源管理的工作效率。计算机化的著录系统使得非书资料的特征能够被系统地捕捉和描述，确保使用者能迅速准确地检索到所需信息。标准化处理还促进了信息的有效流通，提高了资源的利用率，使图书馆的非书资料能更好地服务于广大师生和研究人员的学习与研究需求。

（三）强化非书资料的管理

图书馆应对非书资料实施系统化登记，确保每一项资料都能被准确记录和追踪。将有关资料按照具体内容和载体形式进行分类排架，可以大幅提升资料的可检索性和使用便捷性。建立完整的检索目录对于提高资源使用效率和减少物理损耗尤为关键，这一目录应包括详细的资料描述和存取路径，以便用户快速定位所需信息。进一步地，将非书资料的内容电子化并建立数据库是提高这些资源利用率的重要步骤。如此，读者可以在任何检索终端上直接访问这些资源，无论是在图书馆内还是远程访问，都能保证信息的快速获取和高效使用。为了确保非书资料相关的硬件设施能够长期有效地服务于读者，图书馆需指派专职人员负责这些设备的日常管理和维护，包括定期的技术检查、故障排除以及用户操作指导，确保设备的最佳运行状态，并通过技术支持解决读者在使用过程中遇到的问题。

（四）提升工作人员素质

非书资料的管理与传统图书不同，其涉及的技术内容较多，包括数字化处理、信息系统管理等。因此，图书馆应为工作人员提供持续的职业教育和技能培训机会，其培训应涵盖最新的信息技术、数字资源管理技能，以及与非书资料相关的专业知识。管理人员在加强专业技能的同时，也需要更新观念，从传统的图书管理模式转变为更加灵活的、技术导向的管理方式。他们应该具备系统地分析和整合信息资源的能力，能够有效地管理和开发图书馆的非书资源。管理人员还应具备良好的创新意识，不断探索非书资料的新用途和服务模式，以适应快速变化的信息需求。只有提高工作人员的素质和能力，高校图书馆才能够更好地利用非书资料，提升图书馆的整体服务能力和资源利用效率。

（五）提供优质的服务

提供优质服务应该以人为本，注重读者需求，同时要与时俱进，不断改进和创新。高校图书馆工作人员应该根据非书资料的多样性，为读者提供个性化的服务。例如，针对不同的非书资料形式，提供相应的服务方式，如外借、复制、网上下载、电子阅览等。同时，对读者进行辅导培训，提高他们使用非书资料的技能和水平，从而满足读者的需求，有效地保护非书资料，减少损坏。非书资料具有丰富的内在价值，不仅仅是简单的借还或复制。高校图书馆应该重视对非书资料的深度开发，挖掘其潜在的学术、文化和教育价值，为读者提供更多的知识资源。为了提供更好的服务，高校图书馆需要投入相当数量的硬件设施并采用先进的管理系统，以便读者能更方便地检索和使用非书资料。非书资料及其使用设备通常价格较高，为了更好地利用这些资源，高校图书馆可以与其他信息单位加强合作，共同探讨非书资料的管理和使用方法，实现资源共享，节约资金并发挥其最大价值。

第四节　高等学校院系资料室的创新及改革

一、强化高等学校院系资料室建设创新的必要性

（一）资料室具备服务教学科研活动的优势

随着高校教学科研活动的增多，文献资源的需求也日益广泛。资料室所提供的文献资源与各学科的教学科研任务密切相关，具有"专而精"

的特点，能够满足教师和学生的专业性、针对性和时效性需求。因此，资料室的藏书具有很强的专业特色和文献资源优势，能够为教学科研活动提供重要支持。资料室与各院系之间交流互动方便，能够及时了解教学和科研动向。通过与师生的交流，资料室可以了解各学科的最新需求和发展趋势，及时调整藏书结构，补充更新相关资料，以保证藏书体系的质量和时效性。密切的交流机制有助于资料室更好地服务于教学科研活动，为师生提供及时有效的文献资源支持。

（二）资料室的传统纸质文献服务工作地位凸显

尽管电子书等数字化载体逐渐兴起，但传统纸质文献仍然被广泛应用，纸质文献以其稳定、可靠、可触及等特点，依然受到许多读者的青睐。传统纸质文献在长期的使用中积累了丰富的资源，具有较高的信誉度和权威性。许多经典著作、学术期刊和历史文献等仍然以纸质形式存在，其内容和质量经过严格筛选和审核，深受学术界和读者的认可和信赖。与电子文献相比，纸质文献无须依赖电子设备和网络连接，不受技术故障、电力中断等影响，能够长期保存和传承知识，保障读者在任何时间、任何地点都能够获取所需的信息。传统纸质书具有独特的质感和味道，阅读时能够带来愉悦的感受，有助于读者集中注意力、深入思考。此外，通过纸质文献阅读，读者可以方便地进行标注、批注、翻阅等操作，增强学习效果和理解能力。

（三）资料室自身发展的需要

资料室的读者群体对信息资源的要求较高，需要提供学科专业性强、质量高的文献信息。因此，资料室需要不断完善管理体制，建立科学合理的采购和整理机制，确保馆藏的内容与读者需求相匹配。资料室应提高服务水平，通过优化服务流程、加强培训和指导等措施，提高工作效率和服务质量。针对不同的读者群体，资料室可以开展专业化的服务，如定期举办学科讲座、开展检索技能培训等，提供个性化、专业化的服务，满足读者的需求。另外，资料室需要坚持不断创新，适应学科发展的多元化和社会化趋势。随着科技进步和学科发展的不断推进，新的信息载体和检索技术不断涌现，资料室应积极采用先进的技术手段，提高信息资源的利用效率和服务水平。

二、强化高校院系资料室创新及改革的对策

（一）资料室的管理改革方式

1.改革资料室管理体制

高校应当进行资料室管理体制的改革，统筹规划院系资料室的建设，确保图书馆和资料室的管理工作不交叉。图书馆应承担组织协调的职责，为资料室提供业务指导和人员培训的支持，从而实现全校图书文献资源的统一规划和统一管理，促进资源的整体建设，这有助于提升资源利用效率，优化管理流程，更好地满足师生的信息需求，推动高校信息化建设的不断深化。

2.建立科学的管理制度

院系资料室应建立科学规范的管理制度，包括图书采集、借阅、赔偿等制度，使日常工作有章可循，保障工作顺利进行。建立考核制度，对资料室工作进行监督，激发管理人员的积极性，促使其不断学习新知识、新技术。资料室还应建立岗位责任制度，强化管理人员的责任意识，确保工作高效有序地开展。科学合理的管理制度能够提高资料室的运行效率，提高服务质量，满足师生的需求，推动院系资料室的发展与壮大。

（二）提升资料室管理人员的整体素质

1.配备专职管理人员

配备专职管理人员是确保院系资料室有效运行的基础，专职管理人

员必须是专业对口的优秀毕业生，他们需要熟悉图书馆学、情报学、管理学等领域的知识，并具备数字化、网络化管理技能。更重要的是，专职管理人员应该树立为学科建设服务的工作理念，不断提升自身的业务素质和管理能力。通过专业培训和知识更新，他们可以与时俱进，适应不断变化的读者需求和技术发展。专职管理人员应该注重创新，积极探索新的管理方法和服务模式，以提高资料室的运行效率和服务质量。

2.注重强化业务培训

加强业务培训对于资料室工作人员至关重要，他们需要不断提升自身的业务水平，与时俱进，以确保提供高质量的服务。为此，高校图书馆及院系领导应制定统一的人才培养目标和规划，重视资料室人员的业务素质建设，并为他们提供学习专业知识的机会。培训计划应涵盖多方面的内容，包括图书馆学、情报学、管理学等领域的知识，以及数字化、网络化管理技能等方面的技能，帮助工作人员全面地了解资料室管理的理论和实践，提高他们的专业水平和工作效率。资料室工作人员应被鼓励参与和了解本院系的专业课题研究工作，通过参与研究项目，他们可以更好地了解专业领域的发展趋势和需求，从而收集整理更多符合专业需求的前沿信息资料，为教学科研提供更有价值的支持。培训还应强调综合技能的提升，包括信息检索、文献整理、服务技巧等方面，有关技能的提高将有助于工作人员更好地满足读者需求，提供更加个性化和专业化的服务。结合这一系列措施，资料室管理人员的服务水平、专业知识和综合技能都将得到提升，为资料室实现信息化管理做好准备，以更好地为教学科研服务。

（三）促进资料室服务功能的完善

1.增强专业性

资料室作为文献资源的重要承载者，其文献资源具有较强的专业性。为了更好地满足用户需求，资料室管理人员应当具备对原始信息进行深入分析和研究的能力，能够理解并把握信息的核心内容。通过对信息资源的深层次加工和整合，资料室可以将碎片化的信息整合成为具有一定参考价值的综合性资料，使用户更容易获取所需信息。专业性的加强既有助于提升资料室的服务水平，又可以增强用户对资料室的信任和依赖。

2. 拓宽服务面

资料室应当积极参与院系科研管理和学科建设等工作，成为整体教学科研的信息服务中心。通过参与院系科研项目管理，资料室可以为教师和研究人员提供所需的信息支持和资源，为他们的科研活动提供有力支持。资料室还可以参与学科建设，根据学科发展的需求，收集整理相关的文献资源，为学科的发展提供参考和支持。资料室应当利用各种现代化技术手段，拓宽信息来源渠道，获取更多有利用价值的信息资源。例如，可以通过网络数据库、数字化资源等途径，获取来自各个领域的最新信息，为用户提供更丰富、及时的服务。

3. 开展特色服务

在保持藏书专业化的前提下，高校院系资料室应当开展有针对性的特色服务，以满足本院系教学科研的需求。首要任务是保证收藏本院系专业的图书资料，并在此基础上提供突出专业特色的服务方式。首先，在建立文献信息数据库方面，资料室可以利用现代技术手段，将收集的专业文献整合成数据库，以便用户进行检索和利用。其次，资料室应加强网络设施建设，提供便捷的网络服务，使用户能够随时随地获取所需的信息资源。再次，可以通过举办各类讲座、研讨会等活动，邀请专家学者分享最新的学术成果和研究动态，帮助用户了解行业趋势和前沿知识。最后，资料室可以开展有针对性的培训课程，帮助用户提升信息检索和利用能力。开展特色服务能够进一步使资料室更好地服务于本院系的教学科研活动，促进教学科研的长远发展。

（四）增加资料室经费的投入力度

院系资料室作为教学科研的主要服务基地，需要具备良好的基础设施和充足的软硬件配备，这需要各级领导重视资料室的地位和作用，增加资金投入力度。领导层应认识到院系资料室对于教学科研的重要性，将其地位提升到与图书馆等其他服务机构相同的水平，并为此提供足够的经费支持。这意味着要及时更新基础设施，其中包括图书馆空间布局、阅览室设备、图书采购等方面的投入，以确保资料室的运作顺畅。资料室需要加强文献资源的建设，增加文献资源的收藏量，以满足不同读者的文献需求，包括购置新书、订阅期刊、获取电子资源等方面的投入，以确保资料室的藏书能够涵盖各个学科领域，满足师生的教学和科研需要。

（五）科学构建资料室资源

1.体现特色

首先，资料室应提供具有较强专业性的权威文献资源并及时补充更新，密切关注本院系的教学科研方向，收集相关领域的前沿文献和研究成果，为师生提供参考和借鉴。其次，加强与兄弟院校的联系，了解它们在相关研究领域的发展状况，为本院系提供更广泛的资源支持和学术交流平台。资料室要与本院系教学科研人员保持密切的沟通和交流，及时了解他们的最新阅读需求，为其提供定制化的服务，包括收集教师的论著、课件以及学生的学位论文、实习报告等专业文献，以满足师生的学术研究和教学需求。再次，重视数字化建设，建立具有特色的文献数据库，为师生提供多元化的信息资源。通过数字化平台，资料室能够更加便捷地存储、检索和传播文献信息，提高资源利用效率。资料室还应积极开展各种宣传活动和讲座，提升其在本院系教学科研中的影响力和知名度，举办学术讲座、专题展览等活动，展示自身的专业优势和特色服务，吸引更多师生关注和利用。最后，加强用户教育和培训，提升师生信息素养，使其能够更好地利用资料室提供的资源和服务。

2.资源共享

资料室应充分利用校园网络，加强数字化建设，与图书馆及其他院系建立网络链接，实现资源共享。借助共享资源可以避免资源重复采购和浪费，提高资源的利用率。资料室可以利用现有的校园网络基础设施，建立数字化平台，将自身所藏文献资源与其他院系、图书馆等单位的资源进行整合。网络链接将使师生方便地访问和利用各种电子信息资源，包括文献论文、研究报告、学术期刊等，实现校园内资源的共享和互通。资料室需与其他院系和图书馆加强合作，共同建立网络信息资源共享机制。合作的方式可以充分利用各方的资源优势，互相补充，提高资源利用效率。例如，资料室可以提供本院系特色的文献资源，而其他院系或图书馆可以提供其他领域的相关资源，实现资源的多样化和全面化。

第四章　我国高校图书馆自动化到虚拟图书馆的转型

第一节　高校图书馆自动化发展之路

一、美国图书馆的自动化进程

美国在图书馆自动化方面的进程可以追溯至 20 世纪 50 年代，当时计算机技术开始在图书馆管理中应用。1954 年，美国海军兵器中心图书馆利用 IBM-701 计算机建立了世界上第一个文献检索系统，这标志着图书馆自动化的开端。到了 20 世纪 60 年代初，为了提供一个机器可读的目录资料格式，美国国会图书馆创建了 MARC 方案，形成了美国机读目录格式（USMARC），这一方案可以在任何计算机系统中应用，为美国图书馆自动化进程奠定了基础。该方案得到了国际图联的认可，并在 20 世纪 70 年代初产生了国际机读目录格式（UNMARC）。

自 20 世纪 70 年代起，图书馆自动化取得了巨大进展。1971 年，世界上第一个图书馆联合编目系统 OCLC 正式运行，为图书馆资源的共享提供了便利。随后，1972 年 DIALOG 成立，成为第一个商业性联网信息服务供应商，而 1973 年，LEXIS-NEXIS 创立，提供了联网全文本法律信息。相继发生的一系列事件，如 1974 年 RLIN 的成立、1977 年 OCLC 的建立，进一步推动了图书馆自动化的发展。20 世纪 80 年代，美国国会图书馆开展了"光盘试点项目",将许多部门的馆藏文献和图片数字化,这进一步促进了图书馆资源的数字化和网络化。除图书馆自动化的进程外,20世纪80年代,美国国家医学图书馆(NLM)和美国国家档案馆(NARA)推出了世界上首批电子图像系统,这标志着数字化技术在图书馆行业的进一步应用。这一系列举措不仅为图书馆的信息管理带来了前所未有的便利,也为用户提供了更广泛、更便捷的信息获取途径,促进了图书馆服务水平和效率的提高。

二、中国图书馆的自动化发展

中国图书馆的自动化发展主要分为两个层面。一是图书馆信息管理自动化,其主要目标是实现图书馆内部各项作业的计算机管理,包括图书采访、编目、流通、期刊等方面。此阶段的发展使图书馆内部的各项工作得以高效进行,大大提升了管理效率和服务水平。二是图书馆信息检索自动化,该阶段主要是通过建立自身的信息数据系统,并与国内外的数据库系统联机或购买CD-ROM等方式开展信息检索服务,使得读者可以通过图书馆系统进行线上检索,获取所需的信息资源。早期,中国图书馆自动化主要集中在信息检索方面,致力于提供更便捷、更广泛的信息检索服务,以满足用户的信息需求。

中国图书馆自动化在20世纪80年代初开始起步。当时,北京大学图书馆、清华大学图书馆联合发起试读LCMARC(美国国会图书馆发行的机读目录)活动,并在西文图书编目中试用。此举措标志着中国图书馆开始掌握机读格式和计算机编目知识,从而迈出了自动化发展的第一步。随着时间的推移,到了20世纪90年代中期,中国图书馆自动化经历了从分离式试验系统到集成化实用系统的发展阶段。在这一过程中,涌现出了一批成功的、高质量的优秀系统,并在国内得到了广泛的推广和应用。这些系统的成功推广,为中国图书馆自动化的发展奠定了坚实的基础。集成化的实用系统不仅提高了图书馆内部工作的效率和质量，而且为用户提供了便捷、高效的服务。自动化系统令读者可以更方便地检索到所需的图书和信息资源，加快了信息获取的速度，提高了学术研究和学习的效率。

20世纪90年代之后，中国各高校图书馆、科技图书馆以及一部分公共图书馆纷纷引入计算机设备，并配备了专职从事计算机应用和维护的技术人员，各图书馆也普遍设立了自动化部门，负责组织和规划建立自动化系统。这些自动化系统涵盖了图书馆内部的各项工作，包括图书采购、编目、流通等业务。此外，许多图书馆还积极引入自主开发或购买的图书馆软件并投入使用。随着自动化系统的建设和运行，一些书目数据供应中心的业务也逐渐形成规模，为图书馆的信息资源提供了更加全面和便捷的支持。与此同时，一些发达地区的图书馆开始积极展开系统互联，通过网络连接各个图书馆系统，实现资源共享和信息交流。这一时期的发展，标志着中国图书馆自动化进入了一个全新的阶段。通过引入计算机技术和建立自动化系统，图书馆的管理效率得到了大幅提升，对于读者的服务质量也得到了显著改善。

三、图书馆自动化集成管理系统分析

图书馆自动化集成管理系统是现代图书馆管理的核心工具之一，主要应用于图书馆的书目数据自动化和图书馆事务处理两个方面，通过系统分析将图书馆工作划分为文献采访、编目、检索、流通、连续出版物管理、图书馆管理信息等基本子系统，并建立能够完成这些子系统功能的计算机集成管理系统，实现图书馆的自动化管理。

图书馆自动化集成管理系统的来源主要有三种：自行研制、购买信息技术公司开发的成型产品以及引进国外系统。自行研制的系统包括 LAS（深圳图书馆自动化集成系统）、MILIS（上海交通大学西汉文兼容图书馆联机管理集成系统）、文津图书馆综合管理系统（北京图书馆）、PULAIS（北京大学图书馆自动化集成系统）等。信息技术公司开发的系统则有 GLIS（北京息洋电子信息技术研究所通用图书馆集成系统）、博菲特文献管理集成系统（大连博菲特信息技术开发中心）、DATATRANS–1000（北京丹诚软件有限责任公司图书馆集成系统）等。此外，一些高校图书馆（如清华大学图书馆、北京大学图书馆等）在系统升级时也引进了美国的图书馆集成系统并进行了汉化，使图书馆在自动化管理方面取得了显著的进步，提高了工作效率和服务质量，为读者提供了更加便捷和全面的服务。同时，这些系统为图书馆的信息资源整合、共享和管理提供了坚实的技术支持，促进了图书馆事业的发展和进步。

四、图书馆自动化在图书馆技术发展中的意义

图书馆自动化的实施促进了信息技术在图书馆管理中的应用，提高了图书馆的管理水平和服务质量。图书馆自动化的实施推动了信息技术在图书馆管理中的普及和应用，自动化系统的引进使图书馆逐渐意识到了系统的开放性和通用性以及数据的标准化和规范化的重要性，无形中促使图书馆界加强与外界特别是计算机界和商业界的合作，共同合作生产图书馆自动化系统，提高系统的性能和效率。图书馆自动化促进了图书馆资源的共享和合作，国内图书馆之间开展了合作共享数据的项目，如北京图书馆的中文机读数据中心、上海的申联文献技术公司等，形成了若干数据生产中心，进一步提高了图书馆资源的利用效率和管理水平。图书馆自动化提高了数据的标准化程度，自动化和标准化是密不可分的，图书馆生产的数据普遍采用国际标准和国家标准，如西文数据采用 LC–MARC 格式，中文数据采用 CN–MARC 格式，从而提高了数据的统一性和可比性。图书馆自动化也促进了信息商业化观念的普及，图书馆可以提供从自动化软件包到交钥匙系统等全方位的服务，出现了图书馆书目数据服务实体，如北京图书馆、申联等的数据服务，为图书馆提供了更

加便捷和全面的服务。图书馆自动化为网络环境中的图书馆管理奠定了基础，随着互联网的普及，图书馆自动化逐渐适应了网络环境，运用了client/server 模式的系统成为图书馆自动化建设的主流，为图书馆管理提供了更加灵活和高效的解决方案。

第二节　我国高校数字图书馆的构成与发展

一、数字图书馆的起源

数字图书馆的概念最初是从技术的角度提出的，1993 年，美国克林顿政府提出的信息高速公路计划将数字图书馆规划作为"试点"建设的重要项目，标志着数字图书馆概念的起源。随后，1994 年 9 月，美国国家科学基金会、美国国防部高级研究计划署、美国国家航空与太空总署联合发起了"数字图书馆创始工程"（Digital Library Initiative, DLI）。该计划为期 4 年，耗资 2440 万美元，旨在探索数字图书馆的基础架构，寻求最佳的信息资源提供模式，研究数字图书馆间交互操作的协议，测试最有效的用户界面，并寻找数字图书馆更经济的运作方式及知识产权保护的管理制度，最终达到高度的资源共享并获得良好的经济效益。1998 年，该计划的第二期工程启动，目前已全部完成，建成的大规模文献库、空间影像库、地理图像库和声像资源库已投入使用。

与此同时，1993 年，英国图书馆启动了电子化贝奥伍夫项目，旨在通过借助网络技术和图像来提高对馆藏数字化文献的存取。除美国和英国外，世界许多国家也积极开展了数字化图书馆的建设。法国、日本等国家的国家图书馆都计划实施各自的数字图书馆计划。1995 年初，IBM公司推出了"全球数字图书馆计划"。由此可见，"数字图书馆"一词得到了计算机科学界、图书馆界和其他各界的广泛认可。

二、数字图书馆的定义

数字图书馆的概念起源于技术和资源库信息空间的认知，而对于这一概念的定义，研究者们分成了两派。一种观点认为，数字图书馆的英文含义更强调"库"而非"图书馆"，因此最准确的翻译应该是数字资料库。这一派认为数字图书馆是国家信息基础设施的核心，为信息管理技术提供了关键性支持，并提供主要的信息源和资源库。代表性的定义包括：数字图书馆是一个分布式的信息环境，其相关技术使得创建、传播、处理、存储、整合和利用信息的难度大幅降低。美国研究图书馆协会给出的定义是，数字图书馆不是一个单一的实体，而是将许多地方的资源联结在一起的技术，其联结应对最终用户透明，目标是让广大用户最大限度地获取信息、得到信息服务，其馆藏不仅包括数字化的资料，还包括无法用印刷方式表现或传递的实物。美国"数字图书馆创始计划"提出的定义则是，数字图书馆不仅仅是数字馆藏和管理工具的集合，还应包括信息、数据和知识在整个创建、发布、利用、存储等生命周期内的所有活动。还有一种广义的定义，将数字图书馆视为没有时空限制、便于使用的超大规模的知识信息储存和服务系统，是将载体不同、地理位置分散的各种信息资源，以数字化、网络化方式储存、链接、利用，以实现资源共享的各项技术的集合。这些定义揭示了数字图书馆的重要性和多样性，其既是一个技术上的创新，也是信息管理和服务的重要平台。数字图书馆的出现为信息的传播、共享和利用提供了更便捷、更高效的途径。数字化技术使原本分散在不同地点的各种信息资源可以被整合、链接，并以数字化的形式储存和传播，从而极大地丰富了人们获取信息的途径和方式。数字图书馆的建设和发展对于国家信息化建设、知识产权保护及文化传承等方面具有重要意义，其能够帮助机构和个人更好地管理和利用信息资源，并促进科学研究、教育教学、文化传承等领域的发展。

数字图书馆的概念，从定义的角度可以分为两派。一派将重心置于"图书馆"概念之上，从狭义图书馆或广义图书馆的角度去理解"数字图书馆"的概念；另一派从技术角度、资源库信息空间出发，认为数字图书馆更侧重于数字化的库或资源的提供。这两种观点在理解数字图书馆的本质和功能上存在一定的差异。第一种观点将数字图书馆定义为运用当代信息技术对数字信息资源进行采集、整理和储存，并向所有连接网络的用户提供服务的文化教育机构或服务组织。在此种理解下，数字图书馆可以分为狭义数字图书馆和广义数字图书馆。狭义数字图书馆是指积累数字化公共知识信息资源，并为社会提供公益服务的机构；广义数字图书馆强调数字化信息的存储和传递中心的角色。第二种观点认为，数字图书馆是采用现代高新技术支持的数字信息系统，是下一代因特网上的信息资源管理模式，它将从根本上改变目前因特网上信息分散、不便使用的现状，此种理解将数字图书馆视为超大规模、分布式、便于使用、无时空限制的知识中心。数字图书馆利用计算机技术、网络技术、通信技术、数据库技术和多媒体技术，对不同类型、不同载体、不同形式的文献信息资源进行搜集、选择和规范化处理，使之以数字化的方式和多媒体的形式存储，并通过各种网络向世界各地用户提供信息服务。从长远发展的角度来看，数字图书馆建设可以从传统图书馆的数字化开始入手，将其作为整个数字图书馆的基础和重要组成部分。数字图书馆的建设不仅仅是一个技术性的工程，更是信息资源共享和服务的重要平台。

三、数字图书馆的基本特征

与传统图书馆相比，数字图书馆不只是简单的数字化，其内涵和存在方式具有诸多差异。数字图书馆集成了计算机技术、网络技术、通信技术、数据库技术和多媒体技术等多种技术，以计算机为核心的硬件设备作为管理信息资源的基本手段，拥有一整套先进的软件系统，用于制作、存储、发布和维护数字化信息资源，并确保数字化信息资源的安全性。数字图书馆拥有分布式的信息资源库群，具备对信息进行数字化组织和结构化存储的能力。通过网络系统有效地连接用户与各个图书馆、信息服务中心、数据库以及各类网络信息资源，数字图书馆实现了信息资源传递的网络化，用户可以实现无时空的存取。为实现全方位多元化和高效能的数字化信息服务，数字图书馆需要通过国家骨干通信网和因特网来实施，它提供了对全球数字图书馆和网络信息资源的访问、查询、检索和利用，为用户提供了便利的信息服务。数字图书馆的基本特点包括数字化资源、网络化存取和分布式管理等。另外，有人认为数字图书馆具有五个特点：信息资源数字化、信息传递网络化、信息利用共享化、信息提供知识化以及信息实体虚拟化。

数字图书馆实现了信息资源的数字化，结合计算机技术，各种文献信息资源得以数字化，用户可以通过网络获取这些数字化资源，实现了信息的在线服务，极大地方便了用户查询和利用。数字图书馆的信息内容多元化，包含图书馆、档案馆的信息资源，还涵盖博物馆以及其他广泛领域的信息资源，为用户提供了更为丰富和多样化的信息内容。数字图书馆实现了信息传递的网络化，在数字化基础上，通过计算机网络系统和各种电子通信手段，数字图书馆将世界各国的数字化信息资料连为一个整体，在网络上传递、利用、开发与共享，使得信息的传递更加便捷高效。数字技术的普及化是数字图书馆的重要特征，利用各种新技术，如光盘存储超媒体技术、数据仓库、数据挖掘等，数字图书馆能够组织较大数据库的管理与检索，并能够利用计算机手段解决用户在查找过程中遇到的问题，提高了用户的体验和满意度。数字图书馆还具有信息揭示多维化的特点，它能够多角度地揭示数字化信息，为用户提供更加全面、深入的信息检索和利用体验，提高了信息利用的效率。数字图书馆的知识组织也呈现出网络化的趋势，从顺序的、线性的方式转变为直接的、网状的、非线性组织形式，使得用户能够更加方便地获取所需信息。此外，数字图书馆还具有资源存储分布化、信息提供智能化、信息利用共享化、信息机构虚拟化以及用户服务个性化等特征。诸多特征使得数字图书馆不仅成为信息资源的存储和传递中心，也是一个智能化、个性化的信息服务平台，为用户提供了更加便捷、更加高效的信息服务体验。

四、我国高校数字图书馆的建设方案

（一）制订数字图书馆建设统一协调规划

作为学术信息的主要管理者和提供者，高校图书馆可以借助其丰富的资源和技术优势，积极参与数字图书馆建设，为建设工作提供有力支持。高校图书馆可以通过整合校内外的各类资源，为数字图书馆的建设提供丰富的学术信息和文献资源，为广大师生提供便捷的学术服务。高校图书馆可以与其他相关机构合作，共同推动数字图书馆建设。在当前数字化信息环境下，高校图书馆可以与行业企业、科研院所等建立合作关系，共同开发数字化信息资源，共享技术和经验。例如，高校图书馆既可以与软件公司合作，共同开发数字图书馆建设所需的软件系统和平台，也可以与科研院所合作，共同开展数字化文献资源的收集、整理和传播工作。另外，高校图书馆还可以加强与其他高校图书馆之间的合作与交流，共同探讨数字图书馆建设的经验和方法，开展学术研讨会、专题讲座等活动，促进与其他高校图书馆的交流与合作，共同探讨数字图书馆建设的理念、模式和实践经验，推动数字图书馆建设取得更好的成果。

（二）数字信息资源的有效建设

在当前数字化信息时代，高校图书馆作为学术信息的主要管理者和提供者，其参与数字图书馆建设，对于促进高校信息化建设、提升学术资源共享与服务创新至关重要。然而，我国数字图书馆建设面临的首要问题之一是数字化信息资源的匮乏。这一问题主要体现在电子出版物比例较小，已建成的数据库不够权威和大容量，数据库类型单一、显性或隐性信息数据尚未开发，以及对网上信息资源的收集和处理不够全面、及时和有效。

针对数字化信息资源匮乏的问题，高校图书馆应积极参与数字化信息资源的建设和开发。高校图书馆作为学术信息的主要存储和传播中心，应当充分发挥自身的资源和技术优势，加强与其他高校图书馆、行业企业和科研院所的合作，共同建设数字化信息资源库。结合开展数字化处理、建设特色数据库、完善书目数据库等工作，积极推进数字化信息资源的建设，丰富高校图书馆的学术资源，提升服务水平。高校图书馆需要有针对性地制订数字化信息资源建设规划，明确发展目标和路线。制订数字化信息资源建设规划应该紧密结合国家和地区的实际情况，突出重点，制定长期、中期和短期的发展目标和措施，明确各类数字化信息资源的建设重点和优先发展方向。加强与政府有关部门的沟通和协调，争取政策支持和资金保障，为数字化信息资源建设提供充足的保障和支持。高校图书馆还应加强与其他图书馆、机构和行业的合作与交流，共同推进数字化信息资源的共建和共享。通过与其他高校图书馆的合作，共同建设数字化信息资源库，实现资源共享和互利共赢；与行业企业和科研院所合作，共同开发数字化信息资源，推动数字化信息资源的建设和开发；加强与政府有关部门的沟通和合作，共同推进数字化信息资源的建设，提高我国数字图书馆建设的水平和质量。

（三）相关技术的研发

作为一个以多种信息技术为支撑的超大规模信息系统，数字图书馆的建设需要大量的相关技术支持。尽管国内已经取得了一些研究成果，但整体上仍处于研究和试验阶段，许多技术还需要进一步突破和应用。

特别是在图文全息数字化技术、跨平台检索技术、元数据技术、智能检索代理技术和知识管理技术等方面，中国与国外存在较大的差距。即使在中文信息处理技术方面，也仍然存在许多问题亟待解决。针对数字图书馆建设所需的相关技术，高校图书馆可以从中国数字图书馆建设项目的实际出发，组织专人对关键技术进行跟踪、研究和攻关。高校图书馆可以成立专门的技术研发团队，结合实际需求，针对数字图书馆建设中遇到的技术难题，进行深入的研究和解决。高校图书馆可以借鉴或引进适合中国国情的国外先进技术和先进产品，与国外一些先进的数字图书馆进行合作，学习其先进的技术和经验，从而加速我国数字图书馆技术水平的提升。引入市场竞争机制，针对数字图书馆相关技术，面向社会招标，并规范有关技术标准。通过市场竞争，吸引更多的科技企业和研发机构参与数字图书馆建设，推动技术的创新和应用。

（四）建立公平的平台

数字图书馆作为一个开放式的集成平台，通过对技术和产品的整合，将各种文献载体数字化并组织起来提供在线服务。由于数字图书馆系统需要与图书馆管理系统软件结合，将物理馆藏与数字信息结合起来，因此需要建立一个公共的平台，为各个应用系统的集成提供基础服务，实现数据共享和系统之间的应用访问。公共平台可以提供统一的数据存储和管理服务，统一的平台可以更有效地管理数字化文献资源，实现数据的集中存储、管理和维护，提高数据利用效率。各个业务系统通过公共平台可以实现数据共享和交互，避免了信息孤岛的问题，提高了信息资源的利用率和共享度。由统一的平台提供基础服务，可以减少各个应用系统之间的开发和集成成本，不但降低了系统集成的风险，而且提高了整体系统的稳定性和可靠性。建立公共平台可以为数字图书馆的不断发展提供技术支持和保障，为未来的系统升级和功能扩展奠定基础，实现数字图书馆的持续创新和发展。因此，作为高校图书馆，建立一个公共

101

平台是非常重要的。通过建立公共平台，可以实现数字化文献资源的有效管理和利用，促进系统之间的数据共享和交换，降低系统集成的成本和风险，推动数字图书馆的可持续发展。

（五）制定统一规范的标准

在数字图书馆发展速度不断加快的今天，标准不统一带来的损失将越来越大。因此，加强数字图书馆标准的建设至关重要。只有制定规范统一的标准，才能真正实现数字图书馆资源共享的目标。这需要各高校图书馆共同努力，建立起一套完善的标准体系，包括信息资源描述、文献标引规则、库结构内容、控制系统、检索端口和阅读平台等方面的统一标准。

第三节　新时期我国高校虚拟图书馆的转型

一、传统图书馆与虚拟图书馆的比较分析

（一）传统图书馆

传统图书馆作为一个实体存在，是人们熟悉的场所，通常拥有丰富的藏书和宏伟的建筑。由图书馆员管理并提供借阅、预约、检索、咨询等服务，它是收集、整理、保存、传递文献信息的文化教育机构，不仅对高校的教学科研发展起到积极的促进作用，也是传统图书馆生存的核心价值所在。历史证明，人类几千年来的文化遗产与学术成果能够保存至今，主要得益于传统图书馆的作用。同时，人们要获取系统的科学文化知识和数据，也离不开传统图书馆的支持。然而，随着信息技术的飞速发展和数字化时代的到来，传统图书馆面临着新的挑战。传统图书馆

的实体特征限制了它们在信息存储、检索和传递等方面的效率和灵活性。相较于数字图书馆，传统图书馆在信息获取上存在一定的局限性，例如，用户可能需要耗费大量时间在查找、翻阅实体图书上，而且传统图书馆的空间和时间受限，无法实现全天候、全地域的服务。因此，为了适应信息化时代的需求，传统图书馆必须与时俱进，转型升级为数字图书馆。数字图书馆通过信息技术的应用，将文献信息数字化并提供在线服务，使用户可以随时随地获取所需信息。

（二）传统图书馆的必要性分析

尽管虚拟图书馆通过网络技术实现了文献资源的便捷传递和使用，但也带来了知识产权保护的难题。虚拟图书馆的便捷性，使得文献资源容易被盗用和传播，导致知识侵权问题频发。而传统图书馆以实体形式存在，具有统一的规则和管理机制，能够在一定程度上保证文献信息的安全性和可信度，避免了知识侵权问题的发生。虚拟图书馆依托于计算机和网络技术，其顺畅使用对设备和网络的要求较高。然而，在某些情况下，网络故障或设备问题可能导致虚拟图书馆无法正常运行，使得用户无法及时获取所需信息。相比之下，传统图书馆的服务模式更为直观，用户可以通过面对面的交流获得直接有效的情报服务，而且不受计算机和网络的限制。另外，传统图书馆在技术和设备方面的要求相对较少，成本较低。虚拟图书馆对于计算机硬件设施和网络的要求较高，需要大量的设备投入和维护费用，增加了图书馆的经济负担；而传统图书馆不需要大规模的技术支持，可以通过人工管理和简单的设备维护来提供服务，成本较低。传统图书馆能够实现面对面的交流和及时反馈，为用户提供更直接有效的服务。在传统图书馆中，图书馆工作人员和用户不但可以进行面对面的交流，及时解决用户的问题和需求，而且可以得到用户的及时反馈。此种交流模式是虚拟图书馆所无法具备的，虚拟图书馆的服务往往是通过网络平台实现的，缺乏与用户面对面的互动。

（三）传统图书馆与虚拟图书馆的关系

我国高校图书馆在电子信息技术的应用上起步较晚，直到 20 世纪 90 年代末才逐步提出虚拟图书馆理论。可以说，网络信息处理技术的更新催生了虚拟图书馆的发展。与传统图书馆相比，虚拟图书馆建立在传统图书馆之上，但其功能更为强大。两者之间存在互补关系，共同推动我国高校图书馆事业的进步。传统图书馆以其实体形式和面对面交流的优势，为用户提供直观有效的服务；而虚拟图书馆通过网络平台实现了文献资源的便捷传递和使用，克服了时间和空间的限制。因此，两者相辅相成，共同构建了我国高校图书馆事业的发展格局。

虚拟图书馆的存在建立在传统图书馆的基础之上，离不开三个基本要素：人、物、技术。首先，绝大部分文献资源需要通过具体的图书馆专门机构进行采集、筛选、加工及整理，最终才能转换成电子文献资源，供读者在网上查阅使用。这体现了人在整个过程中的重要性，包括图书馆工作者和用户，他们是虚拟图书馆运作的核心。其次，物指的是文献资源，无论是印刷型还是电子型，都是虚拟图书馆不可或缺的基础。传统图书馆积累的丰富文献资源是虚拟图书馆数字化转型的重要来源。最后，技术方面主要是指网络通信技术，它是虚拟图书馆运作的技术支撑。通过网络通信技术，虚拟图书馆能够将文献资源数字化，并提供在线的检索、浏览和借阅服务，实现了信息的快速传递和共享。这三个要素共同构成了虚拟图书馆的基础，为其运行提供了必要的支持和保障。

虚拟图书馆在一定程度上扩展了传统图书馆的服务范围，强化了传统图书馆的服务功能，是图书馆发展史上必然性的进步。现代社会，读者的需求更加丰富多元，呈现出动态化的趋势。与此同时，信息以裂变的形式迅速膨胀，单凭传统图书馆的纸质文献资源已经远远不能满足用户的需要。因此，传统图书馆必须扩大自己的服务范围，引进更多的图文信息。基于此情况，虚拟图书馆的出现为传统图书馆提供了新的思路。传统图书馆可以通过数字化转型，将纸质文献资源转化为电子文献资源，并建立在线平台提供服务。这样一来，不仅可以扩大服务范围，覆盖更广泛的用户群体，还可以丰富服务形式和内容，满足用户多样化的需求。特别是在高校图书馆中，如果本校的图书馆资源不能完全满足用户需求，可以通过与其他高校图书馆的馆际合作，实现网络信息资源的共享。共享资源不仅可以有效解决本校图书馆资源有限的问题，还可以提供更加丰富和多样化的服务，为用户提供更好的学习和研究支持。

传统图书馆与虚拟图书馆之间相互依存、优势互补，传统图书馆通过收集文献资源、加工文献信息，为虚拟图书馆提供了丰富的基础资源。同时，虚拟图书馆为传统图书馆创造了更为广阔的服务环境，满足了用户多样的信息需求。例如，虚拟图书馆提供了网上续借、网上预订、在线阅读等功能，使用户可以随时随地享用图书馆的信息资源。在相互依存的关系下，传统图书馆与虚拟图书馆各自发挥着重要的作用。传统图书馆为虚拟图书馆提供了坚实的资源基础，而虚拟图书馆为传统图书馆提供了更加便捷、灵活的服务方式。两者相辅相成，共同推动了图书馆事业的发展，其互补的关系也使得用户能够享受到更加全面和优质的服务。如表4-1所示：

表4-1　传统图书馆与虚拟图书馆的比较分析

类　　别	传统图书馆	虚拟图书馆
定义与特点	实体存在；丰富藏书；宏伟建筑；实体服务（借阅、预约等）	网络平台上的存在；提供电子文献资源
优势	直接的人际交流；文献安全和可信度高；低技术要求	资源的便捷传递和使用；克服时间和空间限制
挑战	信息存储、检索效率低；空间和时间的限制	高设备和网络要求；知识产权保护难题

续　表

类　别	传统图书馆	虚拟图书馆
必要性	保证文献信息安全；提供面对面的直接服务	快速传递和共享信息；支持动态化的用户需求
关系与互补	提供实体资源基础；面对面的服务提供直观有效的支持	扩展服务范围；网络平台提供灵活的服务方式
技术与人的角色	低技术依赖；图书馆员和用户的直接交流至关重要	高技术依赖；需要技术人员支持设备和网络
发展动态	需要向数字化转型以适应现代信息需求	基于传统图书馆的文献资源进行数字化

二、当前我国高校虚拟图书馆的转型

（一）高校虚拟图书馆馆藏的建设

从宏观和技术两方面来看，都需要加强对虚拟图书馆馆藏的建设，包括从图书馆的各种学科数据库到拥有使用权的网络资源等各方面的建设和丰富化。在宏观上，需要建设各种学科数据库，覆盖范围广泛。从中国知网数据库、万方数据库、维普数据库到电子期刊等大型数据资源，都需要加以建设和丰富。这些数据库使用方便，用户可以根据自己学科门类的需要通过关键词直接检索，使检索更为准确、快捷，也满足了用户对信息资源时效与深度的需求。在技术上，需要不断更新和完善虚拟图书馆的技术设施和功能，包括提升检索系统的效率和准确性，优化用户界面和体验，以及不断更新数据资源和内容。只有不断地加强技术支持，才能更好地满足用户的需求，提升虚拟图书馆的服务水平。

除普遍加强虚拟图书馆馆藏的建设外，建设高校的特色虚拟馆藏也至关重要。以西南民族大学为例，在虚拟图书馆建设过程中要加大数据库容量，并根据学校自身的学科优势，打造出自己的特色品牌。这意味着需要加大对少数民族数据资源的收集整理力度，为高校的特色领域做出贡献。西南民族大学作为西部地区举足轻重的民族大学，在保护和传承少数民族文化、促进少数民族地区教育发展等方面发挥着积极的作用。因此，学校在构建藏族、彝族等少数民族文献资源时，尽管可能会遇到一些困难，但是毫无疑问具有巨大的潜力和发展空间。在资源获取、预处理和编目方面，高校图书馆需要积极积累，最终形成图书馆虚拟馆藏的原始资源。通过不断积累和完善，高校可以在自身特色领域形成独特的文献资源库，为学校教学科研和学术交流提供强有力的支持。因此，高校图书馆在建设虚拟馆藏时，应充分发挥学校自身的特色优势，加大特色资源的收集、整理和利用力度。

（二）虚拟图书馆员的建设

虚拟图书馆的存在是为了更好地服务用户，然而，很多用户习惯于使用谷歌或百度等搜索引擎，而不知道如何利用虚拟图书馆资源，造成了资源的浪费。谷歌和百度的搜索结果往往不能满足学术研究的需求，因为其中很多内容涉及知识产权，使用是需要付费的，搜索结果的科学性也值得商榷。因此，高校图书馆每年都会投入大量资金购买在线数据库，为学术研究提供更专业、更可信的资源。然而，调查显示，高校中超过70%的学生不会使用虚拟图书馆上的馆藏数据资源，而剩下的30%中，研究生和博士生占据很大一部分。这说明，虽然有丰富的资源可供利用，但由于用户对数据库范围和概念不清楚，导致检索失败的情况较为普遍。当用户不能获得满意的检索结果时，他们可能会失去信心，甚至选择放弃使用虚拟图书馆，这对于图书馆而言是用户流失的损失。因此，加强虚拟图书馆员建设显得十分必要。图书馆员个人职业素质的提高，可以帮助他们培训和引导用户如何使用虚拟图书馆搜寻所需的文献资源。高素质的图书馆员不仅能够提供有效的使用指南，及时为学生的使用提供指导和干预，还可以积极与学校、学科教师沟通合作，更加清晰地了解不同学生群体的不同需求。

随着虚拟图书馆的兴起与发展，在线课程虚拟图书馆成为一个新的服务点，可以进行探索和应用。在线课程采用虚拟图书馆员与学科教师共建的方式，通过教师和图书馆员共同创建课程内容，将书架上的一些文档连接起来，形成课程文献。课程文献资料被整理归档成在线资源，鼓励教师之间共享，并加强跨年级和跨学科的学习交流。在线课程虚拟图书馆包括广泛的教学资源，为学生提供了大量与课程同步的内容。例如，学生可以访问广泛的教学资源、参与演讲辩论、进行在线测试与辅导、下载教师课件，甚至参与辩论演讲模拟赛等活动，丰富了学生的学习体验，拓展了他们的学习渠道。此外，实现名师的教学资源和图书馆的资源共建共享也是在线课程虚拟图书馆的一个重要目标。通过教师与图书馆员的合作，可以确保课程资源的及时更新和丰富多样性，同时促进了教师之间的教学资源交流与共享。

（三）虚拟图书馆技术服务的建设

虚拟图书馆实现信息资源共享的"5A"目标，即Anybody（任何用户）、Anytime（任何时候）、Any place（任何地点）、Any library（任何图书馆）、Anything（任何信息资源），需要进行虚拟资源整合再造。这一目标的实现需要图书馆与图书馆之间的合作，以及用户与图书馆之间的参与，构建共研式服务的新范式和多元服务的新范式。在这一过程中，虚拟图书馆技术服务建设起着至关重要的作用。虚拟图书馆的建设需要将用户的需求与图书馆的资源相结合，提供与用户生活息息相关的服务，包括选课安排、专家讲座预告、文体活动、心灵交流、专题知识角等内容，以确保虚拟图书馆的多元服务在大学日常生活中发挥主要作用。此外，在虚拟图书馆主页的设计上，要简洁明了，方便用户研究和使用；在板块内容的设置上，要丰富人性化，与时俱进，不仅要有摘要的数据库，还要有一些阅读和娱乐项目，如博客、BBS、图书品鉴等。另外，虚拟图书馆的服务还需要具备高效的时效性。用户可以通过在线问答或搜索找到与他们问题相关的答案，从而提高信息检索的效率和准确性，即时的服务提升了用户体验，增强了虚拟图书馆的实用性和吸引力。

除服务工作上应该更具有针对性之外，在技术上也要提供必要的支持。过硬的技术设备是虚拟图书馆构建的基础，它保证了虚拟图书馆使用的有效性。作为一个开放式的硬件和软件集成的平台，虚拟图书馆的建设必须具备一定的网络管理系统的开发技术，以及数字化信息生成技术及存储技术，包括人机交互技术、数据库管理和维护、动态网页的开发和建设、音频和视频文件的转化等。通过对技术和产品的集成，将各种载体数字化，进行有效的存取与组织。在技术方面，虚拟图书馆需要建立稳定、高效的网络管理系统，确保用户能够方便地获取所需的信息资源。同时，数字化信息生成技术和存储技术也至关重要，它们能够将各种文献载体数字化，有效地存储和管理。人机交互技术的应用能够提升用户体验，数据库管理和维护确保了信息的完整性和可靠性，动态网页的开发和建设则为用户提供了更加丰富和便捷的浏览方式。另外，对音频、视频文件进行转化，使多媒体资源能够在虚拟图书馆中得到充分利用。

第五章　高校图书馆文献信息检索渗透人工智能技术的创新思路

第一节　高校图书馆文献信息的基础介绍

一、高校图书馆文献信息资源体系概述

（一）文献信息资源与基本类型

1.文献信息

文献信息是社会知识传承与沟通的重要媒介，自古以来殖着人类文明的进步和科技的发展，文献信息的形式和载体也在不断演化。从最早的石碑刻文、竹简、羊皮卷到今天的数字化文档和在线数据库，文献信息的形态经历了翻天覆地的变化，反映了人类记录和传递信息知识方式的进步，体现了社会对知识管理和利用需求的增长。现代文献信息不再局限于传统的纸质书刊形式、数字化文档、音视频资料、电子书等，多种非印刷型知识载体的出现极大地丰富了文献信息的内容和形式。新型文献载体使得信息存储更为便捷，知识传播更为迅速，大大提高了文献信息的可获取性和使用效率。文献信息的基本构成要素——信息内容、记录符号、载体材料、制作方式和载体形态，共同构成了文献的核心属性，决定了文献信息的质量和价值。文献信息的根本功能在于存储和传

递知识信息，它不仅是图书馆工作的核心，也是知识社会不可或缺的组成部分。图书馆通过对文献信息的收集、整理、保存和检索，为读者提供了宝贵的知识资源，促进了知识的传承和创新。随着信息技术的快速发展，数字图书馆、在线学术数据库等新兴服务模式正在逐步取代传统图书馆，为人们获取和使用文献信息提供了更多便利。

2.文献信息的基本类型

现代社会中，文献信息种类繁多，它们根据出版特点、记录手段、载体类型以及加工层次等不同属性被分类，以满足人们多样化的信息需求，如图5-1所示。文献信息的分类体现了其丰富性和多样性，为研究者和读者提供了广泛的选择。根据编辑方式和出版特点，文献信息可以分为图书、期刊和特种文献等。图书和期刊是最常见的文献形式，覆盖了从文学、历史到科技、医学等各个领域的知识。特种文献包括科技报告、政府出版物、会议文献、学位论文、专利文献、技术标准和产品样本等，这些文献往往针对特定的研究领域或行业需求，为专业人士提供了深入的资源。从记录手段和载体角度来看，文献信息可分为印刷型、缩微型、声像型、机读型和光记录型等。印刷型文献是传统且广泛的一种形式，而随着技术的发展，微缩型、声像型、机读型和光记录型文献日益增多，它们通过现代化的技术手段，使信息的存储和传播更为高效。按文献信息的加工层次分类，又可分为一次文献、二次文献和三次文献。一次文献直接呈现原始信息；二次文献对一次文献进行整理、分析、总结，如索引、文献综述等；三次文献则在此基础上进行进一步的汇编和整合，如百科全书。层次性的分类不仅方便了文献的检索与利用，也体现了信息加工的深度和广度。

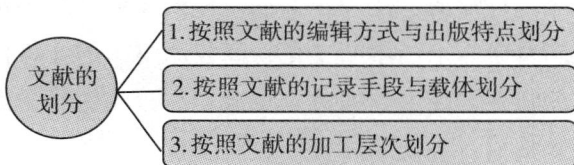

图 5-1　文献的划分

3.现代文献的基本特征与规律

在当代科学技术飞速发展的背景下，文献资源展现出了显著的特征和规律。由于科研成果的大量涌现和科学知识的急剧增加，文献数量正以前所未有的速度增长，从而为研究人员提供了丰富的信息资源，同时对文献管理和信息检索提出了更高的要求。随着各学科间渗透和交叉的加深，很多文献内容开始出现交叉重复的现象，反映了现代科研工作的综合性和交叉性，交叉重复体现了科学知识的融合和创新，提示了对文献分类和整理方法的更新和改进。文献的类型和种类日益复杂化，从传统的图书、期刊到电子文献、网络资源，多样化的文献类型满足了不同读者的需求，也给文献的组织与利用带来了挑战。文献内容的分布特征也发生了变化，既集中又分散。一方面，特定领域或热点主题的文献可能高度集中，反映了学科发展的焦点；另一方面，由于科学研究的广泛性，相同主题的文献可能分散于不同学科或领域，这要求研究者具有跨学科的检索能力。文献的新陈代谢频繁，新信息不断产生，旧知识迅速更新。这一特点要求研究者和信息工作者要关注最新的科研动态，并具备快速筛选和评估信息的能力。

（二）高校图书馆文献信息资源与特点

1.高校图书馆的文献信息资源

高校图书馆的文献信息资源构成了学术研究和教育教学的基础，覆盖了从基础科学到应用技术，从人文科学到自然科学等众多领域，包括传统的纸质图书、期刊，且涵盖电子书、电子期刊、数据库、学术论文集、专利文献等多种形式，体现了信息载体的多样性和丰富性。随着知识更新的加速和科研需求的不断变化，高校图书馆的文献信息资源也呈现出动态发展的特点。图书馆通过定期采购、订阅更新、淘汰过时资料等方式，保证文献信息资源的时效性和相关性，满足师生的学习和研究需求。高校图书馆还通过数字化建设和资源共享平台的建立，拓展了文献信息资源的获取和使用方式，使读者能够便捷地访问和利用这些宝贵的学术资源，从而有效地支撑了高校的教育教学和科学研究工作。

2.高校图书馆的文献信息资源特点

高校图书馆的文献信息资源，作为学术研究和教学的核心支撑，展现了其独特性和系统性。高校图书馆文献信息资源囊括了丰富的学科领域，经过精心的组织和管理，使之成为高效学习和研究的重要工具。加工特点体现了图书馆对文献信息资源的精细管理，每件文献信息资料，从入库到上架，都经过严格的加工程序，如分类、编目、标记等，确保了文献信息资源的规范性和易检索性。有序的管理方式不仅保证了文献信息资源的快速定位和利用，也增强了图书馆服务的专业性。文献信息资源的系统性特点，则从整体上优化了资源结构。通过科学的分类和组织系统，图书馆将各类文献信息分门别类，形成了一套完整的体系，不仅便于读者的检索和利用，也为图书馆资源的扩充和更新提供了便利。同时，通过馆际的协作与资源共享，扩大了文献信息资源的覆盖范围，提高了资源利用率。

目录检索特点是图书馆服务的亮点，利用现代化的信息技术，图书馆建立了详尽的电子目录系统，通过网络平台提供服务，让读者即便不来图书馆也能迅速获取所需文献的详细信息，极大地提升了文献信息检索的效率和准确性。公共使用特点强调了图书馆服务的社会性和公益性，图书馆为所有用户提供了平等、开放的文献信息资源利用机会，支持学术研究和个人学习的需求。图书馆还通过举办各种学术活动、讲座和展览等，促进了学术交流与文化传播。文献信息资源的保存性特点体现了图书馆在文化传承和知识保存方面的重要作用，图书馆致力于文献信息资源的长期保存，不断采用新技术、新方法对珍贵的文献信息资料进行数字化保存，以抵御时间和物理条件的侵蚀，确保宝贵的知识遗产能够代代相传。

3.图书馆文献信息资源的主要类型

图书馆文献信息资源按照不同的分类标准，展现了丰富多样的面貌，从学科分类到历史时期，从出版形式到语言类型，形成了一个全方位、多角度的知识体系，使图书馆成为知识传播与文化交流的重要场所。按照知识门类进行分类，图书馆收藏的文献信息资源覆盖了哲学、社会科学、自然科学等多个学科领域，为研究者提供了宽广的知识视野和深入的学术基础，促进了学术研究的深入发展。同时，图书馆收藏了各种主题的文献信息资源，如辩证唯物主义、数理统计等，主题性文献信息资源为特定研究领域提供了专业的支持。在出版形式与著作载体方面，图书馆文献信息资源丰富多样，包括传统的图书、期刊以及声像资料、电子出版物等。多样化的出版形式满足了不同用户的阅读偏好，尤其是电子出版物的增加，为用户提供了更为便捷的获取方式和更加丰富的互动体验。图书馆文献信息资源还包括多种语言文字的文献，从中文、英文、德文到日文等，满足了国际化学术交流的需求，为不同语言背景的用户提供了学习与研究的便利。此外，图书馆还收藏了不同水平和程度的文献信息资源，从初级到高级，为用户提供了从基础学习到深入研究的全方位支持。图书馆文献信息资源还按照不同的历史时期进行分类，从古代文献到当代文献，收藏了大量珍贵的历史文献信息资源，为历史学研究提供了第一手资料，具有重要的历史价值和学术价值。除此之外，图书馆还根据文献的出版范围、用途和加工级别进行分类，收藏了政府出版物、地方出版物、内部资料等特种文献信息资源，以及教学用书、科研用书等不同用途的文献信息资源。这些文献信息资源的收藏，充分体现了图书馆在知识传播和文化积累方面的综合功能。

二、高校图书馆文献信息的理论基础

（一）文献信息及有关概念

1.文献的定义

文献作为记录和传播知识的重要载体，其定义及构成在不同的时代背景下展现出丰富的内涵和广泛的适用性。文献的三大基本要素——知识信息、物质载体、记录知识信息的符号和技术——共同构成了文献的基本框架，这一框架涵盖文献的物理存在，也包括其所承载的知识和信息的本质。知识信息作为文献的核心，定义了文献的价值和意义。不同的文献因其所含知识的不同而具有不同的学术价值和社会价值。知识信息可以是科学发现、历史记载、文学作品、技术发明等，它们为人类的发展提供了不可或缺的资源。物质载体则是知识信息得以保存和传递的基础，从古代的甲骨、金石、简牍、缣帛到现代的纸张、胶片、磁带、磁盘、光碟，乃至电子数据存储设备，不同的载体在不同的历史时期承载着人类文明的进步。载体的多样性不仅体现了人类记录技术的发展，也反映了文献保存和传播方式的变化。记录知识信息的符号和技术是文献能够实现其功能的关键，包括文字、图形、符号、声音、视频等多种形式，以及使这些符号得以记录在特定载体上的技术。这些符号和技术的发展，从最初的篆刻到现代的数字编码，极大地丰富了文献的表现形式，提高了信息传递的效率和准确性。在图书情报学领域，文献的定义被广泛扩展，涵盖各类图书文献、器物文献、历史资料文献、绘画工艺美术文献、考古文献等。这一广义的理解包括传统的印刷型出版物，古代的甲骨文、竹简、帛书等，以及现代的声像出版物、电子出版物和网络信息。这表明文献的范畴在不断扩展，其形式和内容随着人类社会的发展和科技进步而不断演变。随着信息技术的飞速发展，电子文献和数字资源成为当代文献资源建设的重点。诸多新型文献形式以其便于存储、检索和传播的特点，日益成为知识传播的主流。

2. 信息的定义

信息作为人类认识世界、交流思想、促进科技进步的基石，在过去几十年里逐渐成为科学研究和社会发展的重要领域。与文献概念相比，信息的理解和定义经历了更为复杂和多元化的演变过程。虽然信息这一术语在不同语言和文化中有着广泛的应用，但它作为一个科学概念的确立要追溯到20世纪初，尤其是哈特莱于1928年的《信息传输》一文中的论述。自20世纪40年代以来，科学界对信息的探讨不断深入，虽然提出了数十种不同的定义，但迄今为止还没有一种定义得到全面的认同。信息的定义多样化，从数学角度来看，信息是用来表示不确定性的一种手段。《辞海》将信息解释为音讯、消息，或是通信系统传输和处理的对象，泛指消息和信号的具体内容和意义。此外，有些观点认为信息包括消息、情报、信号、数据和知识，强调了信息是通过文字、数据和各种信号传递、处理和表现客观事物特性的知识流。一种具有广泛影响的定义认为，信息是应用文字、数字或信号等形式，通过一定的传递和处理，来表现各种相互联系的客观事物在运动中所具有的特征性内容的总称。这一定义揭示了信息与数据之间的关系：信息是数据的含义，而数据则是信息的载体。信息的原材料是对客观事物本身运动的记录——数据，这一点体现了信息与客观世界紧密的联系。信息不仅是对客观世界中事物的变化和特征的反映，也是客观事物之间相互作用和联系的表征，是客观事物经过感知或认识后的再现。信息普遍存在于宇宙之中，其无处不在、无时不有的特性，使得信息成为人们认识世界、改造世界的不尽的资源。随着信息技术的发展，信息的增长速度和利用程度已经成为衡量现代社会文明和科技进步的重要标志之一。信息技术的革新极大地增强了信息的获取、处理和传播能力，推动了全球范围内的知识共享和文化交流。同时，随着大数据、人工智能等技术的发展，信息的分析和应用能力达到了前所未有的水平，为社会发展和科学研究开辟了新的路径。

3. 知识与信息、文献的关系

在当代社会中，知识、信息和文献构成了一个紧密相连的概念体系，该体系既是人类认识世界、传承文化和推动科技进步的基础，也是社会发展和个人成长的关键要素。了解它们之间的关系，有助于深化我们对知识传播、信息处理和文献利用的理解。知识，作为对信息的理解与认识，代表了信息的一部分，而不是全部。它是通过对信息的精心研究和领会后得到的有用信息，可以被视为人类对信息加工处理的产物。根据《辞海》的定义，知识是人类认识的成果或结晶，包括经验知识和理论知识两大类。经验知识是知识的初级形态，反映了人们在实践活动中直接获得的认识；系统的科学理论则代表了知识的高级形态，是对经验知识经过抽象、总结和理论化处理的结果。

知识不是与生俱来的，而是人后天在社会实践中形成的，它是人类在改造客观世界的实践中所获得的认识和经验的总和。信息则可以视为知识形成的原材料。随着时代的发展，信息的内涵和外延不断扩大，并渗透到人类社会和科学技术的各个领域。人类从自然界和社会活动中接收到大量信息，通过认识、分析和重新组合这些信息，使之系统化，最终形成知识。知识是人类大脑加工提炼信息的成果，是同类信息经过深化、积累后产生的新知识，而新的知识又能够转化为新的信息，形成一个循环反复的过程。文献则是知识和信息的载体，它不仅是知识传递的主要物质形式，也是人类吸收和利用信息的重要手段。文献将知识固化，通过各种形式的记录，如图书、文章、报告等，实现了知识的存储和传播。文献的存在，使得知识可以跨越时间和空间的限制，被广泛共享和利用。由于文献的本质是信息，因此在一定意义上，它也可以被称为"文献信息"。在这一由数据、信息、知识和文献构成的知识传播体系中，数据是基础，信息是数据组织和处理的结果，知识是对信息的理

解和认识，而文献是知识的具象化载体。该体系体现了知识从原始数据
到成为人类共享资源的转化过程，揭示了人类如何通过社会实践，将客
观世界的变化和特征转化为可以传承和利用的知识。

4. 情报

自 1992 年国家科学技术委员会决定将"情报"改称为"信息"以来，
图书情报界对这一变化产生了广泛而深刻的讨论。这一变化是对术语的
重新命名，反映了社会发展和科技进步对情报概念理解的深刻变革。在
传统观念中，"情报"往往与政治、军事活动紧密相关，带有一定的机密
性和特殊性。但随着时间的推移，特别是自 20 世纪 60 年代以来，随着
战争的减少和社会经济活动的兴起，情报的概念开始发生显著变化。它
从原来主要服务于军事领域，逐渐扩展到社会经济活动的各个方面，其
内容变得更加丰富和多元化。进入 20 世纪 90 年代，情报在内涵和外延
上都经历了新的变化。信息技术的飞速发展使得"信息"这一概念取代
了原有的将情报概念"泛化"的倾向，而"情报"趋向于更加专业化和
特殊化，强化了其针对性和实用性。在现代社会，人们通常将"情报"
用于描述具有较高机密性和专业性的特殊信息，如商业情报、经济情报、
军事情报等，这些都是与英文中的"intelligence"相对应的领域。而在
学术和专业领域，情报学、图书馆学、档案学等学科仍然习惯性地使用
"情报"一词，表明其特定的学科内容和研究方向。相对而言，计算机科
学、管理科学等领域则倾向于使用"信息"一词，反映了这些领域信息
处理和传递的广泛性和通用性。可以说，情报是一种经过特殊选择、研
究和加工后得到的社会信息，它是为了实现一定的目的而进行的智力活
动和知识创造的结果。情报蕴含于信息之中，或者可以认为它本身就是
一种具体的信息存在形式。

5. 图书

图书作为人类知识传承和文化交流的重要载体，其内涵和外延随着

社会的进步和科技的发展而经历了显著的变化。在当代，对于"图书"的理解已经不再局限于传统的纸质书，而是扩展到了包括电子书、声像资料等多种形式的读物。这充分反映了信息技术的革新对图书定义的影响，体现了人们对于知识和信息获取方式的不断拓展。在广义上，图书泛指各种类型的读物，包括但不限于甲骨文、金石拓片、手抄卷轴、现代印刷的图书和报纸，以及声像资料、缩微胶片、机读文献等新技术产品。这一广泛的定义不仅体现了图书作为知识和文化传递工具的多样性，也指出了图书在形式和内容上的丰富多变。广义的定义使图书在图书馆和图书情报工作中的角色和功能得以拓展，不再局限于传统的纸质媒介，而是包括更加丰富的信息载体。

然而，在图书馆和情报机构的实际工作中，图书与期刊、报纸、科技报告、技术标准、视听资料等又有所区别。在这一狭义的定义下，图书的范围相对缩小，更多地指代具有完整内容、一定形式的印刷或电子出版物。例如，联合国教科文组织将图书定义为具有特定书名、著者名、国际标准书号、定价并取得版权保护的出版物，该定义侧重于图书作为一种正式出版物的属性，强调了其正式出版的标准和形式。我国对图书的定义则更加广泛，既包括公开或内部出版发行的图书、报刊、图册、图片等印刷品，又包括以光盘、磁盘等形式出版发行的电子书等。该定义不仅涵盖了传统的图书形式，也包含现代信息技术下图书的新形态，体现了对图书概念的全面理解和适应。随着数字化和网络化的发展，图书的形式和获取方式正在发生深刻变革。电子书的普及和在线阅读平台的兴起，使得读者可以更加便捷地获取和阅读图书内容。

6.资料

资料是研究问题和作出决策的客观依据，其通过有选择性地积累、分类、归纳和整理各种文字材料，为解决特定问题提供了必要的信息和依据。资料的范围非常广泛，包括内部的电话记录、往来函电、会议记录和秘密文件等，且涵盖公开出版发行的图书、地图、报刊上发表的文章、图片、消息、数据、调查报告和声像材料，以及非出版物的实物材料等，这些内容的多样性和广泛性使得资料成为获取信息的重要渠道和手段。资料可以与许多词语搭配，如情报资料、信息资料、文献资料、背景资料、谈话资料和研究资料等，使资料的意思表达得更加完整和准确。在实际应用中，资料常常被视为信息和情报的同义语，它们在很多情况下可以互相通用。这表明，在图书情报工作和研究决策领域，资料的作用和价值得到了广泛的认可和应用。

资料的一个显著特点是具有客观性和历史性，要求在收集和积累资料时，必须注重甄别资料的真实性和客观性，确保所提供的资料能够准确地反映客观事实，从而为研究课题和工作任务提供及时、有效的支持。客观性保证了资料的真实准确，历史性则体现了资料在反映和记录历史事件、社会现象等方面的价值。对客观性和历史性的强调，使得资料成为研究和决策中不可或缺的基础。在图书情报工作中，资料工作是一个重要的组成部分。图书情报工作不仅涉及图书的收集、分类、整理和提供，还包括对各类资料的管理和利用。图书情报机构通过对资料的有效管理，能够为用户提供全面、准确和及时的信息服务，支持用户的学术研究、决策制定和知识获取等活动，增强了图书情报机构的服务功能，促进了知识的传播和利用。

7. 档案

档案作为记录国家机构、社会组织和个人社会活动的原始记录，以其独特的形式和功能在信息资源中占有特殊地位。档案的内容不仅包括文字，还包括图像、声音及其他多种形式，原始记录具有不可替代的历史价值和实际应用价值。与资料、信息、情报、文献等相比，档案在来源、作用和机密程度等方面表现出明显的差异，主要体现在档案内容的原创性和权威性上，以及档案管理和使用的严格规范上。虽然档案与其他信息资源存在明显区别，但在实际应用中，档案与资料、信息、情报、文献之间存在一定的互相转化关系。例如，解密后的档案可以编印成图书资料，供学术研究和公众了解，增加了档案资源的可访问性和使用价值。同样，资料、信息、文献等在特定条件下，如果被某一单位正式采用并归档，也可转化为该单位的档案，进而发挥档案的功能。文献信息及有关概念如表 5-1 所示：

表 5-1　文献信息及有关概念

概念	定义与特点	主要特点与应用	关系/区别
文献	记录和传播知识的载体，包含知识信息、物质载体、记录符号和技术	跨越时间和空间保存知识；形式多样，如图书、声像出版物等	是知识和信息的物质表现，是信息传递和知识保存的媒介
信息	通过文字、数据和信号表现客观事物特性的知识流，信息是数据的含义，数据是信息的载体	关键在于科技进步和社会交流；以多种形式存在，如文本、图像、声音	基础于数据，形成知识，通过文献传播
知识	对信息的理解和认识，是对信息精心研究和领会后的产物	分为经验知识和理论知识，以社会实践和科技发展为基础	知识是信息的深加工结果，文献是知识的存储形式
情报	特定目的的信息，通常关联较高的机密性和专业性，如商业情报、经济情报等	用于决策支持和特定领域的研究，具有针对性和实用性	情报是信息的一种高级形式，侧重实用性和针对性
图书	知识和文化的载体，包括电子图书、声像资料等	可以是任何形式的读物，传统上指印刷出版物	广义上包括所有读物，狭义上限于有形的印刷或电子出版物
资料	用于研究问题和作决策的客观依据，包括各种文字材料及非出版物的实物材料等	广泛用于信息和情报的获取，具有多样性和广泛性	常与情报、信息通用，但侧重于实际应用和具体问题解决

概念	定义与特点	主要特点与应用	关系/区别
档案	记录社会活动的原始记录,内容包括文字、图像、声音等	具有独特的形式和功能,原始记录具有不可替代的历史价值和实际应用价值	与资料、信息有互相转化的关系,但具有更严格的管理需求

(二)文献的基本属性、现象、本质与规律

1.属性

文献的本质属性之一是其知识信息性,这意味着文献本身旨在记录和传递知识与信息,该属性突出了文献作为人类智慧和知识财富保存与传播的基础工具的角色。无论是科学研究、文学创作还是历史记录,文献都承担着将知识从一代传递到另一代的重要职责。离开了知识信息的记录和传递,文献将失去其存在的意义。文献的第二个属性是客观物质性,这一点强调了文献所携带的知识和信息需要通过一定的信息符号记录在某种物质载体上,如纸张、电子媒介等,以保证其能够被长期保存和传递。此种物质载体的存在使得文献能够跨越时间和空间的限制,也使文献成为可触及、可看见的客观存在。文献的人类社会性属性表明,文献是人类社会发展到一定阶段的产物,其形成和发展与人类社会的进步息息相关。文献不仅是社会发展的结果,也是推动社会向前发展的重要力量。通过记录社会变迁、科学进步和文化成就,文献成为连接过去、现在和未来的桥梁,为人类的学习、研究和创新提供了宝贵的资源。

2.现象

文献的现象体现在其外部形态上,即人们能够通过感官感知的文献的表面特征和外部联系。现代文献展现出的特征尤为多样和复杂,包括品种繁多、数量剧增、信息量大、时效性强、老化速度快、文种和载体

形式多样等，反映了信息时代文献形态的多元化，凸显了文献在传递知识信息过程中的动态性和多样性。对文献现象的抽象和概括，可以使人们更深入地理解文献的本质和发展规律，为文献的管理、利用和研究提供重要的参考和依据。

3.本质与规律

文献的本质是多层面的，随着人类对文献认识的不断深入而展现出来。最基础的层面，文献作为承载信息的人工载体，凸显了知识需要通过物理或数字形式才能跨越时间与空间的传递。这一初级本质强调了文献的物质性，凸显了保持和传播知识必须有形态的物质或数字媒介。从这一基础层面上升，文献在信息交流中充当中介的角色成为其次级本质。文献成为知识流动的渠道，促进了信息创造者与信息消费者之间的沟通，强调了文献的社会维度，因为它成为连接个体洞察与集体智慧的桥梁。文献的本质不仅停留在作为知识传递的工具，它还深入人类社会的发展与进步中，体现在文献能够促进人类认识世界、改造世界的能力上。此种高级形态的本质揭示了文献不仅是知识信息的载体，也是人类智慧和文明进步的象征。随着对文献研究的深化，人们总结出了文献的基本规律，如洛特卡定律、齐普夫定律、布拉德福定律等，这些规律不仅在后续研究中不断得到完善与发展，也为文献的管理、利用提供了科学的依据。对文献老化规律和文献引用规律的研究，既揭示了文献价值随时间变化的特点，也为文献信息源的选择、采集提供了指导，对期刊评价、科学评价等具有重要的实用价值。

（三）文献的基本分类

1.依据载体形式划分

（1）纸质型。纸质型文献作为最传统的文献形式，历史悠久，至今仍占据重要地位。此类文献涵盖的出版物，如报纸、期刊和图书，还包括档案和个人文献等多种形式，展现了丰富的文化和知识。其主要优势在于普遍适用性强、阅读便捷，且能跨越时间和空间的界限而流传。然而，随着数字化时代的到来，纸质文献也面临着存储密度低、体积较大、占用空间多等挑战，促使人们寻求更高效的保存和传播知识的方式。

（2）缩微型。缩微型文献利用感光材料记录信息，包括平片、胶卷和卡片等形式，体现了信息存储技术的一种独特运用。缩微型文献类型因体积小巧、成本较低且存储密度高而受到青睐，特别适合长期保存大量文件，极大地节省了空间，便于文献的长期保管和资料的快速传递。然而，缩微型文献的阅读需要特定的缩微阅读设备，这一点限制了其使用的便捷性。尽管存在一定的不便之处，缩微型文献在特定领域和情境下仍然是一个极具价值的信息保存和传播手段。

（3）电子型。电子文献（数字文献），是指一些以数字形式存储在磁性、光电介质上的信息资源，这些资源可以通过计算机等设备进行阅读和使用，其内容涵盖图像、文字、声音和视频等多种形式。电子文献的出现，极大地丰富了文献的形态和传播方式，它包括正式出版的电子图书、电子期刊、电子报纸，以及非正式出版的各类网络资源，如行政报告、会议资料、电子教程等。近年来，随着信息技术的不断进步，MOOC（大型在线开放课程）等新型电子文献资源也应运而生，为广大学习者提供了便捷的学习途径。电子文献按照存储内容的表现形式可以划分为电子图书、电子期刊、电子报纸、数据库、音像多媒体资源等多种类型；从信息存储载体角度则可分为磁带、磁盘、光碟、集成电路卡等多种形态。不同的分类方式，反映了电子文献形态的多样性和存储技术的多元性。

电子文献具有信息量大、检索迅速等显著优势，其突破了传统纸质文献的时空限制，使得信息的获取更加便捷、高效。电子文献的存储和传播成本相对较低，便于大规模的信息积累和长期保存。然而，电子文献的阅读和利用依赖于计算机和网络等技术设备，在一定程度上增加了使用成本，并对用户的信息素养提出了更高的要求。尽管存在一定的挑战，电子文献仍在现代社会的信息传播和知识共享中扮演着越来越重要的角色。它不仅为学术研究提供了丰富的资源支持，也为公众学习和自我提升开辟了新的途径。面对信息技术的快速发展，如何进一步优化电子文献的管理和使用，提高其可访问性和用户体验，将是未来文献信息工作的重要发展方向。

（4）声像型。声像型文献利用磁性或感光材料记录声音和视频图像，成为视听型文献的重要组成部分。此类文献通过磁记录或光学技术，保存了丰富的声音和图像信息，包括唱片、录音带、录像带等多种形式。声像型文献以其生动直观的特点，为用户提供了独特的视听体验，使信息的传递更加直接和有效。然而，声像型文献形式也存在一定的局限性，如成本相对较高以及在检索和更新方面的不便。随着计算机技术的发展，声像信息的数字化处理日益普及，使声像型文献得到了进一步的丰富和拓展。

（5）人物型。"人物"作为一种文献载体，虽然常被忽视，但其价值却不容小觑。专家学者、行业同事乃至普通人的经验和思考，都是宝贵的知识资源。这些通过人物传递的知识和信息，需要通过细致的记录方式如音频、采访笔记、调查问卷等形式来保存。以人为载体的文献形式丰富了文献的内涵，也使"文献"这一概念回归其最原始的含义——记录知识和智慧。近年来兴起的"真人图书馆"项目，就是将"人物"视为活生生的文献来阅读和交流，旨在通过人与人之间的直接对话，分享和传递个体独特的生命经验和见解，从而体现了"人物"作为文献载体的独特魅力和实践价值。

2.依据加工层次划分

在文献资源的组织与管理中，按加工层次划分文献是一种有效的分类方式，体现了文献从原始信息到深加工信息的不同阶段。零次文献、一次文献、二次文献和三次文献构成了文献加工层次的四个基本等级，每个等级都有其特征和价值。零次文献，即最原始的文献记录，包括私人笔记、手稿、考察记录等，这些文献通常未经正式出版发行，内容新颖但不成熟，难以获得。零次文献作为知识的初级形态，往往包含原始的创意和发现，是后续研究和创作的基础。一次文献是基于作者个人的生产与科研工作成果创作的原始文献，如专著、期刊论文、科技报告等。此类文献直接反映了科研活动的成果，具有较高的参考使用价值。然而，由于一次文献数量庞大、分散，查阅起来较为不便。二次文献是对一次文献进行精选、提炼和加工的结果，它通过编制检索工具，如文摘、索引、题录等，提供了多种检索途径，极大地方便了用户查找特定主题的一次文献。二次文献的存在，有效地解决了一次文献众多、分散的问题，提高了文献检索的效率。三次文献深化了文献的加工程度，它基于二次文献的线索，综合分析和评述一批相关文献，如述评、动态综述等。三次文献不仅是一次文献、二次文献的浓缩和延伸，还具有创作性，为读者提供了系统的知识总结和深入的研究分析。层次化的文献划分不仅体现了从原始记录到知识创造的递进过程，也反映了文献资源管理中的不同需求和应用。零次文献虽然难以获得，但它是一次文献的素材；一次文献是基础，是检索的主要对象；二次文献是检索一次文献的工具，而三次文献则是对前两者的浓缩和延伸，提供了更加深入和系统的知识总结。随着信息技术的发展，各类文献的获取、处理和使用变得更加便捷高效，但这一基本的文献加工层次划分依然是理解和利用文献资源的重要框架。

3. 依据内容的公开程度划分

文献根据其内容的公开程度可划分为白色文献、黑色文献和灰色文献三种类型，此分类方式体现了文献的可获取性和使用范围的差异。白色文献包括所有正式出版且在社会上公开流通和传播的文献，如图书、报纸等，此类文献的特点是容易获取、信息公开透明，是学术研究和日常学习中最常用的文献资源。白色文献的广泛传播和使用，对知识的积累、传承和创新起到了至关重要的作用。黑色文献是指含有未被破译或辨识的信息，或因保密需要而不公开的文献，如军事情报、保密的技术资料和个人隐私等。此类文献通常只在特定的群体或领域内部流通，其内容的敏感性和保密性要求用户在获取和使用时必须遵守相关的法律和规定。灰色文献位于白色文献与黑色文献之间，它不属于正式出版物，也没有国际标准书号（ISBN）、国际标准刊号（ISSN）等出版标识，但同样承载了丰富的信息和知识。灰色文献包括未公开发表的会议文献、政府文献、学位论文、科技报告等，虽然此类文献的获取相对困难，但对于学术研究和专业领域的深入探索具有不可忽视的价值。

4. 依据出版类型划分

（1）图书。图书作为历史最悠久的文献类型之一，一直是知识传播和文化积累的重要载体。其独特之处在于，图书通常包含成熟的、系统的知识，能够代表某一时期或某一学科的发展水平。与其他文献类型相比，图书的出版周期较长，既保证了内容的深度和准确性，也意味着图书在快速发展的领域中可能不如电子资源更新及时。图书的标识系统，即国际标准书号（ISBN），为图书的分类、识别和管理提供了科学、系统的方法。ISBN 的引入极大地方便了图书的国际交流，通过 ISBN 可以明确图书的语言区域、出版者、出版顺序和校验正确性。从 10 位书号到 2007 年 1 月 1 日起实施的 13 位书号的转变，不仅增加了编码的容量，使得书号系统更加国际化，也与商品条码编码实现了一致，进一步便利了图书的全球流通。图书的使用场景广泛，它不仅适用于系统地学习某一领域的知识，还可以帮助读者对陌生问题获得初步的了解，或者查找某一具体问题的答案。在学术研究、教育教学、个人兴趣等多个领域，图书都发挥着不可替代的作用。尽管现代社会信息技术的发展为我们提供了多样化的信息获取途径，电子文献、网络资源等新型文献形态也越来越受到重视，但图书仍然保持着其独特的价值和地位。随着数字化、网络化的深入发展，图书的形态也在发生变化，电子图书的兴起为读者提供了更加便捷的阅读方式，但无论形态如何变化，图书所承载的深厚知识、文化内涵和智慧精华是不变的。

（2）期刊。期刊作为一种定期或不定期出版的连续出版物，因其出版周期短、报道速度快、内容新颖而成为科学研究和专业学习中不可或缺的资源。期刊能够及时地反映社会与科技的最新发展动态，为学者提供了一个深入了解特定问题、学习专业知识、追踪学科最新研究成果的重要平台。在进行学术研究时，查阅相关领域的期刊论文是获取最新研究状态、发现必要参考资料的常见方法。期刊具有国际标准连续出版物编号（ISSN），这一由 8 位数字构成的编号系统为期刊的标识和管理提供了便利。此外，中国大陆出版的期刊还拥有国内统一刊号，这一系统进一步方便了期刊的识别和检索。

（3）报纸。报纸作为一种重要的信息源，以其报道的及时性、内容的广泛性和文字的通俗易懂而广受欢迎。报纸中的广告和新闻是获取各类信息的重要渠道，无论是国际大事件还是地方小事，报纸上都能找到相关报道。然而，由于报纸累积的信息量庞大且杂乱无章，直接查找特定信息可能会遇到困难。因此，许多重要的报纸都会编制月度或年度索引，方便读者检索。此外，一些报纸的文章会与期刊论文一起被摘录编入报刊索引，增加了报纸信息的可检索性。在具体使用上，报纸不仅是寻找最新国际、国内事件消息的好帮手，也是了解社论、评论以及专家和大众观点的重要渠道。国内出版的报纸还拥有国内统一刊号，为报纸的管理和检索提供了标准化的依据。

（4）会议文献。会议文献是在各种学术会议上发表的论文和报告的总称，具有较强的学术性，能够及时地反映出当前学科的进展和发展趋势，此类文献成为获取最新学术信息和研究动态的重要渠道。在进行学术研究时，通过会议文献，研究者可以深入了解与自己研究课题相关的最新研究状态，发现和引用必要的参考资料。同时，会议文献帮助研究者掌握所在学科的发展动态，对于开展学术研究、撰写学术论文以及制定未来研究方向有着不可估量的价值。

（5）研究报告。研究报告是展示研究成果的重要文献形式，按照内容和用途可以被划分为广义和狭义两个层面。广义上的研究报告涵盖实证性研究报告（如可行性研究报告、教育调查报告等）、文献性研究报告（主要是述评、综述类文章），以及理论性研究报告（学术论文），其类型多样化，而且各自具有特定的研究目的和应用背景。狭义的研究报告通常指科技报告或技术报告，是研究单位或个人为了总结某个课题的研究成果而撰写的正式报告。此类报告通常由主管机构连续出版，每篇报告单独成册，并有统一的编号。与期刊论文相比，研究报告在内容上更为深入和详尽，提供了可靠的、专深的研究信息，成为学术研究和技术开发中不可或缺的情报源。研究报告在学术研究和技术创新中具有重要的应用价值，当研究人员需要深入了解与自己课题相关的研究状况、查找参考文献时，研究报告能够提供系统的研究数据和翔实的分析。此外，对于追踪尖端学科动态或最新课题研究，研究报告也是获取第一手资料的重要渠道。

（6）专利文献。专利文献是基于专利法公开的、涉及发明创造的重要文档，主要包括专利说明书、专利法律文件、专利检索工具等。此类文献因其新颖性、创造性和实用性而显得尤为重要，其出版迅速、格式规范、内容范围广泛，为各行各业的技术创新和发展提供了宝贵的信息资源。在实际应用中，专利文献的作用不容小觑。在申请专利之前，通过检索相关的专利文献可以帮助发明者确定其发明创造是否具有新颖性，从而判断是否能被授予专利权。对于企业来说，在开发新产品或启动新项目前，参考专利文献不仅能够提供技术方案的灵感，也可以了解某一技术领域的发展现状和最新动态，以确保产品的技术领先性和市场竞争力。此外，利用专利文献还可以避免在新产品开发过程中侵犯他人的知识产权，避免不必要的法律风险。

（7）学位论文。学位论文是高等院校或研究机构的学生在导师的指导下，为取得各级学位（如硕士、博士）而完成的科学研究或实验成果的书面报告。学位论文往往具有较高的独创性和深度，论述的问题专深而详尽，是科学研究领域中不可或缺的重要文献资源。尤其是高层次的学位论文，因其深入的研究和创新性的成果，成为学术界和研究领域内极具参考价值的资料。在实际应用中，学位论文可作为科学研究开题前的重要文献调研资料，帮助研究者了解领域内的研究现状和进展，为撰写高质量的毕业论文或设计提供理论支撑。同时，通过学习和分析学位论文中的研究方法和成果，可以追踪学科的前沿发展，促进学术交流和知识创新。

（8）标准文献。标准文献是对工业、农业新产品和工程建设等方面的质量、规格、参数及检验方法进行技术规定的文献类型。此类文献通常由权威机构批准，具有技术指导意义，而且具有一定的法律约束力。在实际应用中，标准文献在产品设计、生产、检验等环节发挥着至关重要的作用，保证了产品和工程的质量和安全。同时，在工程设计、施工过程中，标准文献提供了明确的技术规范和操作指南。此外，标准文献在进出口贸易中也起到了标准化的作用，确保交易双方对产品质量和技术要求有共同的认识。在学术写作和文献著录中，标准文献同样不可或缺，为研究提供规范的技术参数和方法。

（9）产品资料。产品资料包括产品目录、样本和说明书等，是厂商为了宣传和指导使用其产品而提供的资料。这些资料详细地介绍了产品的性能、构造、用途、使用方法及操作规程等，内容通常成熟且数据可靠，有的还附有产品的外观照片和结构图，直接服务于产品的设计和制造。获取产品资料的途径多种多样，除了可以直接向厂商索取外，在情报机构和图书馆也能查阅到部分产品的资料，有些甚至以汇编形式正式出版，以方便用户查询。随着信息技术的发展，产品资料方面的文献数据库日渐增多，如《全球产品样本数据库》等，为用户提供了便捷的电子检索平台，大大提高了信息检索的效率和便利性。

（10）短期出版物。短期出版物包括宣传册、传单、价格表等印刷品，特点是可随意丢弃或装帧简陋。此类出版物虽然不是学术性文献，但并不意味着是劣质出版物。事实上，短期出版物常常包含市场推广、产品信息等内容，为市场研究、消费者行为分析等领域提供了丰富的实证资料，成为研究人员获取文献信息的重要来源之一。它们以其独有的形式和内容，记录了社会的某些方面和时期的特征，对于理解商业动态、社会文化现象等具有独特的价值。

（11）档案文献。源自国家机构、社会组织以及个人在政治、军事、经济、科学技术、文化宗教等多领域活动中直接形成的，包含文字、图表、声像等多种形式的历史记录，其完成了现行使命的传达、执行、使用或记录等功能，还因其具有的保存价值而被留作备查。档案文献一般为内部使用，不会公开出版发行，相当一部分档案在特定时间内还具有保密性，使用范围受到限制。正因为其独特的保密性和内部性，档案文献在参考文献和检索工具中很少被引用。

（四）基于电子信息技术与网络技术背景下的文献信息

1. 网络文献信息

网络文献信息，也称作虚拟文献信息，代表了信息技术与文献信息资源结合的产物。其以数字化的方式记录，并采用多媒体形式表达，存储在网络计算机的磁介质、光介质以及各类通信介质上，通过计算机网络通信方式进行传递和分享。简而言之，网络文献信息是指那些可以通过计算机网络获取利用的各类文献信息资源的总和，其中包括互联网上丰富的信息资源以及其他未直接连接互联网的网络资源。在图书馆和学术研究领域，网络文献的范畴较为特定，主要是指能够满足人们对知识信息需求、促使知识结构变化的高质量信息资源，涉及电子书、电子期刊、电子报纸以及各类专业文献数据库等。网络文献信息相比传统的纸质文献资源，展现出独有的特征：内容覆盖面极为广泛，囊括了所有知识领域；文献信息量巨大，用户能够接触到更多元化的知识和信息；网络文献信息的多媒体化特征，使得信息的呈现更加生动、直观，增强了信息的可读性和互动性。

2. 文献数据库

文献数据库是集成了大量数据与信息的系统，支持自动查询和修改，成为现代文献信息检索的核心工具。它们根据内容的不同，可分为多种类型，包括期刊全文数据库、电子图书数据库、产品资料库和标准法规数据库等。这些数据库通常由专业的数据库提供商提供，使用范围受到一定限制，但用户可以在图书馆网站上访问和利用大量具有使用权的数据库资源。不同于传统纸质文献的使用方式，利用文献数据库时，用户需注意合理使用规则，避免恶意下载，确保资源的合法和有效利用。

3. 多媒体文献

多媒体文献作为一种现代文献信息载体，利用计算机多媒体技术将图像、文字、声音和视频等信息以数字代码的形式存储在磁性、光学或电子介质上。多媒体文献通过多媒体设备进行阅读和使用，不仅能表达思想、普及知识、积累文化，也可以进行复制发行，成为大众传播的重要媒介。多媒体文献的内容题材广泛，包括但不限于多媒体工具书、多媒体数据库、多媒体电子报刊、多媒体图书等，同时按载体形态可以分为光碟型、网络型和芯片型多媒体文献。相比于传统文献资源，多媒体文献具有明显的优势，其容量大，资料丰富，能节约图书馆等机构有限的空间资源。多媒体文献能以直接、生动、形象的方式表达所载知识，增强信息的接收效果。此外，人机交互的界面友好、操作简便，易于保存且使用寿命长，为广大用户提供了便利。更为重要的是，多媒体文献便于实现文献信息的共享，推动了知识的广泛传播。在网络技术飞速发展的今天，网络型多媒体资源数据库成为获取多媒体文献的重要途径。

4. 开放获取文献

开放获取文献以其数字化、在线、免费和较少受版权限制的特点，显著区别于传统的闭环访问文献资源。开放获取的实践主要体现在两个方面：OA 期刊和 OA 仓储。OA 期刊，即基于开放获取出版模式的期刊，被称为"金色OA"，旨在通过出版商或学会团体的支持，经过同行评议以保证内容质量，向读者免费开放。而OA仓储，又称为知识库或开放仓储，是将未发表的预印本或已在传统期刊中发表的后印本作为开放电子档案储存，被称为"绿色OA"。

开放获取文献的优势在于其能够增加研究的影响力，即所谓的"OA优势"，因为OA资源的广泛可用性可以提高文献的引用率和可见度。此外，开放获取模式也对OA图书的出版产生了积极的影响，推动了学术图书从传统出版向数字化、开放获取的方向转型。尽管开放获取文献带来了诸多好处，但其质量参差不齐的问题也引起了一些关注。特别是在一些OA仓储中，由于缺乏同行评议，一些论文的学术质量可能不如期刊发表的论文。因此，开放获取运动的发展仍需要学术界、出版界和信息界的共同努力，以确保开放获取资源的质量和可持续性。目前，为方便用户检索和获取OA资源，已经开发了一系列搜索引擎或一站式检索平台，如OAIster、Socolar和OALib等。随着技术的发展和学术传播模式的变革，开放获取无疑将在未来的学术界发挥越来越重要的作用，促使全球范围内知识的自由流通和学术研究的进步。

5.电子预印及电子印本

电子预印本是指科研工作者在正式刊物发表之前，通过电子邮件或网络等方式自愿传播的科研论文、科技报告等电子文献。相较于传统的期刊发表方式，电子预印本具有促进学术争鸣、高度开放、时效性强、学术性高、被引用率高、成本低等显著特点。此形式的文献通常比印刷版论文发表早一两年，为从事前沿科学研究的人员提供了宝贵的参考资源。电子印本是指学者和专业人员利用电子文稿通过网络分享的研究发现，包括预印本、再版、科技报告、会议文献及其他电子形式的交流。目前，对于电子预印本和电子印本的定义尚存在一定的争议，这两种形式的学术交流方式联系紧密，在实际应用中往往不做严格区分。随着互联网的普及和学术交流需求的增加，电子（预）印本文献库应运而生，成为学术界重要的信息资源。美国物理学家 Paul Ginsparg 在 1991 年创建的 arXiv.org 便是第一个电子（预）印本文献库，标志着电子预印本文献库时代的到来。在中国，随着科技的发展和政策的支持，也涌现出了一批电子（预）印本文献库，如"中国预印本服务系统""中国科技论文在线"等，它们为科研工作者提供了一个开放、便捷的学术交流和资源共享平台。电子（预）印本文献库中的文献具有预印本和后印本两种出版形态，前者是指尚未经同行评议的文献，后者则是指经过同行评议后发表的文献。这两种形态的文献共同构成了电子（预）印本文献库的内容体系，为科研工作者提供了丰富的参考资源。

6.优先出版文献

优先出版是指出版商或个人通过数字传播媒介在印刷版出版之前发布数字版定稿的行为，亦称为"优先数字出版"或"网络优先出版"。优先出版形式充分利用了数字技术的便捷性，其最大的特点是出版速度快、出版方式灵活且发行范围广，能够快速地将最新的研究成果传播给广大读者和研究人员。在学术领域，优先出版主要应用于期刊，特别是学术期刊。此做法允许编辑部录用并定稿的稿件，在正式印刷之前，通过具备网络出版资质的数字出版平台提前发布，不仅提高了学术研究成果的传播效率，还加快了学术交流的速度。优先出版的文献既可以是经过编辑定稿的稿件，也可以是决定录用但尚未最终定稿的稿件；它们既可以以期刊整期的形式出版，也可以以单篇论文的形式发布。这些文献可以通过互联网、手机等多种途径被广大读者订阅、检索和下载，出版者也可以通过电子邮件和手机短信向读者主动推荐、推送。

Springer 在 1998 年首次推出优先出版平台"Online First"，开启了期刊优先出版的先河。之后，*Nature* 的"AOP"（Advance Online Publication）、*Science* 的"Express"，以及 *Elsevier* 的"In PreSS"等多个国际学术期刊出版机构相继推出了类似的优先出版服务。在中国，知网（CNKI）、万方数据知识服务平台等也纷纷推出了优先出版服务，加快了学术成果的传播和应用。优先出版的期刊论文标题后一般会标注"优先出版"等字样，以区分正式印刷出版的文献。虽然其出版形式与印刷版期刊有所不同，但编辑单位仍然是期刊的编辑部，保证了文献内容的质量和权威性。

第二节　高校图书馆文献信息检索的方式

一、高校图书馆文献信息检索的基本理论

（一）高校图书馆文献信息检索的含义

文献信息检索，作为文献概念在现代信息环境下的延伸和扩展，是指从组织好的大量文献信息集合中查找并获取特定相关文献的过程。这一概念是文献检索和信息检索两个概念的统一，涵盖了广泛的领域和方法，以满足人们对知识信息的需求。文献检索可分为狭义和广义两个层面。狭义的文献检索主要关注的是通过一定的方法，从已经组织好的文献集合中检索特定相关文献的过程。这里的文献集合并非文献本身，而是关于文献的信息或线索，要获取文献中记录的具体信息，还需依据检索所得的文献线索进一步获取原文。广义的文献检索则包含存储和检索两个环节。存储过程涉及将大量无序的文献信息通过整理、分类、浓缩和标引等处理；转化为系统化、有序化的集合，并构建成具有检索功能的工具或系统，检索过程则是利用这些工具或系统查找满足用户需求的特定文献。信息检索是从已经组织好的、关于大量信息的集合中，依据一定方法查找特定相关信息的过程。与文献检索相似，信息检索也强调了检索过程的系统性和目的性。

随着信息技术的发展，文献信息检索已不仅限于传统的图书馆文献资源，还广泛应用于网络信息资源的检索。数字化、网络化的信息环境

为文献信息检索提供了更广阔的平台和更多元化的检索工具，包括各类数据库、搜索引擎、数字图书馆等，既提高了文献信息检索的效率和准确性，也使检索过程更加灵活便捷。在当今知识爆炸的时代，文献信息检索成为知识获取、学术研究和专业决策等领域不可或缺的重要技能。通过有效的文献信息检索，用户可以迅速定位并获取所需的知识信息，进而支撑学术探索、知识创新和信息决策等活动。

（二）高校图书馆文献信息检索的类型

文献信息检索是指在一定的范围和目的下，利用各种方法和手段，从大量的文献资源中查找、获取所需文献信息的过程。随着信息技术的发展，文献信息检索的类型也日趋多样化，可以根据检索手段、时间跨度、检索对象的类型及性质等多个维度进行分类。不同类型的检索方式，满足了用户在不同情境下对信息的具体需求。

检索手段上，文献信息检索可以分为手工检索和机器检索两大类。手工检索主要是指通过传统的索引工具，如图书馆的目录、索引等手段进行的检索。而机器检索则是依托计算机和互联网技术，通过电子数据库、在线目录、搜索引擎等进行的检索。随着数字技术的进步，机器检索以其高效、便捷的特点，成为主流的检索方式。从时间跨度上看，文献信息检索分为定题检索和回溯检索。定题检索关注当前及未来一段时间内的文献，回溯检索则是对过去一段时间内的文献进行检索，两者在学术研究和知识回顾中各有其重要的作用。在检索对象的类型上，文献信息检索可分为全文检索、超文本检索和超媒体检索。全文检索是指对文献全文内容的检索；超文本检索则涉及文献中的链接和参考信息的检索；超媒体检索更进一步，除了文本，还包括图像、声音等多媒体内容的检索。根据检索对象的性质，文献信息检索又可分为文献检索、数据检索、事实检索和概念检索。文献检索侧重于查找文献的线索或全文，是最基础和最常见的检索类型，涵盖了对文献题目、著者、来源等信息的查询。数据检索和事实检索则更关注于特定的数据或事实信息，如某个地理位置的数据或某个事件的发生事实。概念检索则是对特定概念的含义、原理等解释性内容的查找。在实际应用中，文献检索是最典型、最重要的文献信息检索类型。无论是进行学术研究、撰写论文，还是获取特定领域的最新进展，文献检索都能提供有效的支持。通过掌握文献检索的方法，用户能够快速地获取所需的文献信息，有效地利用已有的学术资源，促进知识的积累和创新。

（三）高校图书馆文献信息检索系统的基本构成

高校图书馆文献信息检索系统的构成反映了图书馆信息服务的核心功能，即能够高效地、精准地满足师生的信息检索需求。此系统的构建基于四大要素：检索文档、检索设备、系统规则及作用于系统的人员，每一个要素都对检索系统的运行起着至关重要的作用。检索文档是检索系统的基础，它包含大量经过精心整理并附有检索标识的信息集合。在传统的手工检索系统中，这些文档通常由纸质的卡片式目录、文摘、索引组成。而在现代的计算机检索系统中，检索文档则以数字化的形式存在，包括电子目录、文摘、索引及全文数据库，甚至多媒体信息。数字化的文档集合存储在磁性或光性介质上，便于计算机系统进行检索和处理。

检索设备是实现信息检索的硬件环境，包括用于存储信息和检索标识的技术手段，以及实现信息检索标识与用户需求匹配传递的设备。在计算机检索系统中，包括服务器、终端机、外围设备及网络通信传输设备，共同构成了检索系统的物理基础，确保了信息的高效处理和传输。系统规则是检索系统运行的规范和标准，它涵盖信息采集、分析、标引著录组织管理、检索与传输等过程的全部规则，包括检索语言、著录规则、系统构成与管理、信息传输与控制标准、输出标准等，有关规则的设定旨在确保检索系统的标准化运行，提高检索效率和准确性。系统的运行离不开人的参与，包括信息用户、信息采集分析员、信息标引员、系统管理与维护员以及检索服务人员等。信息用户是检索系统服务的对象，他们的需求直接影响系统的设计和服务方式。而其他人员是确保检索系统正常运行的关键，他们通过采集和分析信息、进行标引著录、管理维护系统、提供检索服务等活动，实现了高校图书馆文献信息检索系统的有效运作。

（四）高校图书馆文献信息检索的基本原理

高校图书馆文献信息检索的基本原理，无论是在狭义上还是广义上，都着眼于如何有效地将用户的查询需求与图书馆收藏的文献资源相匹配，以提供精准的、高效的检索服务。狭义的检索原理主要关注于检索过程本身，即通过比较用户提问的特征与检索系统中的文献标识特征，找出两者之间一致或相似的内容，从而满足用户的信息需求。这一过程涉及复杂的逻辑判断和算法匹配，是实现精确检索的技术基础。而从广义上讲，文献信息检索的基本原理不仅包括检索本身，还涵盖了对文献信息的搜集、加工、组织和存储等前期准备工作，以及建立和维护检索系统的全过程。这意味着，有效的文献信息检索服务是建立在对大量的、分散无序的文献信息进行系统化管理的基础之上的。通过对文献信息的组织和存储，建立起各种检索系统，进而采用一致的特征标识，使得检索过程能够有效地连接用户需求与文献信息源。

二、检索语言及其类型

（一）检索语言的基本概念

检索语言是连接文献存储与检索、桥接标引人员与检索人员之间沟通的重要工具，它是一种特殊的人工语言，用于制定各种检索工具和支撑检索系统运行，提供一种标准化、符号化或语词化的交流方式。检索语言因应用场景的不同而有不同的称呼：在文献标引过程中称为标引语言，用于对文献进行标记和分类；在制作索引时称为索引语言，帮助用户快速地找到所需文献；在实际进行文献检索时则被称为检索语言，在这一过程中起到精确匹配用户查询需求与存储文献信息的关键作用。

（二）检索语言的主要类型

根据不同的分类标准，检索语言可以分为多种类型，反映了检索语言的多样性和复杂性以及它们在实际检索过程中的应用特点。检索语言按学科范围可以分为综合性语言和专业性语言。综合性语言覆盖广泛的学科领域，适用于多领域的信息检索需求；而专业性语言专注于特定的学科领域，针对性更强，能够提供更为精准的检索服务。根据标识组合的使用方法，检索语言分为先组式语言和后组式语言，先组式语言在编制文档时就已经将文献标识固定组配好，而后组式语言是在检索过程中根据需要组配文献标识。从标识的性质与原理出发，检索语言可以分为分类语言和主题语言，其中分类语言进一步分为体系分类语言、组配分类语言等，主题语言包括标题词语言、叙词语言等。检索语言根据描述文献特征的不同，又可以分为描述文献外部特征语言和描述文献内部特征语言。描述文献外部特征语言涵盖题名语言、著者语言和号码语言等，关注的是文献的形式属性。而描述文献内部特征语言，则深入文献的内容层面，包括分类语言、主题语言和引文语言等。分类语言依据学科体系的性质和逻辑层次结构进行分类，旨在反映事物的从属派生关系，便于按学科门类进行检索。主题语言通过规范化处理的主题词汇表达信息的主题内容特征，是检索信息的主要手段，具有高度的准确性和针对性。引文语言利用文献之间的引用关系形成的著者网络，是一种新型的检索语言，通过分析引用与被引用的关系来检索相关文献。

（三）分类语言与分类法

分类语言通过对文献主题内容的类别化表达，为文献的分类、存储和检索提供了系统性的方法和标准。其按照文献信息内容特征进行的分类处理，能够从学科专业的角度展示文献内容的差异和联系，为用户提供基于学科分类角度的检索路径。在图书情报界，体系分类语言的应用广泛，影响深远，不仅适用于传统的文献信息，也适用于网络信息和数据库信息的组织与检索。在文献信息分类中，体系分类语言通过明确的分类号和类目构成分类表，便于文献信息的排架和索取。此分类方法的优势在于其逻辑性强、结构严谨，能够反映学科知识体系的层次结构，从而适应学术信息资源的组织需要。国际专利分类表（IPC）、杜威十进分类法（DDC）、美国国会图书馆图书分类法（LC）等著名的分类法都是体系分类语言的具体体现，它们为图书馆的文献分类和检索提供了标准化的工具。网络信息的分类则更侧重于用户的浏览习惯和信息检索的便捷性，搜索引擎的目录服务、学科信息门户、开放目录项目等都是网络信息分类的代表，它们通过灵活的类目设置和组织方式，帮助用户在海量的网络信息中快速定位所需内容。此分类方式虽然在科学性和系统性上略显不足，但符合大众的信息需求，适合快速浏览和检索。数据库信息的分类综合了文献信息分类和网络信息分类的优点，旨在提高数据库浏览和检索的效率。不同的数据库根据其内容特性和用户需求，建立了各自的信息分类体系。例如，《中国学术期刊（网络版）》就采用了以 CNKI 文献专辑系统为基础的分类目录，形成了清晰、方便的检索导航体系。

（四）主题语言类型

主题语言作为连接文献内容与信息检索之间的桥梁，利用文字作为检索标识，包括关键词语言、标题词语言、单元词语言和叙词语言等，具有直接、准确和灵活的特点。不同形式的主题语言在信息检索领域中发挥着各自独特的作用，极大地提高了文献检索的效率和准确性。关键词语言以关键词作为文献内容的标识和检索依据，关键词通常选自文献的标题、摘要或正文中，能够准确地表征文献的主题内容。关键词语言的特点在于其简单直接，易于用户理解和使用，但由于缺乏规范化处理，可能会导致检索的准确性受到一定影响。标题词语言通过对文献标题词的规范化处理，将其作为文献内容标识和检索的依据。标题词语言的构建基于标题词表，通过标准化的词或词组来描述文献的内容特征，提高了检索的准确性和效率。单元词语言是以单元词作为文献内容的标识和检索依据，其中的单元词是经过规范化处理的、不能进一步分解的词。单元词语言的优势在于其对文献内容的精确描述，有助于提高检索的专业性和深度。叙词语言是主题语言中最为复杂和系统的一种，以经过规范化的、具有组配功能的叙词作为文献检索标识和查找依据。叙词语言不仅保留了单元词法的组配原理，还采用概念组配，通过叙词表的形式实现了检索语言的标准化和系统化。叙词语言的引入，是信息检索方法的一大突破，极大地提升了检索的查全率和查准率。叙词语言的一个核心原理是概念组配，它与字面组配在形式上可能相同，但在性质上有本质的区别。概念组配关注于概念的分析与综合，字面组配则是词的分析与组合。这种区分使得叙词语言能够更准确地反映文献内容的主题和内涵。叙词表的出现标志着信息检索方法的一次质的飞跃，叙词表不仅为标引和检索人员提供了一种共同的语言，而且通过对叙词的规范化处理，确保了词与概念的一一对应，从而在网络时代仍然保持着其不可替代的价值。通过叙词表，检索人员可以更加精确地定位所需文献，有效地提高检索的准确性和效率。

三、检索的方式与基本步骤

（一）检索的方式分析

检索文献所采用的方式既需要结合课题性质与研究目的而定，也需要结合是否获得检索工具而定。归纳起来，检索文献通常具有以下几种方式。

1. 追溯法

追溯法又称回溯法，包含参考文献追溯法和引文索引追溯法两种主要形式。参考文献追溯法通过已知的重要文献背后附加的参考文献列表，寻找与之相关的更多文献资源。追溯法简单直接，对于扩展研究视野、深化研究主题具有明显的优势。然而，由于参考文献的局限性，可能会遗漏一些相关的重要文献，且难以获取最新发布的信息。相较之下，引文索引追溯法利用引文索引数据库，通过分析一篇文献被后续研究引用的情况来追溯相关文献，不仅能弥补参考文献追溯法的不足，还能帮助研究者及时获取领域内的最新研究动态。

2. 常规法

常规法又称检索工具法，是指利用各类检索工具通过主题、分类、著作等多种途径来获取所需文献的方法。常规法根据检索的具体操作方式，可以细分为顺查法、倒查法和抽查法，三种方法各具特点，适用于不同的检索需求和情境。顺查法是一种按时间顺序，由过去向现在查找文献的方法，适用于当研究者已知某一研究成果或发明最初产生的时间，且希望全面地了解其发展情况时。通过从最初的年代开始，逐年向现代检索，研究者可以较为系统和全面地掌握某一学科或课题的发展历程，能够在较长的检索过程中不断优化检索策略，提高查准率。然而，顺查法的缺点在于检索工作量大，耗时且费力，一般多用于专利查新或开展新课题的初步文献调研。倒查法则是从最新的研究成果开始，逐步向过去检索的方法，适合寻找新课题或老课题中的新内容，当基本获取所需信息后即可终止检索。倒查法的优点是能够保证检索到的信息具有较高的新颖性，适用于追踪最新的研究动态；但其缺点是易于漏检，可能影响到信息的全面性，从而影响查全率。抽查法是基于学科发展的波浪式特征，针对性地在某些发展高峰期进行抽查的方法。在学科发展的旺盛期间，相关研究成果和文献的发布通常较为密集。因此，只需针对高峰期进行有针对性的检索，就可以获得大量的相关文献。常规法节约时间、效率高，但前提是研究者必须对学科的发展阶段有深入的了解，且此方法存在一定的局限性。

3.分段法

分段法结合了追溯法和常规法的优点，采取一种交替循环的策略进行文献检索，能够有效弥补单一方法的不足。通过初步使用检索工具发现一批相关文献后，再依据这些文献所提供的参考文献进一步追溯，如此反复，直至收集到满足研究需求的所有文献。分段法特别适用于面对检索工具不完善（如缺期、缺卷情况）时，仍能保证连续性地获取所需年限内的文献资料，提高了检索的全面性和连续性。

（二）选择检索方式的主要原则

检索条件是决定采用何种检索方法的基础，在检索工具不齐全而原始文献资源丰富的环境中，追溯法成为首选；而拥有完善的检索工具时，常规法则更为合适，因为它能提供更高的查全率和查准率。检索要求对方法选择同样具有指导意义。如果目标是收集某一课题的系统性资料，追求全面性而不能有遗漏，顺查法更为适宜；反之，如果是解决某一特定的技术难题，不要求资料的全面性，只求快速准确地找到解决问题的关键信息，倒查法则更为高效。考虑学科的特点对检索方法的选择同样重要。对于历史悠久的学科，其起始年代较早，使用倒查法可以迅速获得最新资料；对于新兴学科，由于其起始年代较近，顺查法能够较全面地收集资料；对于波浪式发展的学科，可以在发展高峰期使用分段法，兼顾效率与全面性。

（三）检索的基本步骤

1.课题的分析

（1）主题内容的分析。主题内容，即研究的核心议题，是明确检索需求、识别关键问题以及拟定检索策略的基础。确立主题内容的过程中，关键在于形成准确的主题概念，并据此提炼出相应的关键词，而关键词将成为检索文献的主要工具。对初次接触某一研究领域或主题的研究者来说，首先需要通过查阅百科全书、相关图书或综述文章等资料，来获取对该主题的基础了解和全面视角。此过程不仅有助于研究者清晰地把握主题的广度和深度，还能够帮助研究者熟悉该领域的基本术语、主要研究问题以及当前的研究动态和理论框架。此外，通过这一阶段的学习和分析，研究者能够更准确地确定课题的检索范围，识别出解决课题所需关注的关键问题，从而更有效地规划和执行后续的文献检索和研究工作。

（2）问题类型的分析。分析问题类型是文献检索中一个关键的步骤，其目的在于明确需要利用哪些检索工具。仅仅知道检索的学科和主题范围是远远不够的，还必须进一步明确所需文献的具体类型。文献类型众多，不同的检索工具在文献收集上各有侧重，因此，根据文献的具体类型选择合适的检索工具影响着检索效率和质量的提升，这一步骤能够确保研究者更加精准地、高效地获取所需的文献资料，从而为研究工作提供更为有力的支持。

（3）文献类型的分析。在自然科学领域，研究通常可以分为基础研究、应用研究与开发研究三大类。每类研究对文献的类型有不同的需求与侧重点。基础研究主要致力于对自然界的深入认识，因此，需要的文献类型主要包括专著、期刊、会议论文以及涉及原始科学考察、实验和学术述评的资料。而应用研究和开发研究旨在解决实际的工程技术问题，对文献的需求偏向于科技图书、技术期刊、研究报告、论文、专利、手册、标准以及产品样本和目录等类型。

（4）查找年限的分析。文献信息的老化意味着随着时间的推移，一部分文献信息可能会失去其原有的价值和实用性。文献老化主要表现为以下四种情况，如图 5-2 所示：

1. 所含信息仍然有用，但现在已经被包含在其他更新的文献中

2. 所含信息仍有用，但现在正处于人们对其兴趣下降的学科

文献老化的情形

3. 所含信息不再有用

4. 所含信息仍有用，但被后来的文献超越

图 5-2　文献老化的情形

在确定检索年限时，既需要考虑文献的出版年份，又需要关注学科领域的特点及文献类型的差异。一般而言，学术文献信息的半衰期为3—5年，但是对于某些领域，如艺术、经济、市场信息等，其文献信息的老化可能呈现出跳跃性老化，即信息价值在短时间内急剧降低或失效。因此，在进行文献检索时，应尽量选取近期的文献，以获取最新的研究成果和信息，但也不应忽视一些较早的重要文献。对于一般性的研究，选择近5年内的文献通常可以满足需求，而对于需要了解详细背景资料的研究，则可能需要参考更长时间范围内的文献。为了更精确地确定不同学科和文献类型的检索年限，可以参考伯尔顿－凯布勒经验式，该方法提供了一种计算检索年限的实用途径。

2.检索工具的选择

各种检索工具在文献类型、学科范围、专业方向上的覆盖和侧重各不相同，正确地选择检索工具能有效提升检索的效率和质量。因此，根据课题的具体需求，精准且全面地选择检索工具，是实现高效检索的关键步骤，要求研究者对可用的检索工具有充分的了解和认识，以确保所选工具能覆盖课题相关的所有重要文献。

3.检索途径的确定

如果研究者已经具备文献的著者名、出版号码、分子式或地名等具体信息，可以直接利用有关信息通过相应的索引工具快速查找到所需文献。此外，此类具体信息还可以间接地帮助确定文献的分类号或主题词，从而进一步精确检索。选择检索途径时还需考虑所使用检索工具的特点，一般来说，检索工具可提供多种检索途径。如果检索的目标较为广泛，即需要获取的文献覆盖面广，那么采用基于分类的检索途径可能更加合适；相反，如果检索目标专指性强，需要查找的文献内容更为深入细致，则基于主题的检索途径将更为适宜。

4.检索方法的选择

合理的检索方法能够在最短的时间内获得最佳的检索效果，在实际操作中，应综合考虑检索工具的条件、检索课题的具体要求和学科的发展特点来决定使用哪种检索方法。在缺乏检索工具的情况下，追溯法成为可行的选择，因为它不依赖具体的检索工具，而是通过参考文献的追溯来寻找相关文献。而在检索工具齐全的情况下，常规法和分段法更加适用，这两种方法能够有效地提高查全率和查准率。科研主题如果复杂且研究范围广泛，顺查法能够确保文献信息的全面性。对于新兴课题研究，追求快速的、精准的信息，倒查法则更为合适。对于新兴学科或起始年代不远的课题，顺查法或倒查法均可考虑；对于历史悠久的课题，倒查法能更快地锁定最新的研究动态；而在某个学科的发展高峰期，大量文献密集发表，抽查法可能是最高效的检索策略。进行科学计量学研究，如引文分析，则引文法成为首选。通过利用科学引文索引（SCI）等数据库进行统计分析，能够全面地了解某一学科领域内的研究趋势和研究热点。

5.文献来源的辨别

当通过各种检索手段找到与研究课题相匹配的文献后，必须细致地阅读其文摘，以判断该文献是否真正符合研究需求。如果文献内容确实切合检索要求，那么则需要详细地记录下文献的基本信息，包括文章标题、作者、发表的期刊或出版物名称以及文献类型等关键信息。

6.原始文献的索取

在确认并记录下了文献的全称、作者、出版物名称等详细信息后，便可以依据这些准确的文献出处信息去图书馆、数据库或相关资源平台查找并获取所需的原始文献。这一步是实现从文献信息检索到实际应用的关键环节，确保研究者能够获得完整的、用于深入研究分析的原始数据和信息。

第三节　利用人工智能技术的高校文献信息检索创新

一、利用 DOI 的文献信息检索

数字对象标识（DOI）系统的引入，就是利用现代信息技术对传统文献信息检索方式的一次重大创新，它在人工智能辅助的高校文献信息检索中扮演着重要角色。DOI 系统作为一种高效的数字资源标识和管理技术，为文献信息的快速准确检索提供了强有力的技术支持。其通过为每个数字资源分配唯一的标识符，实现了对文献的精确引用和高效访问，极大地提高了文献信息检索的准确率和效率。特别是在人工智能技术的帮助下，DOI 既能够实现文献的快速定位，又能够通过智能分析用户的检索习惯和需求，推荐相关文献，提升用户体验。

随着 DOI 系统的发展和完善，其在高校图书馆文献信息检索中的应用也日益广泛。一方面，DOI 系统可以直接集成到高校图书馆的文献检索平台中，通过人工智能技术的支持，实现文献的智能推荐、智能分析等功能，为研究人员提供更为便捷的、精准的检索服务。另一方面，DOI 系统可以与高校图书馆的虚拟馆藏建设相结合，通过构建基于 DOI 的数字资源库，有效管理和利用数字资源，促进学术成果的共享和传播。在人工智能技术的支持下，利用 DOI 系统的高校图书馆文献信息检索服务还可以实现多个方面的创新：结合人工智能技术，基于用户的检索历史和偏好，智能推荐相关文献，提高检索的精确度和用户满意度；通过DOI系统，实现高校图书馆与外部数据库的链接和整合，扩大检索范围，为用户提供全面的文献信息服务；利用人工智能技术对基于DOI的文献信息进行深度分析和挖掘，为科研人员提供文献趋势分析、研究热点预测等增值服务；根据用户的研究方向和兴趣，定制个性化的文献信息检索服务，包括文献更新提醒、专题文献推荐等。

二、利用 ORCID 的文献信息检索

在当今科研领域，文献信息检索不仅局限于对文献内容的查找，越来越多的研究人员和学术机构也开始重视作者信息的准确识别与追踪。特别是在人工智能技术日益发展的背景下，如何有效地利用新技术来实现对作者的精确识别和研究成果的准确归属，成为提高学术研究质量和效率的关键。ORCID（开放研究人员及贡献者唯一标识）的引入，正是基于这种需求的一种创新实践，它为高校图书馆文献信息检索带来了新的可能。作为一个全球通用的研究人员身份识别系统，ORCID 为每位科研人员分配了一个独一无二的标识码，就像一个学术领域的身份证号码，能够帮助解决同名异人的问题，确保研究成果能够准确归属于具体的作者。在人工智能技术的支持下，高校图书馆可以利用 ORCID 进行更加高效和精准的文献信息检索，特别是在作者信息查询和学术成果归属方面。通过人工智能算法分析 ORCID 数据库中的大量作者信息，能够实现智能化作者识别，快速准确地识别特定研究人员的学术贡献，避免了传统检索中可能出现的作者姓名混淆问题。基于 ORCID 的独特标识码，可以跟踪研究人员的所有学术成果，包括论文、项目、专利等，为学术评价和学术管理提供了可靠的数据支持。利用人工智能技术对研究人员的研究兴趣和学术轨迹进行分析，根据其 ORCID 标识码提供个性化的文献

推荐服务，提升信息检索的针对性和有效性。ORCID 的全球通用性，使得跨学科、跨国界的学术交流更加便捷。高校图书馆可以利用这一平台，推动不同领域研究人员之间的合作与交流。将 ORCID 集成到高校图书馆的数字资源管理系统中，可以实现对研究人员和其学术成果的精确管理，优化资源配置，促进学术成果的广泛传播和应用。

三、跨库检索方式的应用

在人工智能技术不断推进的今天，高等教育领域的文献信息检索方式也在经历着创新和变革。跨库检索技术，作为这一变革中的亮点之一，为高校图书馆的文献信息服务提供了更为广阔的视角和更高效的检索能力。利用人工智能技术进行跨库检索，既能够整合分散的数据资源，还能通过智能算法优化检索路径，提高检索效率和准确性。跨库检索技术的应用，意味着用户在进行文献检索时，无须分别访问各个数据库进行重复劳动，只需在统一的检索界面输入检索词，即可一次性对多个数据库进行并行检索。人工智能技术的介入，可以进一步优化检索过程，如通过学习用户的检索习惯和偏好，智能推荐相关数据库；通过对检索结果的智能分析，提高信息的相关性和可用性。此外，跨库检索技术还有助于实现高校图书馆资源的有效整合和共享，打破信息孤岛，为学术研究提供更加全面的信息支持。

四、其他检索方式应用

随着人工智能技术的日益成熟，高校图书馆的文献信息检索方式正在经历前所未有的革新，以满足日益增长的学术研究需求。在创新背景下，一系列高级检索技术的应用逐渐成为可能，极大地提高了检索的效率和准确性，包括扩展检索、全文检索、大小写敏感检索和聚类检索等。扩展检索技术利用人工智能算法，通过同义词、反义词自动扩展，中文简繁体转换等方式，扩大了检索的广度和深度，有效地提高了文献检索的查全率。此方法特别适用于跨学科研究，能够捕捉到更广泛的相关文献，为研究者提供更为丰富的资源。全文检索技术则允许用户直接在文献的全文中进行检索，提高了查全率，使得用户能够更快地定位到具体信息，尤其在处理大数据量的文献时，全文检索显得尤为重要。通过人工智能技术优化全文检索算法，可以更准确地理解用户的检索意图，从而提高检索的相关性和效率。大小写敏感检索在处理专有名词或人名等信息时尤为重要，能够更精确地匹配文献，避免了不必要的检索误差，特别是在处理国际文献时，这种技术的应用显得尤为重要。利用人工智能技术，可以更智能地判断检索词的上下文，从而更准确地执行大小写敏感检索。聚类检索技术通过对文献进行智能聚类，将主题相近的文献集中显示，大大提高了检索的效率，还为用户提供了一种全新的文献浏览方式。基于内容相似度的聚类方式，可以帮助研究者发现潜在的研究方向和关联，推动跨学科研究的发展。

第六章　基于人工智能的高校数字馆藏资料资源存储与组织

第一节　高校数字馆藏资料存储体的基本功能

一、数字馆藏资料存储体的含义

存储体相当于图书馆中的书架，用于存储数字化的资料。存储体的大小可以灵活调整，既可以容纳数百万的数字对象，也可以存储单个对象。有时候，一些数字对象可能由移动代理携带，它们也可以被视为存储体的一部分。然而，大多数存储体是将信息直接存储在文件系统或数据库中，通过精心设计的界面将数字信息还原展示给用户。存储体的功能类似于计算机系统中的硬盘，它们承载着数字化的文献、图书、期刊等各种信息资源。信息资源可以通过存储体进行组织、管理和检索，为用户提供便捷的访问渠道。存储体的设计需要考虑容量、性能、可靠性等因素，以确保能够有效地存储和传输大量的数字对象。

存储体是数字资源的主要存储平台，由硬件和软件两大部分构成。硬件包括光盘库、磁盘阵列、磁带库、服务器等存储设备，而软件包括存储设备管理软件和数据库系统等。有关组成部分共同协作，使存储体能够有效地管理和存储大量的数字对象，并通过精心设计的界面将其展示给用户。

20世纪60年代后期，计算机存储图书信息的尝试面临诸多技术难题，如高昂的成本、简陋的用户界面以及缺乏网络等因素，在一定程度上限制了早期应用的范围，使其局限于保存少量在线数据的领域。然而，美国国会图书馆开发的MARC格式成为成功的典范，它是一种可供机器阅读的目录格式。通过MARC，美国图书馆联机中心实现了在众多图书馆间共享编目记录的目标，从而为这些图书馆节省了大量费用。尽管当时面临诸多技术挑战，但MARC的引入标志着图书馆信息管理的重要里程碑，为数字化图书馆的发展奠定了基础。随着技术的不断进步和成本的降低，计算机存储图书信息的应用逐渐扩展，为图书馆行业带来了更多的便利和机遇。

最初的数字资源存储与管理是孤立的，没有将其纳入图书馆系统的整体考虑之中。许多图书馆甚至没有专用的存储设备，多种数字资源不得不与其他服务器共用一台服务器。此外，管理软件主要依赖于数字资源供应商的选择或推荐。尽管现在一些数字图书馆在存储体上成功地使用了关系数据库，但是关系模型相比数字图书馆所需的对象模型来说，灵活性较差，既不能很好地存储复杂的馆藏数字信息资源，又难以满足读者对信息服务日益增长的需求。因此，必须根据数字资源的特点和读者的需求来选择合适的存储体，在存储体的选择上进行精细化的规划和策略制定，以确保存储设备的性能能够适应不同类型的数字资源。通常而言，数字图书馆存储体应具备以下几点要求，如图6-1所示。

数据隐藏是指存储体内部结构对用户端是透明的，用户不需要了解存储体的内部组织结构，只需知道如何使用存储体来获取所需的信息。这一概念源自面向对象程序设计的对象封装，即将对象进行封装形成一个黑匣子，用户不需要了解内部细节，只需知道如何与之交互。在数字图书馆中，数据隐藏的应用使得用户能够轻松获取所需信息，而无须了解存储体的内部组织结构。例如，两个存储体可以采用不同的方法组织信息，但对于用户来说是透明的。用户只需向服务器发送请求，系统会根据请求提供相应的信息，无论是一个文件还是两个文件对用户都是透明的。另一个例子是存储体支持缩略图，用户请求缩略图时，系统可以根据不同的方法提供缩略图。其透明性使得用户体验更加流畅，无须关心底层实现细节。数据隐藏的实现需要依靠合适的存储体设计和技术支持，存储体的内部结构应该设计为对用户透明，用户只需通过标准接口与存储体进行交互，无须了解内部细节。同时，系统需要提供高效的数据存取和处理功能，以确保用户能够快速获取所需信息。

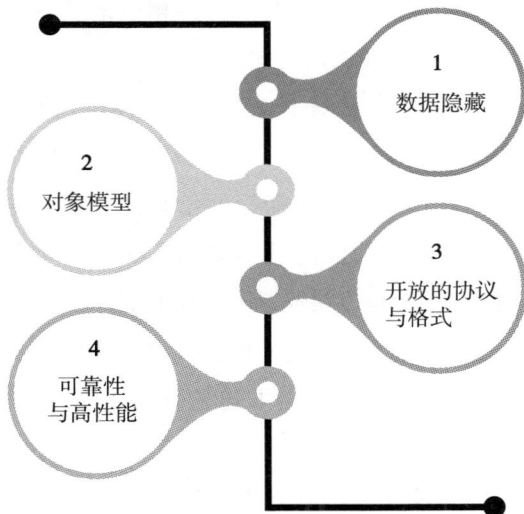

图 6-1　数字图书馆存储体应具备的要求

　　对象模型是指存储体应支持灵活的对象模型，对数据、元数据、外部连接和内部关系的限制较少，以便在增加新的信息类型时不需要对整个系统进行根本性的改动。对象模型的典型例子是功能模块，每个模块完成特定的功能，模块之间相互独立，增加或删除某一模块不会影响整个系统的运行。在数字图书馆中，存储体应当将所有数字资源进行分类，每个类别都被视为一个对象模块进行存储。模块化的设计使得系统更加灵活，能够根据需要随时增加、修改或删除某一类别的对象，而不会影响整个存储体的正常运行。例如，假设数字图书馆需要增加一个新的信息类型，如音频文件。通过对象模型的设计，可以很容易地将音频文件作为一个新的对象模块加入存储体中，而无须对系统的其他模块进行根本性的改动。如此设计使得数字图书馆能够快速适应不断变化的需求，提高系统的灵活性和可维护性。对象模型的应用还可以促进数字资源的有效管理和组织，通过将数字资源进行分类并分别存储在不同的对象模块中，可以更加方便地对资源进行管理和维护。例如，可以根据资源的类型、主题或其他属性对其进行分类，并将相应的资源存储在对应的对象模块中，使得资源的检索和访问更加高效。

开放的协议和格式在数字图书馆的建设中具有重要作用，互操作协议是客户端和服务器之间的桥梁，它们建立了连接，负责客户端向服务器发送请求以及服务器向客户端返回信息。互操作协议必须具备向存储体添加信息和提供访问功能的基本要求，并且能够随着功能的增强而灵活变化。同时，存储体必须支持广泛的访问控制策略，以确保信息的安全性和合法性。目前在数字图书馆中，广泛使用的互操作协议包括 HTYP 和 Z39.50。HTYP，即超文本传输协议，是互联网上最常用的协议之一。它最初设计用于方便交流，虽然安全性考虑较少，但由于其通用性和易用性，仍然被广泛应用。Z39.50，全称是面向图书馆应用的信息检索服务定义和协议规范。该协议通过规范和编码解决了不同计算机平台上信息系统之间的连接和通信问题，为用户提供了方便的信息检索服务。用户无须掌握远程系统的语法和检索策略，只需使用熟悉的界面即可检索远程系统的信息资源。这些协议的广泛应用可以在一定程度上解决因特网上信息无序和难以检索的问题，也不会干扰客户端的显示和信息挖掘。它们为数字图书馆的运行提供了可靠的技术支持，促进了信息资源的共享和利用。除了互操作协议外，数字图书馆还需支持灵活的数据格式。数据格式应当与存储体的结构相匹配，以便客户端能够准确地解析和处理所请求的信息。同时，存储体的设计应当允许数据格式随着需求的变化而灵活调整，从而保持系统的可扩展性和兼容性。

在数字图书馆的建设中，存储体作为计算机系统的核心组成部分，必须具备高度的稳定性、可靠性和高性能。稳定性是指系统能够连续不出错地运行时间，连续运行时间越长，系统的稳定性就越好。这意味着计算机系统需要具备强大的自我修复和容错能力，以应对可能出现的各种故障和异常情况。可靠性则包括系统的稳定性和存储数据的正确性，存储体内部存储的数据应与原始数据完全一致，不应出现任何误差或失真。用户从存储体读取的数据也应与来源数据一致，以确保数据的完整性和准确性。这需要计算机系统具备高度可靠的数据存储和读取机制，保证数据在存储过程中不受损坏或丢失。高性能是指计算机系统对用户请求能够做出快速响应的能力，无论在何种网络环境下，系统都应在用户的容忍范围内快速处理数据请求并及时返回结果。这要求存储体必须具备高效的数据读取和处理能力，能够在最短的时间内完成复杂的数据操作，提高用户的使用体验。为了确保存储体的稳定性、可靠性和高性能，数字图书馆需要采取一系列的有效措施。首先，应选择优质的硬件设备和稳定可靠的操作系统，确保系统的基础设施具备足够的稳定性和可靠性。其次，应采用高效的数据存储和读取技术，保证数据的完整性和一致性。最后，可以通过数据备份和冗余存储等手段，提高系统的容错能力，避免数据丢失或损坏，并且可以利用负载均衡和缓存技术等手段，优化系统的性能，提高数据的处理和响应速度。

二、数字资源的存档及存储介质

（一）数字资源的存档

数字存档不只是简单地将位串从一个旧介质上复制到新的介质上，还需要保留解释和处理这些位串的方法。因此，将信息从一种格式转换成另一种格式，或从一种类型的计算机转换到另一种类型的计算机上的信息移植工作有可能成为数字存档的主要形式，此种转换可能涉及数据格式、编码方式、不同系统之间的兼容性等问题。为了确保数字存档的可持续性和长期存储的有效性，必须考虑到有关因素，并采取相应的措施来确保数据的完整性和可访问性。

常规存档（archiving）与保存（conservation）、保藏（preservation）有所区别，保存关注的是个别物品的保护，而保藏更注重内容的保留，即使原物已腐朽或毁坏。数字化存档对应的技术是刷新（保持精确的位串）和移植（migration）（保持语义层的内容，而不仅仅是位串）。数字信息存档特别工作小组的报告首次明确了此种区别，并建议将移植作为数字化存档的基本技术。在数字化存档中，刷新技术确保了位串的准确性和完整性。通过定期更新位串，可以防止数据的损坏或丢失，确保数字信息的长期可用性。与此同时，移植技术注重保持内容的连贯性和完整性，既保留了数据的基本形式，又保持了数据的语义层，即数据的含义和相关信息。移植技术的应用可以确保数字化存档的可持续性和长期存储的有效性，将数据从一个系统或格式转移到另一个系统或格式，可以确保数据在不同环境下的可访问性和可理解性。移植技术还可以帮助数字化存档适应不断变化的技术和环境，确保数据的长期保存和可持续利用。

（二）数字资源存储介质的选择

数字图书馆需要的存储介质应具备低成本、高容量、快速存取、可靠耐用等特点。目前，主要使用的存储介质包括磁介质和光介质。磁介质通常用于需要频繁读写的数据，因其成本低廉且读写速度较快，适用于存储大量动态数据。而光介质适用于长期归档和备份，以其高稳定性和长期保存能力，保证数据的安全性和持久性。两种介质在数字资源存储系统中扮演着不同的角色，共同构建了数字图书馆的存储基础。

1.磁介质

磁盘作为现代计算机系统的标准存储介质，拥有广泛的容量范围，从几百兆到几千千兆字节不等。对于数字图书馆系统而言，磁盘的速度已经足够满足需求，因为其读取数据的速度比网络传输的速度更快。此外，磁盘的价格下降速度也十分惊人，甚至比半导体价格的下降速度还要快。这使得磁盘成为数字图书馆存储系统的首选，其大容量、较快的读取速度和不断降低的价格为数字资源的存储和检索提供了可靠的支持。

磁盘的缺点主要在于其不可靠性，数据易丢失，原因包括硬件故障和程序覆盖。为了避免此类损失，常规做法是定期将数据备份至其他介质，通常选择磁带作为备份介质，这可自动纠正简单错误。然而，无论是磁盘还是磁带，都不可用于长期存储。数据储存在薄薄的磁层上，随着时间的推移，这些磁层会逐渐衰退。因此，虽然磁盘在当前操作中表现良好，但并非理想的存档介质。在数字图书馆中，长期保存的数据可能具有重要的历史价值或文化价值，因此对其安全性和持久性的要求更高。为此，需要考虑使用更稳定可靠的存储介质，如光盘或云存储，并采取适当的措施，如定期检查和迁移数据，以确保数字资料的长期保存和访问。

常用的磁介质备份存储设备包括磁带机、自动加载机和磁带库，它们各自具有不同的速度和容量以及适用于不同的用途。在选择备份设备时，需要考虑备份数据量的大小、备份速度的要求以及对自动化程度的需求。磁带机适用于小规模备份需求，具有较低的成本和较小的容量，适合个人用户或小型企业。自动加载机则具有更高的备份速度和容量，能够自动加载多盘磁带，适用于中等规模的备份需求。而磁带库是备份设备中的高端产品，具有更大的容量和更高的自动化程度，可用于大规模数据备份，如大型企业或数据中心。磁带库根据其性能和容量的不同，通常分为入门级、企业级和超大容量等几个级别。入门级磁带库具有基本的备份功能，适用于小型企业或部门级的备份需求；企业级磁带库具有更高的性能和可靠性，适用于大型企业或对数据备份有严格要求的行业；超大容量磁带库则可以满足大规模数据中心的备份需求，具有高速备份和恢复能力，能够应对大容量数据的存储和管理挑战。

磁带机是一种基本的备份设备，也称为磁带驱动器，主要用于读写磁带。它通常通过 SCSI 线缆与服务器直接连接，作为服务器的外部设备，分为内置和外置两种类型。内置磁带机直接安装在服务器内部，而外置磁带机作为独立的外设连接到服务器上。一台磁带机一次只能容纳一盘磁带，需要人工进行磁带的更换，因此自动化程度较低。磁带机通常用于单台服务器的备份，适用于数据量较小的部门或单位。然而，对希望通过预先制定备份策略实现备份过程和备份介质的自动化管理，以减少系统管理工作量的用户来说，需要购买能够容纳多盘磁带的设备，如自动加载机或磁带库。

自动加载机通常能够容纳 4—20 盘磁带，其与磁带库的主要区别在于，它不是通过机械手抓取磁带，而是通过简单的自动传送装置移动磁带，并且只能配备一台磁带驱动器。因此，实现成本较低，但功能也受到一定限制。虽然自动加载机能够支持自动备份，但仍然属于低端备份设备，适用于单台服务器或小型网络。相比之下，磁带库是一种专业的备份设备，它主要由库体、磁带驱动器、磁带槽位、磁带交换口、控制面板、机械手和电子控制单元等组成。在磁带库工作时，机械手在管理软件和电子控制单元的控制下移动，通过安装在机械臂上的条码读取器寻找相应的磁带，然后将其抓取到驱动器内进行读或写操作。操作完成后，机械手将磁带取出并放回磁带槽位。由于磁带库内可安装多个驱动器，因此能够支持并发的多任务。对于大型备份任务，也可以将任务分配到多个驱动器上并行读、写，从而大大提高备份的效率，有效地缩短备份的时间窗口。然而，要实现这些功能，需要备份管理软件的支持。

2. 光介质

光介质作为电子资源的主要存储载体之一，在数字化时代具有重要意义。光盘，尤其是 CD-R 和 CD-RW，是目前电脑上最常见的存储介质之一。光盘的容量虽然不及硬盘，但在随时读取和存储数据方面具有优势。CD-R 具有一次性写入、多次读取的特性，适合需要长期保存数据的场景，如数据备份、数据库分发等。而 CD-RW 可以进行多次写入和读取，适合需要频繁修改和更新数据的情况。光盘刻录设备的兼容性良好，能够被几乎所有 CD-ROM 读取，而且价格相对较低，是目前最为成熟的光介质移动存储设备之一。然而，CD-RW 的价格相对较高，并且其刻录的光盘在普通 CD-ROM 上无法读取，这在一定程度上限制了其市场发展。另一种光介质存储设备是 MO（Magneto-Optical Disk），它是磁盘技术与光技术结合的产物。MO 盘片的优势在于可以进行无限次数的读写，并且具有较长的寿命，可达 30 年。虽然 MO 在国内的应用范围主要局限于广告制作和图像编辑行业，但在专业领域的需求仍然十分明显。

第二节　人工智能技术渗透于高校电子书库的构建与网络存储

一、网络存储的基础概念及其特点

（一）网络存储的概念

网络存储是指将数据存储设施通过网络连接，以支持数据访问和管理，主要包括存储区域网络（SAN）和网络附加存储（NAS）。SAN 通过高速网络连接存储设备和服务器，适合高性能需求的应用。NAS 则以文件系统的形式提供数据访问，适合文件共享。相比传统的直接附加存储（DAS），网络存储通过集中管理简化了存储架构。它支持统一备份、配置、升级和保护存储资源，提高了存储效率和可靠性。网络存储实现了存储资源的统一管理和全天候支持，减少了管理工作的复杂性，确保了数据的高可用性和安全性，管理员可以通过集中管理，有效地监控和维护存储系统的健康状况。

（二）网络存储的优点分析

网络存储技术通过集中数据存储资源来优化信息管理和成本效率，特别适合需要高数据吞吐和大规模存储需求的劳动教育环境，如高校和研究机构。以下详细地探讨网络存储的各项优点。网络存储通过集中存储数据，提高了存储资源的利用率。当多个服务器和应用系统共享同一个存储池时，不仅提高了存储空间的使用效率，还减少了未使用的存储空间。此种集中管理方式相较于传统的直接存储（DAS）系统，可以显著地降低单位存储成本。网络存储减少了对传统文件服务器的需求，例如，网络附加存储（NAS）可以替代多个文件服务器，实现文件存取服务，从而节省设备投入和维护成本。同时，存储区域网（SAN）提供了可扩展的存储解决方案，使得企业无须频繁购买新的存储硬件就能增加存储容量。

随着服务器数量的减少和存储管理的集中化，需要的管理人员也相对减少。集中存储管理减轻了管理负担，提高了运维效率，从而进一步降低了人力成本。根据麦肯锡和美林市场分析公司的调查，网络存储的总拥有成本（TCO）比直接存储低 47%，这在很大程度上得益于人员成本的显著减少。网络存储不仅在成本方面具有优势，其性能和可靠性也是其重要优点之一。通过 SAN 和 NAS 的组合使用，可以有效地提高数据的处理速度和缩短系统响应时间。SAN 专门设计用来处理大量数据传输，非常适合高性能计算和大数据处理，而 NAS 便于文件级的数据访问和共享，两者的结合使网络存储在数据密集型的应用场景中表现优异。集中存储系统的管理比传统分散存储系统更为简便，管理员可以从一个集中的位置监控和管理所有的存储资源，不仅提高了工作效率，而且降低了出错率。此外，网络存储的可扩展性强，添加或升级存储容量无须中断服务，极大地简化了存储管理。网络存储系统通常配备先进的数据备份和恢复方案，如镜像、快照和异地备份等。这些功能确保数据在系统故障或其他灾难性事件中不会丢失，保证数据的持久性和可靠性。网络存储还支持高级加密和访问控制技术，增强了数据的安全性。

二、人工智能技术在高校电子书库构建中的渗透

在数字时代，图书馆服务的演变已经从传统的实体馆藏转变为广泛的数字资源管理。构建高效的数字图书馆涉及多方面的规划和实现策略，尤其是电子书库的构建是中心环节。电子书库作为数字图书馆的核心组成部分，不仅是简单的数据存储地点，而且兼具信息管理和资源服务功能。这些系统存储数字化的图书、期刊、档案和其他媒体格式，还需保证高效的数据检索和稳定的信息访问能力。因此，电子书库的高效运作直接影响图书馆服务的质量和用户的满意度。在数字图书馆的构建过程中，未来的发展趋势和技术进步必须被纳入考量。

（一）电子书库的内涵

电子书库或数字书库是数字图书馆架构中的一组物理设备，更是一个全面的系统，包含存储设备、管理软件、适宜的物理环境和数字信息资源四个基本要素。有关元素共同作用，确保数字馆藏的安全、高效管理和持久保存。电子书库的核心是用于存储大量数字信息资源的物理设备，包括服务器磁盘阵列、光盘库和存储交换机等，有关设备的选择和配置直接影响数字资源的存取速度、系统的可靠性和扩展性。服务器磁盘阵列提供了大量的存储空间和较快的数据访问速度，光盘库则常用于长期的数据保存，而存储交换机负责数据的高效传输。管理系统软件是电子书库能够有效运作的另一个关键组成部分，包括用于创建、管理和备份光盘镜像的软件，如CDNET、双机容错软件以增强系统的可靠性，以及专门的光盘塔和库管理软件，还有数据迁移软件等。这些软件工具有效地提高了数字资源的管理效率，确保了数据的安全性和完整性，使

图书馆能够快速地响应用户的检索请求，并持续对数据进行维护和更新。数字资源的保存需要高效的硬件和软件以及合适的物理环境，必须具备防静电、恒温恒湿、防尘等条件的馆舍环境。环境条件帮助保护存储设备不受物理损害，延长设备的使用寿命，减少数据损坏或丢失的风险。特别是对于敏感的电子设备，如服务器和光盘库，适宜的环境是确保其正常运作的前提。数字信息资源是电子书库的最终内容，包括电子书、期刊、数据库、音视频材料等多种格式的数字化资料，数字信息资源的质量、组织和易用性直接影响用户的使用体验和满意度。因此，不断丰富和更新数字资源以及优化资源的元数据和检索系统，是图书馆工作的重要部分。除此之外，还应将电子书库与数字馆藏、数据库以及海量存储设备进行区别，从而更加有利于人们对电子书库的认识。

1.电子书库与数字馆藏的区别

电子书库与数字馆藏虽然在某种程度上有相似之处，但它们在概念和实践上存在一些重要区别。电子书库更多的是一个资源库，是为了存放电子图书而建立的数据库。数字馆藏的概念更广泛，指图书馆馆藏中以数字形式保存的信息资源的集合，可以借助计算机网络进行利用。数字馆藏必须依赖计算机网络存储系统进行管理，它是电子书库的重要组成部分，但并不等同于电子书库。在理解电子书库和数字馆藏的区别时，可以将电子书库视为一个更具体的概念，专门用来管理和存储数字馆藏，包括数字馆藏本身以及相应的设备、软件和馆舍，除了指馆藏的数量外，还包括馆藏的管理系统、图书馆的设施和空间等方面。数字馆藏是图书馆数字化转型的核心内容之一，它通过数字化技术将图书馆馆藏中的书、期刊、文献等资源转化为数字形式，并借助计算机网络实现对这些资源的存储、管理和利用。与传统的实体馆藏相比，数字馆藏具有存储空间大、检索速度快、便于共享等优势，能够更好地满足用户对信息资源的需求。电子书库作为数字馆藏的一部分，提供了存储和管理数字馆藏的基础设施，并为用户提供了便捷的访问途径。通过电子书库，用户可以随时随地访问图书馆的数字资源，进行检索、阅读和下载。这种便利的访问方式为用户提供了更加灵活和高效的信息获取途径。

2. 电子书库与数据库的区别

电子书库与数据库的区别在于，后者既是数字信息资源管理的主要工具之一，也是数字馆藏的保存形式之一，但它与数字馆藏和电子书库有所不同。数据库更侧重于数据的组织、存储和管理，通常用于存储结构化数据，并提供高效的检索和查询功能。与之相比，数字馆藏更广泛，包括以数字形式保存的所有信息资源，而电子书库侧重于存储电子图书等资源。因此，虽然数据库是数字馆藏的一部分，但它与数字馆藏和电子书库在概念和功能上有所不同。

3. 电子书库与海量存储设备的区别

电子书库与海量存储设备在概念和功能上存在明显的区别，海量存储设备是用于构建数字存储空间的重要设备之一，它们可以提供大量的存储容量，甚至可以满足一些图书馆的当前需求。然而，单个的海量存储设备并不等同于电子书库。尽管这些存储设备可以提供巨大的存储能力，但它们是孤立的信息存储单元，彼此之间缺乏联系，既无法进行系统管理，也无法发挥整体优势。与之相比，电子书库不仅具有存储功能，还具备系统管理、调度和安全管理等多种功能。它是一个综合性的系统，能够对存储资源进行有效管理和利用。虽然电子书库的存储容量可能不及所有海量存储设备的总和，但它的存储能力仍然相当巨大，并且能够以更高效的方式进行资源管理和利用。

（二）数字资源管理系统的现实需求

数字资源管理系统是应对多样化数字化资源的挑战而设计的，与传统的信息系统相比，它整合了人工智能技术、互联网技术等现代科技成果。首先，一个先进的数字资源管理系统应支持从数据采集加工、数据管理到数字信息发布的全流程管理，确保资源的完整生命周期管理。其次，该系统支持多种数字资源类型，包括文本、视频、音频、图像和标准电子文档等，以满足用户多样化的需求。再次，系统应支持多级储存模式和安全备份，确保数据的安全性和可靠性。系统建立的数据模型应符合行业规范，支持数字资源的标准化表示和传输，最大限度地使用和确立规范标准，包括基于 XML 的数字资源管理。系统必须支持智能化的资源检索，包括基于关键字、索引和全文的检索，以及基于语义和自然语言理解的智能检索，确保用户可以快速准确地获取所需信息。最后，为了提供个性化用户服务，系统应记录和分析用户的个人偏好，提供个性化的信息服务，还需支持主动的信息推送服务和信息的专题跟踪，以满足用户对定制化信息的需求。系统应支持数字资源的整合和跨库检索，提供统一的用户界面和统一的检索平台，使用户能够方便地查找各种资源；具备严格的安全性管理，包括系统安全性、可靠性和版权管理，确保用户的数据和知识产权得到保护。除此之外，系统应具备开放性和适应性，以应对不断变化的软硬件环境和技术发展，支持体系结构的开放性和软件程序结构的模块化，提供灵活的系统接口，以便扩展和更新数字资源信息库。

（三）基于人工智能技术的数字信息资源保存策略与电子书库规划

大规模的馆藏数字资源往往需要采用多级存储设备以满足不同的存储需求，典型的存储结构通常包括三层：磁盘、光盘和磁带。磁盘主要用于在线存储，能够快速读取信息，响应速度快，适合存储需要频繁访问的数据。光盘则提供了相对廉价的方案，适合存储大规模的数据资源，但由于是离线存储，需要将盘片从光盘舱中移到读取头处，因此存取速度较慢。至于磁带，也是离线存储的一种选择，通常使用自动设备进行装载，适合存储不经常访问但需要长期保留的数据。通过这三层存储结构的组合，机构可以根据数据的访问频率和保留需求来合理分配存储空间，既保证了数据的安全性和持久性，又提高了数据的访问效率。

电子书库作为存储数字馆藏的计算机存储网络系统，其规划涉及馆藏数字信息资源的数量、保存策略以及经费的分配等重要方面。在规划电子书库时，必须认真分析本馆的现状和长远目标，并结合具体的经济状况进行综合考量。数字馆藏和电子书库作为网络时代的新事物，规划时要更加注重未来的需求和发展趋势，包括考虑数字馆藏规模的扩展、数字馆藏发展政策的制定以及数字信息资源的长期保存策略等因素。只有在综合考虑现实情况和未来发展趋势的基础上进行规划，才能确保电子书库建设与数字馆藏管理能够满足不断增长的信息需求，并保障数字信息资源的长期存储和可持续利用。因此，在规划电子书库时，需充分考虑以上因素，以确保电子书库的建设与数字馆藏的发展保持一致，并为未来的信息管理工作提供有效支持。

1. 数字馆藏建设的基本原则

数字馆藏的建设原则是确保传统文献和数字化信息资源之间的长期共存，并根据具体情况分析和研究确定哪种资源更适合以印刷形式存放，哪种更适合以数字化形式存放。在进行馆藏建设时，需要综合考虑当前需求和未来发展，并找到传统馆藏和数字馆藏的合理平衡点。不同类型的学校和读者群体对馆藏的需求也各不相同，因此建设数字馆藏需要因地制宜地考虑多种因素。数字馆藏与传统馆藏相比，具有一定的优势和劣势。将实物资料转换成数字化格式的工作取决于项目规模的大小，因此需要研究最佳转换方式以及成本与质量的平衡点。在数字馆藏建设过程中，需要避免不断改建和扩建馆舍的情况，以免造成浪费。因此，建设数字馆藏时应优先选择数字化程度较高的产品，在相同类型的信息资源中，文本型资源占用的存储空间较小，且有利于今后格式的转换和迁移，因此应优先考虑。除自有特色馆藏外，尽量购买已经商业化的数据库资源，不仅经济实惠，而且系统稳定，服务效果更好。当纸质文献和数字化信息资源发生冲突时，应优先考虑数字信息资源。尽管在相当长的时间内，传统非数字化的馆藏仍然占据主导地位，但随着数字资源的增加速度加快，数字化信息越来越受到重视。数字化的资源能够更好地满足读者的需求，因此在印刷型与数字化信息之间的平衡越来越倾向于数字型。

2.基于人工智能技术的数字信息资源保存策略与电子书库规划

在数字信息资源的长期保存策略与电子书库规划中，人工智能技术正发挥着越来越重要的作用，充分利用人工智能技术可以更好地管理和保护数字信息资源，提高信息资源的利用效率和智能化水平。人工智能技术可以通过对大量的数字信息进行自动归档和分类，提高工作效率。基于机器学习算法的自动标签生成和分类模型能够自动识别文档内容并进行分类，使数字信息资源的管理更加智能化。利用自然语言处理和推荐系统技术，可以开发智能化的检索和推荐系统，帮助用户更快地找到所需信息。这些系统可以根据用户的检索历史、偏好和行为模式，为其推荐相关的数字信息资源，提高信息检索的准确性和效率。人工智能技术可以应用于数字信息资源的质量评估和风险识别，通过机器学习算法和数据挖掘技术，可以自动识别数字信息资源中的错误、冗余和不一致之处，帮助人们及时发现并解决潜在的质量问题。

借助人工智能技术可以实现电子书库的智能化馆藏管理，通过自动化的馆藏管理系统，可以实现对数字信息资源的智能化采集、整理、存储和更新，提高馆藏管理的效率和精度。利用人工智能技术可以实现电子书库资源的智能化配置和优化，分析用户需求和馆藏资源情况，自动调整资源分配方案，使馆藏资源得到更加合理、高效的利用。结合人工智能技术实现电子书库服务的智能化推广和个性化定制，推荐系统和个性化服务平台为用户提供智能化的服务推荐和定制化服务，以满足不同用户的个性化需求。

（四）基于人工智能技术背景下的电子书库技术解决方案

在数字化信息时代，电子书库承担着存储、管理和提供数字馆藏的重要任务。针对电子书库的技术解决方案，人们需要考虑到数字信息资源的长期保存、安全性、高效性以及未来的扩展性等方面，借助人工智能技术可以为电子书库的建设提供更加智能化、高效化的解决方案。利用人工智能技术可以实现对数字信息资源的智能化管理和归档，根据机器学习算法可以自动识别、分类和归档数字信息资源，提高数据管理的效率和精度。同时，通过智能化的数据清洗和质量评估，可以保证数字信息资源的准确性和完整性。基于人工智能技术的存储系统可以实现智能化的数据存储和检索，通过自然语言处理和智能搜索算法，可以实现对数字信息资源的智能化检索和推荐，帮助用户快速找到所需信息。智能存储系统可以根据数据的访问模式和频率，动态调整数据存储位置和策略，提高存储效率和资源利用率。人工智能技术既可以应用于电子书库的安全保障工作，结合机器学习算法和行为分析技术，也可以实现对数据安全漏洞和风险的自动识别和预警，及时采取相应的安全措施。智能化的安全监控系统可以实现对用户行为和数据访问的实时监控和审计，保障数字信息资源的安全性和完整性。

在电子书库的技术解决方案中，SAN 存储系统被认为是最合适的选择。SAN 技术将存储设备与服务器通过高速光纤网络连接起来，实现了存储资源的共享和管理，SAN 技术实现了存储资源的网络化管理，提高了存储管理的灵活性、可扩展性和可靠性。通过集中管理存储资源，可以降低存储管理成本，平衡存储系统的性能和容量。SAN 存储系统采用高速光纤通道作为传输媒介，实现了真正高速的共享存储。SAN 技术具有数据冗余和备份功能，可以保障数据的安全性和可靠性，防止数据丢失和错误。SAN 存储系统能够支持多种主机平台和业务系统，并且具有良好的扩展性。通过动态扩容和升级，可以满足电子书库不断增长的存储需求，并保证系统的稳定性和性能。

（五）基于人工智能技术的电子书库管理

电子书库即存储管理数字馆藏的物理环境，是存储数字馆藏的计算机存储网络系统，所以电子书库的管理包含的内容较为丰富。概括而言，主要包括以下几个方面。

1.计算机存储网络系统管理

计算机存储网络系统管理主要涉及系统硬件的维护和保障，数字信息资源对设备的依赖性极高，一旦系统发生故障，将会对服务造成严重影响，甚至可能导致大量馆藏丢失的情况发生。因此，电子书库系统必须具备强大的容灾性能，以应对可能发生的各种意外情况。人工智能技术在此方面发挥着关键作用，利用人工智能算法可以实现对系统硬件的实时监测和预测，及时发现潜在故障迹象，并采取相应的预防性维护措施。例如，可以利用机器学习模型对硬件设备的工作状态进行监测，分析设备的运行数据和行为模式，从而预测设备可能出现的故障类型和时间，提前进行维护和修复，以确保系统的稳定运行。人工智能技术还可以实现对系统的自动化管理和优化，通过智能化的资源调度和负载均衡算法，可以实现对存储资源的有效管理和分配，提高系统的资源利用率和性能表现。另外，人工智能还可以应用于数据备份和恢复领域，实现对数字信息资源的持续保护和安全存储，以应对可能发生的系统故障或灾难性事件。

2.系统软件管理

基于人工智能技术的电子书库管理，不仅要关注系统硬件的管理，还要重视系统软件的管理。系统软件的故障可能影响读者服务，并有可能导致数字资源的丢失。管理者还需对不同时期各种资源的存储系统、浏览软件等进行有效管理，以确保系统的稳定性和可靠性。人工智能技术在此方面的应用可以实现对软件系统的自动化监测和维护，通过智能算法及时发现并解决软件故障，保障电子书库系统的正常运行。此外，通过智能化的资源调度和管理，可以优化软件系统的性能表现，提高系统的服务质量和用户体验。

3. 数字馆藏管理

基于人工智能技术的电子书库管理涵盖数字馆藏的多方面管理内容，包括馆藏数据的更新，格式的转换、迁移以及再生性保护等。人工智能技术可以通过智能算法和自动化流程，实现对数字馆藏的自动化管理和监控，提高管理效率和资源利用率，确保数字信息的安全性和长期可持续性。

第三节　基于人工智能的馆藏信息资料资源组织管理与时效性控制

一、基于人工智能的信息资料资源组织管理

（一）信息资料资源整合

1. 信息资料资源整合的概念

信息资料资源整合的本质是将各种看似无关但实际上有关联的信息资料整合成一个有机的整体，以形成一个更有效的系统。在图书馆领域，这意味着将来自不同来源、不同形式、不同类型的信息资料资源有机结合在一起，以满足用户的各种需求，为科学研究和社会发展提供信息支持。信息资料资源整合的核心是依据系统论的原则，对各个相对独立的信息系统中的数据对象、功能结构及其互动关系进行融合、类聚和重组，形成一个新的有机整体，以实现更高效的信息资料资源体系。这意味着将数字化的、分散的、异构的信息资料资源重新组织和融合，形成一个统一的、完整的信息资料资源体系，以满足用户的各种信息需求。对于

169

图书馆而言，信息资料资源整合要求图书馆根据一定的原则、规范和标准，将各种类型的信息资料资源有机结合在一起，实现资源的分编流工作的融合，将网上虚拟资源、馆藏书目资源以及自建数据库等多种形式、多种类型的信息资料资源无缝地整合到一个统一的平台上，以实现用户的便捷访问和检索。

2.信息资料资源整合的基本原则

（1）整体性。整体性原则也被称为完整性原则，它要求在整合过程中保持信息资料资源的完整和全面。根据服务的主要对象或服务目标，保证整合资源的内容和学科的完整性，在整合过程中需要考虑服务的对象或目标，确保整合的信息资源内容能够涵盖需要的所有方面，并且涉及的学科领域是全面的，以满足用户的多样化需求。虽然在物理上不一定要求资源是一个整体，但需要将分布的资源有机关联起来，揭示数据对象之间的内在关系，从而在逻辑上形成一个整体。此种有机的关联可以通过合理的数据库设计和系统架构来实现，使得用户能够通过统一的入口获取到所需的信息。实现用户界面的统一，意味着要实现统一站式的检索界面，使用户能够通过一个统一的界面进行检索，而不需要在不同的平台之间来回切换。统一的用户界面不但可以提高用户的检索效率和体验，而且可以增强用户对信息资料资源的利用意愿。整合后的资源系统能够涵盖原子系统的所有功能，以确保用户在使用过程中能够得到全面的服务支持，包括检索、浏览、下载、分享等功能。

（2）科学性。科学性原则要求对整合工程进行全面规划、科学论证，确保整合的合理性、科学性和规范化。在实施过程中，要保证资源选择的科学性，根据自身的服务对象和财力情况，合理规划、购买和自建资源，而不是盲目追求数量，以免造成人力和财力的浪费。科学性的资源选择意味着选择适合用户需求和图书馆发展方向的资源，以确保整合后的资源能够真正满足用户需求。还要注意整合资源组织的科学性，建立各类资源之间的多重关联，科学地组织它们，使得有限的资源能够发挥最大的知识和信息量，需要对资源进行分类、标引、索引等工作，以便用户能够方便快捷地获取所需信息，提高信息资源的利用效率和价值。更要关注整合后系统在交互接口上的科学性，包括数据处理过程的后台交互以及用户和检索系统之间的交互。交互的科学性主要体现在处理接口的无缝连接、处理过程的简洁快速以及检索界面的方便有效。

（3）层次性。层次性原则的核心是以满足用户需求为最终目标，层次性原则要求在整合数据时考虑用户的不同知识层次和信息需求，由于用户具有不同的知识背景和需求水平，因此在整合信息资源时，需要注意不同知识层次的信息，并提供相应的服务。鉴于此，需根据用户的需求，整合并呈现出适合不同知识层次的信息，以确保用户能够获取到相关信息。层次性原则还涉及信息资源整合的结构性，考虑到用户的查询需求可能涉及多个方面和目的，简单的一维或二维整合可能无法满足复杂的查询要求。因此，为了满足不同用户的需求，需要实现数据的多维整合，使用户能够从不同的角度和维度获取所需信息。层次性原则还体现在检索操作的层次性上，为了满足不同层次用户的检索需求，需要提供多层次的检索界面，包括简单检索、复合检索和专家检索等不同层次的检索方式。

（4）最优化。最优化原则的目标是确保整合后的信息资源达到最佳的使用效果，要将原本并不紧密关联的数据有机地联系在一起，发挥信息资源的最大潜力，并能够发现其中隐藏的信息和知识。在实践中，实现最优化原则需要考虑多个方面。首先，需要将各种数据资源有机地组合在一起，以形成一个综合性、完整性的信息系统。这需要进行数据的合理分类、归档和关联，确保用户能够在系统中轻松地获取到所需信息。其次，为了达到最佳的运行效果，检索系统应当具备多种检索手段，包括简单检索、布尔逻辑检索、二次检索、同义词检索、排除词检索等多种方式，以及扩检和缩检等手段。多样化的检索手段可以满足不同用户的查询需求，提高检索系统的查全率和查准率。

（5）动态性。动态性原则的核心在于整合系统的灵活性和适应性，能够随着数据动态变化和用户需求的随机改变而不断调整和优化。为了满足动态性原则，整合系统必须是开放性的，能够容纳各种类型、不同格式的数据，并且能够及时增加和更新动态变化的数据内容。在整合系统的设计中，动态性原则要求系统具有一定的智能化和学习功能，能够根据用户的行为和需求进行自我调整和优化。例如，系统应当能够提供个性化的推荐服务，根据用户的历史检索记录和偏好，向其推荐相关的信息资料资源，提高信息的精准度和可用性。此外，动态性原则还要求整合系统在检索方面能够灵活应对用户不断变化的检索需求，系统应当具备多样化的检索方式和界面设计，以满足不同用户的检索习惯和需求特点。同时，系统应当及时更新和维护数据索引，以确保检索结果的准确性和及时性。

（6）针对性。针对性原则的核心在于根据整合的目标和用户需求有针对性地选择信息资源、整合工具和方法，以确保整合的有效性和实用性。在实施整合工程时，必须根据具体的目标和需求进行规划和选择，而不是盲目地实施。①针对性原则要求根据整合的目标选择适当的信息资源，根据整合的目的和服务对象的特点，选择符合要求的信息资源，确保整合后的资源能够有效地支持整体目标的实现。②针对性原则要求挑选恰当的整合工具和方法，在整合过程中，需要根据信息资源的特点和整合目标的需求，选择适合的整合工具和方法，如数据库整合工具、数据清洗和转换工具等，以确保整合过程的高效性和质量。③针对性原则要求根据用户的特定需求来整合和组织信息资源，实现个性化的服务，在整合过程中要考虑用户的不同需求和偏好，为用户提供个性化的信息服务，使整合后的资源既符合总体目标，又满足用户的个性化需求。为了实现个性化服务，系统功能也需要相应的扩充。例如，可以提供个性化的信息推送服务，根据用户的兴趣和行为习惯向其推送相关的信息内容，提高信息的利用价值和用户满意度。除此之外，在针对性原则的指导下，常见的信息资源整合方式还包括建设专题数据库或特色数据库，如 CALIS 项目、JALIS 项目等。

（7）适度性。适度性原则要求在整合过程中不要盲目地追求广度、规模和多样性，而是要根据现有的技术力量和资金能力，以及服务对象的需求进行适度的整合。这意味着在整合过程中需要考虑资源的选择和整合的范围，以确保整合的合理性和可行性。首先，适度性原则要求在资源选择时应根据自身的服务对象和整合能力进行选择，例如，艺术类院校在整合信息资源时应该集中于与艺术相关的资源，而文科类院校应该谨慎收录与理工类相关的信息资源，以更好地满足用户的特定需求，提高整合后资源的质量和有效性。其次，适度性原则要求在整合过程中应考虑到资源整合的限制和局限性，由于整合过程可能会受到技术和资金等方面的限制，因此需要根据实际情况进行合理的选择和安排，避免过度追求完美而造成资源浪费和效率低下的问题。最后，为了弥补单一机构整合资源的局限性，适度性原则还要求多个资源整合机构建立联盟，实现资源共享和互相补充。例如，图书馆间的馆际互借就是一种有效的资源共享方式，通过建立联盟可以将各个机构的资源整合在一起，为用户提供更丰富和全面的信息服务。

3. 信息资料资源整合的关键技术

（1）数据组织与转换相关技术。数据的组织技术主要涉及如何将不同类型、不同结构的数据有效地组织在一起，便于用户检索和利用，其中涉及各种分类控制方法，如行业分类表、地区分类表、中图法范畴分类体系、用户自定义分类体系等。一方面，通过分类组织技术，可以将信息资料资源进行有效的分类管理，提高检索效率；另一方面，数据转换技术则主要解决不同格式、不同平台下的数据转换问题。在信息资源整合过程中，可能会涉及各种不同格式的文件，如 MARC、DOC、PDF、TXT 等，有关文件需要进行格式分析、数据交换或转换，以确保其能够在整合系统中流畅地进行交互和共享。同时，需要使用"查重、去重"

173

等技术，以避免数据重复和冗余，确保整合后的数据质量和准确性。此外，数据封装技术也是不可或缺的，例如使用 XML 技术对数据进行封装，以便在不同平台和系统之间的互操作性。

（2）索引技术。索引技术的研究主要涉及如何构建整合后的索引，以满足不同的检索算法和用户检索需求。索引需要支持各种检索方式，如全文检索、同义词检索、排除检索、扩检和缩检等。集成检索技术涉及整合、跨库、一站式检索，使用户能够通过一个统一的界面同时检索多个资源库，集成检索技术通常包括关键词检索、主题词检索、分类导航、元搜索、TOP-K 集成检索等。跨语言的信息检索技术也是索引技术的重要方面，它可以帮助用户在多语言环境下进行信息检索。概念检索技术是基于概念或语义进行检索，利用同义词词典、概念词典等帮助用户更准确地定位所需信息。

（3）数据描述技术。数据描述技术主要涉及信息资源的语义内容描述和语义的识别能力，包括信息重复率的覆盖度等方面的研究。元数据在整合后的数字信息中起着重要的作用，它可以用来描述和表达信息资料资源的特征和属性。在信息标引中，通常会使用元数据标准，如 Dublin Core（DC），用来统一信息的描述和标注方式。不同的元数据之间需要保持兼容性和互换性，如 DC 与 MARC 之间的兼容互换，有助于不同系统之间的信息交换和共享。自动映射技术也是数据描述技术中的重要内容之一，是指将不同分类体系之间的数据进行自动转换和映射，以实现不同体系的对应和关联。例如，将 Dewey 十进制分类法号（DDC）与中图分类号进行自动映射，可以帮助用户在不同分类体系下快速准确地定位所需信息资源。

（4）信息自动化处理技术。信息自动化处理技术涵盖多种自动化处理方法，旨在提高信息资源的处理效率和质量。自动标引是信息自动化处理技术的核心之一，包括智能分词、信息抽取、信息过滤、话题跟踪、关键词标引、主题标引、概念标引等多种方法。自动化标引技术的应用可以实现对信息资料的快速分类和索引，为用户提供准确的检索服务。除了自动标引，自动化处理技术还包括自动分类和自动文摘等功能。自动分类可以根据信息的内容和特征，将信息资料自动归类到相应的类别中，从而便于用户进行浏览和检索。而自动文摘则可以根据用户需求，自动生成信息的摘要内容，帮助用户快速了解信息的核心内容。在多语种信息资源整合时，机器翻译技术也是至关重要的。它可以实现不同语种之间的信息翻译和互通，为跨语言信息资源的整合提供了便利。智能信息处理方法也广泛应用于信息资料资源的整合中，如数据挖掘、机器学习和自然语言处理技术等。这些方法可以帮助系统从海量信息中发现隐藏的规律和知识，为用户提供个性化、智能化的信息服务。

（5）当代多媒体技术。多媒体技术涵盖多种内容分析、压缩、处理和展示方法，旨在更好地处理和利用各种多媒体信息。多媒体内容分析技术能够对视频、图像等多媒体信息进行深入分析，从中提取出关键信息和特征，为后续处理和利用提供基础支持。而视频、图像压缩技术可以有效减小多媒体文件的大小，提高数据传输效率和存储利用率。图像处理技术在多媒体信息整合中也发挥着重要作用，通过灰度化、二值化、纠偏和去污处理等方法，可以提高图像的清晰度和质量，使其更适合存储和展示。针对图像文件中的文字信息，自动识别技术可以实现对文字的自动识别和提取，为用户提供更便捷的检索和阅读体验。多媒体信息的整合与检索技术能够实现对多种媒体信息的统一管理和检索，提高信息的利用效率。信息的可视化展示是多媒体技术的应用之一，通过数据多维层次显示技术、数据集成显示技术、图文关联技术和基于模块的数据显示方式等手段，可以将信息资料资源以直观、生动的方式呈现给用户，提高用户对信息的理解和利用效果。

（6）个性化的服务技术。个性化服务技术可分为界面风格的个性化和提供个性化的资源两个方面。界面风格的个性化体现在为不同用户提供定制化的界面风格，使其更符合用户的偏好和习惯，包括面向各个用户的个性化风格设计，以及资源服务界面与其他 Web（万维网）应用系统的一致性风格，提高用户的使用体验。提供个性化的资源服务是个性化服务技术的核心，针对图书馆整体和用户个体，需要提供符合其需求和兴趣的个性化资源。实现这一目标需要利用一系列的核心技术，如获取、分析和利用用户检索行为，利用用户反馈进行检索结果的优化，应用用户检索历史来提供个性化推荐服务，以及使用信息协同过滤和定题信息提供等手段。

4. 信息资料资源整合的主要特征

信息资料资源整合具有广泛的覆盖面，整合后的资源涵盖不同学科领域的知识，从而能够提供更加全面系统的学科知识。整合是根据学科和专业进行的，因此具有较强的专业性，能够满足用户对于特定领域知识的需求。整合后的信息资料资源呈现出较强的系统性，各资源之间存在统一性和有机关联性，反映了各学科间的内在联系，使用户能够更好地理解不同领域之间的关系和相互影响。

（二）基于人工智能的数字资源整合

1. 汇合整合

汇合整合方式主要基于图书馆的 OPAC（联机公共目录检索）资源系统，OPAC 系统作为图书馆馆藏数字资源的核心，通过 Z39.50 协议实现不同平台上异构 OPAC 数据库的聚合，从而建立起书目整合检索系统。用户可以通过 OPAC 系统的统一界面进行检索，无须在各个图书馆的 OPAC 界面之间来回切换。例如，上海交通大学图书馆的"Webpac 检索系统"提供了"多节点数据库检索"，用户可以通过该系统检索到上海交通大学图书馆、华东师范大学图书馆、复旦大学图书馆、上海图书馆等多个图书馆的 OPAC 书目信息。然而，汇合整合方式也存在一些局限性，如用户需要逐一点击各个馆藏记录进行"查重"处理，进行二次选择，从而增加了用户的检索负担。汇合整合方式只是对不同 OPAC 系统中数字信息量的简单相加，并未实现对信息的深度整合与挖掘。为了克服这一局限性，并进一步提升用户体验，可以利用人工智能的相关技术进行优化，引入自然语言处理技术，实现对用户检索行为的理解和分析。通过分析用户的检索关键词、历史检索记录等信息，智能系统可以提供更加个性化、精准的检索推荐服务，减轻用户的检索负担。利用机器学习技术对用户的偏好和行为进行建模，从而为用户提供更加个性化的检索结果排序和推荐。通过不断学习用户的反馈信息，系统可以逐步优化检索结果的质量和准确性，提高用户满意度。此外，还可以利用图像识别技术，对图书馆馆藏资源进行智能分类和标注，帮助用户更快地找到所需信息。

2.组合整合

组合整合方式主要是针对相关数据库内的数据对象进行整合，去除重复信息，以给用户提供统一且高质量的检索体验。与汇合整合方式不同，组合方式是对多个数据库系统进行有机优化整合，其不仅综合了不同数字资源系统中的信息量，也体现了数字信息质量的优化。例如，"Web of Knowledge"作为一个学术资源体系，既提供了跨数据库的交叉检索功能，又对命中记录进行了"查重"处理，从而节省了用户重复去重的时间和精力。为了进一步提升组合整合方式的效率和智能化水平，可以借助人工智能技术进行优化，利用自然语言处理技术，对用户检索行为进行分析和理解，从而为用户提供个性化、精准的检索结果。分析用户的检索关键词、浏览历史等信息，智能系统可以预测用户的信息需求，为其推荐更加相关的检索结果，提高检索效率。利用机器学习技术对数据库内的数据进行智能分类和标注，从而实现信息的自动化整合和优化。通过对数据对象进行分类和去重，系统不仅可以提供更加准确和完整的检索结果，为用户提供更好的检索体验，而且可以结合图像识别技术，对文档中的图像和文本进行自动识别和分析，帮助用户快速获取所需信息。

3.重组整合

重组整合方式是数字图书馆应用系统中一种重要的资源整合方式，其核心功能是通过对数字资源的分解和重组，将数字资源按照其逻辑关系组织成立体网状、相互联系的知识资料资源系统。①重组整合模式是当前数字资源整合的一种新模式，具有诸多优势。重组整合方式能够整合多种媒体多种渠道的数字信息，除了文字信息，还包括图像、音频、视频等。如此的多媒体整合能够为用户提供更加丰富多样的信息资源，满足其多元化的信息需求。②重组整合方式实现了不同类型、不同级次（一次和二次）资源间的链接，建立起图书、期刊、会议、机构、人物等科学研究所需核心资源和相关资源间的整合与链接关系。此种链接关系的建立有助于用户更加全面地了解相关领域的知识，并能够深入挖掘其所需的信息资源。③重组整合方式能够保持知识体系的整体性和关联性，通过知识因子的有序化和知识关联的网状化，沟通相互隔离的学科领域，使之成为相互渗透、相互作用的有机体，发挥科学知识的整体功能，有助于促进跨学科研究与交流，推动学科知识的跨界融合与创新。④重组整合方式能够形成具有新的组织结构和功能的资源系统，与简单的"库集合"和"库链接"不同，重组整合方式剔除了冗余、重复和劣质信息，对数字资源内容与结构进行新的类聚和重组，形成一个获取便捷、利用率高的新数字资源体系。此种体系为用户提供了更加高效、智能的信息检索与利用服务。⑤融合人工智能技术进一步提升了重组整合方式的效率和智能化水平，通过自然语言处理技术，智能系统能够对用户的检索行为进行分析和理解，为用户提供个性化、精准的检索结果。利用机器学习技术，可以对数字资源进行智能分类和标注，提高检索结果的准确性和完整性。结合图像识别技术，能够对文档中的图像和文本进行自动识别和分析，实现信息的自动化整合和优化。

二、馆藏信息资料资源的时效性控制

（一）信息时效性管理的意义

在当今信息社会，信息资料资源的使用和管理量每年呈指数级增长，此类信息需要长时间保存并进行高效的查询和检索。为了应对这一挑战，一些国家已经制定了新的法规，规定了与业务相关的电子邮件和互联网通信的保存时间以及信息的恢复速度，推动了信息管理领域的规范化和标准化，加强了信息安全和保护措施。由于信息的重要性和价值不断变化，有必要将信息转移到不同的存储介质上，以确保其安全性和可用性，需采取合适的技术手段和管理策略，以最低的成本提供适当级别的保护、复制和恢复。例如，利用云存储技术可以实现信息的远程备份和灾难恢复，确保即使在发生灾难性事件时，信息也能够得到有效保护和恢复。通过数据管理系统和智能化的数据管理工具，可以实现对信息的实时监控、分析和管理，提高信息资源的利用效率和价值。在信息管理领域，人工智能技术也发挥着越来越重要的作用。利用人工智能技术，可以实现对大规模数据的智能化分析和处理。

为了以最低的成本实现信息价值最大化，高校图书馆开始将自动化网络存储基础设施与综合服务和解决方案结合在一起，从而制定出新的信息管理策略。此种新的信息管理策略被称为信息时效性管理，其目标是完全支持高校的业务目标和服务水平需求。采用新的信息管理方式意味着根据信息和应用对高校的价值进行分类，然后制定相应的策略，确定最优的服务水平和最低的成本。信息时效性管理的关键在于根据信息的重要性和紧急程度，合理地制定存储和处理策略。自动化网络存储基础设施有利于高校图书馆实现对信息的智能化分类、存储和管理，提高信息的存取效率和利用价值，结合综合服务和解决方案，可以为高校图书馆提供定制化的信息管理解决方案，满足不同的业务需求和服务水平的要求。在此种管理模式下，高校图书馆可以根据信息的特性和业务需求，动态调整存储和处理策略，确保信息的时效性和可用性。

（二）基于人工智能的馆藏信息资料资源时效性控制

在高校图书馆中，随着信息资源的日益增多和更新速度的加快，如何有效地控制馆藏信息资料资源的时效性已成为一个亟待解决的问题。为了更好地适应信息时代的发展需求，利用人工智能技术对馆藏信息进行时效性控制已成为高校图书馆的重要策略之一。

1.人工智能技术的应用领域

人工智能技术通过对海量数据的分析，可以预测出信息内容的发展趋势和变化规律，从而指导图书馆采取相应的时效性更新措施。利用自然语言处理技术，人工智能可以从文本中智能地提取出关键信息和重要内容，帮助图书馆快速更新和完善馆藏信息。基于用户的历史检索行为和兴趣偏好，人工智能可以为用户提供个性化的信息推荐和服务，提高信息利用的效率和满意度。

2.基于人工智能的时效性控制策略

借助人工智能技术，高校图书馆可以实现对馆藏信息的实时监测和更新，及时发现并采集新的信息资源，保持信息的时效性。通过自然语言处理和机器学习技术，对馆藏信息进行智能分类和标注，提高信息的组织和检索效率。利用智能推荐算法，为用户提供个性化的信息推荐和服务，根据用户的需求和兴趣推送相关的馆藏信息，提高信息利用效率。

第七章 人工智能技术支持下高校图书资料的共建、共享与共管发展

第一节 图书资料与资源共建、共享、共管的含义

一、图书资料与资源共建、共享、共管的概念

图书资料与资源共享的目的是让每个组织和个人都能够在一定的范围内最大限度地利用图书资料与资源，其实质是通过协调图书资料与资源在时效、区域、部门、数量上的分布，使图书资料与资源的布局更加合理，从而最大限度地满足用户的信息需求，最大效用地发挥资源的作用。

随着信息技术的不断发展和用户需求的变化，图书情报工作不断深化，信息资源共享的内涵也逐渐扩展。从早期的文献信息资源共享，逐步演变为信息资源的共知、共建和共享。在我国，长期以来，人们并未将信息资源的共建、共享和共管视为一个整体。在理论研究和实践探索中，对共建、共享和共管的重视程度不够。虽然一直强调信息资源共享，但实际上共享的水平仍然较低。直到中国高等教育文献保障体系（CALIS）的筹划与启动，信息资源的共建、共享和共管才被提升至整体建设目标的层面。

信息资源的共知、共建是在资源共享的思想基础上逐渐发展起来的，它们是对资源共享理念的扩充与补充。其目的在于丰富信息资源共享的

内涵，为其提供更多的工作思路和方法。简而言之，图书资料与资源的共建、共享、共管，是指对图书资料与资源的共同了解和认知、共同开发和建设，以及共同利用。共知、共建、共享是一个整体，其中共管是前提，共建是基础，而共享是最终目的。在此过程中，共知是指各方对于资源的共同了解和认知，这有助于建立共识，促进合作。共建则是指各方共同努力，共同开发和建设资源，包括对资源的更新、整理、加工等工作。最终的共享则是为了让更多的人能够充分享受到这些资源带来的益处，实现资源的利用最大化。共管作为前提则是确保资源的合理管理和保护以及对资源利用的监管。只有在共知、共建的基础上，共享才能得以顺利实现，而共管是整个过程的基石。

二、国外图书资料与资源共建、共享、共管的发展

（一）馆际互借及藏书分工协调

馆际互借是图书资料与资源馆藏间的一种重要合作形式，旨在根据事先约定的规则，相互借阅对方馆藏以满足本馆读者需求，既是一种最早、最原始的信息资源共享方式之一，也是最有效的方式之一。早在 19 世纪中叶，德国的默尔就提出了图书馆之间的藏书建设分工协调思想。普鲁士的 10 个大学图书馆在此基础上划定了各自的藏书采购范围，并建立了馆际互借关系。随后，美国、英国等也相继开展了馆际互借，形成了自己的规模化服务体系。随着信息技术的发展，馆际互借得到了进一步的发展。20 世纪 80 年代以后，图书馆自动化与网络化建设为馆际互借提供了强大的技术支持。通过利用网络，如不列颠图书馆文献提供中心（BLDSC）和美国俄亥俄州联机图书馆中心（OCLC），各图书馆能够更加高效地开展馆际互借服务。这些中心通过联机系统，为图书馆提供了更广泛的馆际互借资源，极大地便利了读者的信息获取。在国际层面，国际图联于 1938 年制订了国际互借计划，推动了国际馆际互借业务

的发展。苏联于 1969 年建立了全国统一的馆际互借体系并制定了实施条例，为国内图书馆提供了更广泛的馆际合作机会。

（二）书目控制阶段

书目控制是信息资源共享发展的关键阶段之一，其核心在于利用目录控制文献，将一次文献转换为二次文献、三次文献，进而实现书目信息的浓缩和符号化，便于获取次级文献。其目的在于完善书目系统，促进国际和国内书目数据的交换与共享。20 世纪中叶至 20 世纪末，各国先后开展了书目控制工作。例如，美国实行了法明顿计划和国会图书馆的全国图书采编计划（NPAC），并在国内外建立了采编中心，以促进文献资源共建。北欧四国和英国等国也推出了类似的书目控制计划，建立了书目合作机制。在国家层面上，书目控制可分为国家书目控制（NBC）和世界书目控制（UBC）两个方面。国家书目控制旨在建立出版物和收藏文献的书目数据系统，为国内资源共享提供基础。例如，美国的法明顿计划和 NPAC 计划以及英国的国家书目委员会，都是国家书目控制的典型代表。而世界书目控制是建立在国家书目控制基础之上，旨在实现国际资源共享。国际图联于 1971 年提出了 UBC 计划，旨在建立全球编目网络，提供全球范围内的书目信息服务，促进世界各国的文献资源共享。书目控制活动对信息资源共享起到了重要作用，通过统一国际书目著录和实现书目信息的互换，促进了国际信息资源共建。此外，标准化的全球书目信息系统为全球信息资源的共知提供了依据，为馆际互借奠定了基础，从而实现更大范围的信息资源共享。然而，书目控制活动也面临着挑战。随着全球经济政策的变化，各国图书馆的经费减少，导致书目控制计划的经费枯竭。在此背景下，信息资源共享进入新的阶段，由传统的中央主导模式转向地区性和民间性的多元化信息资源共享网络模式。例如，美国的图书馆资源共享网络从以国会图书馆（LC）为主导转向了以 OCLC、RLIN 等地区性和民间性网络为中心的时代。

（三）馆际合作组织的建立及其发展

图书馆界长期以来一直致力于实现图书资料与资源的共享，为此开展了各种形式的馆际合作。馆际合作由来已久，包括图书馆协作体、书目利用共同体和图书馆联盟等馆际合作组织。在美国，随着书目共享计划的开展，图书馆协作体逐渐发展壮大。图书馆协作体是由大学图书馆和公共图书馆自发组成的协作组织，类似于国内的地区性协作网。自1965年通过高等教育法以来，这些协作体从地域性出发，逐步形成。其经费主要来自会员馆的会费，并得到政府的补助和各种基金的支持。协作体的合作内容广泛，包括馆际互借、编制联合目录、文献配送服务、文献采购信息通报、文献合作采购、馆员培训等20多项，其中馆际互借和联合目录是协作的主要内容。有关活动不仅降低了图书馆的成本，还改善了图书馆的服务水平，强化了其服务职能。代表性的协作体包括1949年成立的研究图书馆中心（CRL），以及1965年至1970年产生的以大学图书馆为中心的地域性协作体，如Ohio College Library Center（俄亥俄大学图书馆中心）和RLIN（研究图书馆信息网络）等。这些协作体的出现彻底改变了图书馆单干的局面，避免了过于依赖政府支持的局限性，从根本上改变了美国图书馆信息资源共享的面貌。

从1965年起，MARC（机器可读编目记录）开始开发和推广，同时随着美国计算机技术和通信技术的飞速发展，联机技术在全球范围内迅速普及和应用。在这一背景下，一些图书馆协作体开始尝试利用联机技术进行编目资源共享，从而催生了书目利用共同体（Bibliographic Utility）的发展，OCLC、WLN、RLIN等书目共同体成为这一时期的代表性组织。以OCLC为例，它于1971年成功开发了联机联合编目系统。随后，该系统开始向俄亥俄州以外的地区提供服务，迅速建立了大规模的集中联合目录数据库。在此基础上，OCLC又相继开发和建立了各种多元化的书目数据库、馆际互借和电子文献传递系统，构建了一个图书馆协作网络，极大地推动了美国图书馆资源的共建共享。这一阶段的图书馆协作体成为以书目资源共享为核心的计算机图书馆网络，标志着美国进入网络共享时代。到了 20 世纪 80 年代，由美国民间自发组织起来的书目利用共同体的成功实践在北美以外的地区产生了深远的影响。日本、澳大利亚等国也相继将建立书目利用共同体上升为本国信息资源共享的国家战略。

20 世纪 80 年代以后，书目利用共同体的服务内容结合本地信息资源共享的特殊需要不断深化，图书馆用户利用电子信息资源的需求日趋明显，联机检索系统、图书馆资源建设及使用的电子化、网络化急速发展，促成了图书馆联盟的形成和发展。图书馆联盟成为在计算机网络环境下图书馆协作网的信息资源共建共享的组织形式，通过共同认可的协议和合同的制约，实现资源共享、降低成本、利益互惠的目的。图书馆联盟共同建设并拥有文献资源，它们协调藏书采购的分工，建立统一的书目信息数据库或文献管理系统、统一的 OPAC 和检索界面，以及本地区的文献传送物流系统，改进获取文献资源的操作过程。在网络环境下，联盟的重心在于网络资源的共享，通过集团采购或租赁方式降低电子信息资源的价格，实现资源共享，扩大拥有的电子资源。图书馆联盟提供因特网和 WWW 服务，为用户提供便捷的信息检索和获取渠道。另外，图书馆联盟还提供存取电子资源的服务，包括常见标准化的计划和服务项目、进行整体的设备规划及维护工作、提供培训、开展数字参考咨询服务等。有关服务的提供使得用户能够更加便捷地获取所需的信息资源，提高了信息资源的利用效率。在图书馆联盟的发展过程中，地区性和跨地区的图书馆联盟都具有重要的地位和作用。地区性的图书馆联盟主要以州为单位，如伊利诺伊州的 ILLINET，加利福尼亚州的 MEIVYI、OCLC 等；跨地区的图书馆联盟则由同一地区或性质相似的图书馆组成，如美国中东部地区的州立和私立大学图书馆构成的 CICNET，以及中国的 CALIS 系统和全国文化信息资源共享工程数字图书馆等。结合对图书馆联盟的发展历程进行梳理，可以清晰地看到资源共享的理念是馆际合作组织建立的最初动因。多年来的实践表明，以图书馆联盟为代表的馆际合作组织是图书馆之间高效率、低成本地实现信息资源共建共享共管的有效组织形式。

三、我国图书资料与资源共建、共享、共管的发展

面对信息资源共建共享的紧迫需求，图书馆界迅速作出反应。1999年1月15日，全国122个图书情报单位在北京图书馆共同签署了《全国文献资源共建共享倡议书》，这一举动标志着我国文献资源共享在当时的重要地位和紧迫感。

我国区域文献资源保障与服务系统的建立始于1957年国务院颁布的《全国图书协调方案》，该方案确定了全国和地方的中心图书馆委员会，并在北京和上海分别设立第一和第二全国中心图书馆委员会，其他9个城市设立地区中心图书馆委员会，各省、区、市设立省级中心图书馆委员会，这一方案为国内区域性文献信息资源保障共享与服务系统的发展奠定了基础。然而，这一良好的发展态势并未持续下去。20世纪80年代初，各省、区、市陆续恢复了中心图书馆委员会，但全国和地区中心图书馆委员会未能恢复。到了20世纪90年代，随着国内信息网络环境的形成，借助信息网络进行区域文献信息资源保障、共享与服务系统建设成为新时期图书馆事业发展的主要标志。1998年，中国科学院网上文献信息资源共享系统工程项目的第一期工程基本结束，中国高等教育文献保障系统（CALIS）正式启动，提出了"整体规划、合理布局、相对集中、联合保障"的方针，为高校图书馆文献资源共建共享网络的建设提供了明确的协作原则。1999年年初，国家图书馆倡议召开了"全国文献信息资源共建共享协作会议"，提出了建立公共图书馆三级协作网框架的构想，以各地图书馆为中心形成了华北、华东、华中、西南、西北、东北地区的协作网中心。一系列举措为我国区域文献信息资源的共建共享提供了新的机制和框架。

在省级文献信息资源保障与服务系统中，一些地区（如上海、北京、广东、江苏等）展现出了较快的发展势头。特别是上海市文献资源共建共享协作网，于 1999 年制订了一个雄心勃勃的计划，计划在 3 年内建立由上海市公共高校、科研机构等图书馆和情报服务机构组成的文献信息资源网络系统，旨在服务上海以及全国范围内的用户。北京地区则在"中国科学院、北京大学、清华大学图书馆情报网络（APTLIN）"项目的推动下，基于网络信息技术平台建立了区域文献信息资源共享系统，为北京地区的文献资源共享奠定了基础。广州珠江三角洲地区的公共图书馆实现了自动化管理，并通过广东省的多媒体信息网络平台，实现了地区远程联网。广东省高校系统的"广东高校图书馆文献信息网络系统（HUIOG）"已经初步建成，并承诺向安徽、山东等省份的高校提供优惠服务。另外，江苏省高校文献信息保障系统从 1996 年开始启动，江苏省教育厅在 1996 年至 1998 年拨款 900 万元，用于配置现代化设备，并借助南京大学等高校的技术力量，研发了相应的应用软件。这些省级文献信息资源保障与服务系统的建设，不仅为当地用户提供了更加便捷、高效的文献信息服务，也为跨地区、跨省份的信息资源共享提供了有力支持。

第二节　我国高校图书资料与资源共建、共享、共管的理论与实践

一、我国高校图书资料与资源共建、共享、共管的模式与实证

图书资料与资源的共知共建、共享、共管没有固定的模式，只要是两个或两个以上的文献信息机构之间通过分工合作、协商协调等方式开展的优势互补、互惠互利的图书资料与资源建设及服务活动，都可称为

图书资料与资源的共知、共建、共享。在世界范围内，图书资料与资源共建、共享、共管的模式多种多样。对国外的信息资源共建、共享、共管发展历程的学习及研究可得知，国外成功的图书资料与资源共建、共享、共管模式主要有馆藏地域协作模式、馆藏主体模式、馆藏组织协作模式、馆藏采购制度模式等几种。这些模式并不一定适合我国自身图书资料与资源共建、共享、共管的现状和特点，但它们为我国提供了宝贵的经验和学习的范例。

我国于1994年正式加入互联网，开启了图书资料与资源共知共建共享的崭新历史时期。这20多年来，我国的图书馆图书资料与资源共建共享共管活动越发活跃，共建、共享、共管模式也呈现出多样化的趋势。然而，我国图书资料与资源系统的三大条块分割却是不容忽视的特点，它也直接影响我国图书资料与资源共建共享共管的理论与实践。

（一）全国性系统内的图书资料与资源共建、共享、共管模式

全国性系统内的图书资料与资源共建、共享、共管模式是指公共、高校（含社科院系统）、科研（含科学院、科技部及各部委）三大系统图书馆分别建立本系统的文献信息资源管理体系、文献信息资源保障体系、书目信息存取体系、图书资料与资源利用体系和图书资料与资源传递体系，最大限度地实现全国范围内、不同地域的系统内的图书资料与资源机构图书资料与资源的共建、共享、共管。全国性系统内的图书资料与资源共建、共享、共管模式旨在提高国家图书资料与资源的整体保障能力。

1.高校图书馆系统（CALIS，CADLIS）

CALIS（中国高等教育文献保障系统）是在教育部领导下，以中国教育和科研计算机网（CERNET）为依托，旨在实现文献资料与资源共享的一个重要工程。CALIS的建设目标是通过整体规划、合理布局、相对集中、联合保障的方式，建立起一个文献信息保障与服务体系，以促进全国高等教育文献资源的整合与共享。CALIS 项目的核心理念是共享信息资源与环境平台的建设，通过将全国高校图书馆资源整合为一个整体，形成多种资源类型、多种服务方式的学术资源保障体系。该项目分为两个阶段，由国家和地方共同投资。CALIS 在"九五"期间完成了第一阶段的建设，通过自行开发公共服务软件系统，包括联机合作编目、自建数据库、馆际互借，以及联机公共目录检索子系统等。在"十五"期间，CALIS 得到国家持续支持，开始了项目的二期建设，其中包括将中美百万册书数字图书馆合作计划纳入 CALIS 的公共服务体系建设中，形成 CADLIS 项目。CADLIS 项目的目标是在完善 CALIS 基础上，到 2005 年年底初步建成具有国际先进水平的开放式中国高等教育数字图书馆。该项目以系统化、数字化的学术资源为基础，以先进的数字图书馆技术为手段，旨在建立一流的数字服务环境，包括文献获取环境、参考咨询环境、教学辅助环境、科研环境、培训环境和个性化服务环境，为高等院校的教学、科研和重点学科建设提供高效率、全方位的文献信息保障与服务。CADLIS 项目不仅是 CALIS 建设的延续和完善，也是对中国经济和社会发展的重要基础设施。通过这一项目，中国的高等教育将迎来一场数字化、智能化的文献信息服务革命，为学术研究和教学提供更加便捷、高效的支持。

2. 科研图书馆系统（NSTL）

NSTL（国家科技图书文献中心）的成立是我国政府对信息资源建设重要性认识的产物，该中心于 2000 年 6 月 12 日经国务院批复成立，是一个虚拟式的科技文献信息服务机构，旨在为国家科技创新事业提供重要支持，使其在国际竞争中立于不败之地。NSTL 按照理、工、农、医四大支柱组建，由中科院文献情报中心、国家工程技术图书馆、中国农业科学院图书馆和中国医学科学院等 8 个基础较好、实力较强的文献信息机构组成。其建设宗旨是以"集中采购、分别加工、联合上网、资源共享"为原则，采集、收藏和开发各学科领域的科技文献资源，面向全国开展服务。参建单位按照统一标准进行书刊资料的加工，并将数据集中到统一的中心网站，向全国提供免费服务，实现全国范围内的共享、共用。

国家科技图书文献中心于 2000 年 12 月 26 日建设了国家科技文献资源网络服务系统，向全国用户提供科技文献检索服务，标志着我国最大的理、工、农、医四大领域的科技信息资源共建、共享、共管项目正式建成，并投入使用。截至目前，NSTL 提供的服务主要包括网络版数据库介绍、期刊分类目次浏览系统、联机公共目录查询、文摘题录数据库检索、网络信息导航、专家咨询系统、数字化参考咨询服务系统、专题信息服务等。NSTL 的建设不仅加强了我国科技文献信息资源的整合和共享，还为科技研究和创新提供了重要支持。其成立和运作是我国科技创新发展的需要，充分体现了政府对信息资源共建、共享、共管的高度重视和支持。

3. 公共图书馆系统（全国文化信息资源共享工程）

公共图书馆系统所实施的"全国文化信息资源共享工程"是文化部和财政部共同组织并实施的国家级文化工程，于 2002 年 4 月正式启动，在 5 年内完成。其目标是利用现代高新技术手段，整合中华优秀传统文化和全国各类文化信息资源，通过通信网络为社会公众提供使用。该工程的建设遵循"统一领导、统筹规划、分级管理、分级负责"的原则，自 2001 年起，财政部和地方财政开始对"共享工程"进行专项拨款，并成立了领导小组和专家咨询委员会，以协调工作、提供指导。同时，在国家图书馆设立了全国文化信息资源共享工程国家中心，作为该工程的核心机构和协调管理中心。通过"全国文化信息资源共享工程"的实施，公共图书馆系统致力于整合和共享中华优秀传统文化，以及全国各类文化信息资源，使其能够通过通信网络便捷地为社会公众提供服务。"全国文化信息资源共享工程"的总体目标如图 7-1 所示：

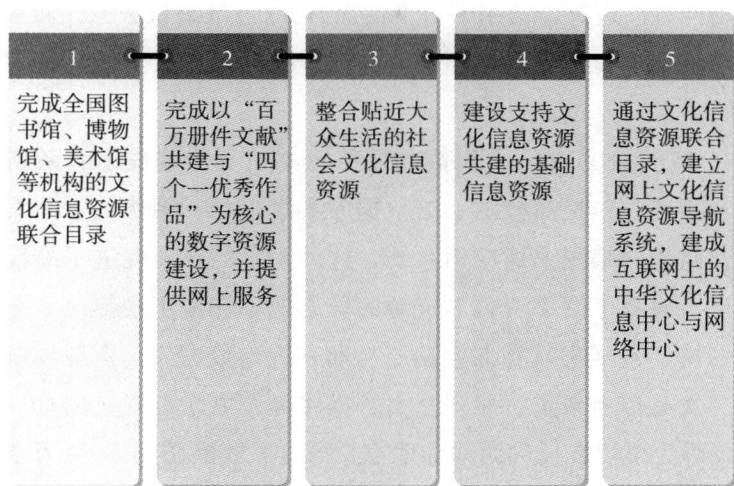

1	2	3	4	5
完成全国图书馆、博物馆、美术馆等机构的文化信息资源联合目录	完成以"百万册件文献"共建与"四个一优秀作品"为核心的数字资源建设，并提供网上服务	整合贴近大众生活的社会文化信息资源	建设支持文化信息资源共建的基础信息资源	通过文化信息资源联合目录，建立网上文化信息资源导航系统，建成互联网上的中华文化信息中心与网络中心

图 7-1　"全国文化信息资源共享工程"的总体目标

（二）地域性系统内的图书资料与资源共知、共建、共享模式

地区性系统内的共建、共享模式是指在某一地区内，公共、高校（含社科院系统）、科研系统图书馆各自建立本系统的文献信息资源管理体系、保障体系、存取体系、利用体系和传递体系，以最大限度地实现地区内系统内部图书资料与资源的共享。在我国，此模式的典型实例主要有以下两个。

1. 上海高校网络图书馆的案例

上海高校网络图书馆的建设是上海教育信息化进程中一个划时代的里程碑，1999 年，由上海市教委和上海高校图工委联合提出建设"上海高校虚拟图书馆"的计划，旨在通过教育科技网的图书资料与资源，提升高校图书馆的服务水平和资源利用率。这一计划后来更名为"上海高校网络图书馆"，并于 2000 年 12 月 25 日正式投入使用，由上海交通大学、复旦大学、华东理工大学和华东师范大学等高校共同参与。上海高校网络图书馆的建立标志着上海教育信息化向资源共享、深度利用的高水平实用性方向迈进，该图书馆不仅拥有 60 万条书目数据，而且实现了馆际互借、文献资源传递和图书资料与资源导航三大功能，极大地丰富了师生的学术资源和研究手段。

2001 年至 2003 年，上海高校网络图书馆逐步建成了一系列重要的数据库和系统，包括高校图书馆数据库共享平台、网络数字图书馆管理系统以及高校网络图书馆应用系统。这些系统的建立促进了高校之间的资源共享，提高了图书资料与资源的检索效率和使用便捷性。上海高校网络图书馆还包括书目查询数据库、期刊查询数据库、资源导航、特色数据库、文献传递系统、期刊全文数据库等，书库可视化浏览检索系统使得高校师生可以在任何时间和地点，通过互联网访问到 60 万条中文书目数据，满足他们对各类文献信息和服务的需求。为了进一步优化服务和加强图书馆功能，上海高校网络图书馆实行了会员制。教育系统的任何单位只需签订《信息服务协议书》并缴纳年度信息费，即可成为网络图书馆的会员，会员制度基于 IP 地址范围提供数据库服务，使得会员单位的读者可以直接访问共享的数据库和相关的信息服务。此种合作模式较为灵活，非常适合地区之间的馆际文献资源在虚拟空间内的图书资料与资源共享。

2.北京高校图书馆与北京高校图书馆联合体的案例

在北京市教委的支持下，2001 年 12 月，北京高校网络图书馆正式启动，管理中心设在首都师范大学图书馆。随着 27 所市属市管高校图书馆加入，这一网络图书馆迅速成为北京高等教育的重要资源平台。到 2002 年 6 月，该网络图书馆正式开通运行，随后成员馆数量迅速增加至 30 多家。同年，北京邮电大学图书馆发起成立了"北京市北三环—学院路地区高校图书馆联合体"，这标志着北京市高校图书馆间合作的深入。11 所重点高校图书馆签订了馆际互借协议，联合体秘书处设立在北京邮电大学图书馆，联合体模式有效地促进了馆际互借和图书资料与资源的共享。2003 年 3 月，该联合体正式开始了馆际互借和资源共享活动。该举措提升了图书资料与资源的利用效率，加强了各高校图书馆的互动与协作。经过三年的发展，联合体的成员馆已遍布整个北京城区，成员数量也达到了 30 多家。到 2005 年，为了强化这一网络的品牌和功能，该联合体更名为"北京高校图书馆联合体"。通过联合体和网络图书馆的双轨并行模式，北京的高校图书馆实现了图书资料与资源的广泛共享，促进了高校间的协调和合作。

（三）全国性跨系统的图书资料与资源共知、共建、共享模式

尽管我国的管理体制呈现出条块分割的特征，在一定程度上成为实施区域内跨系统图书资料与资源共建、共享、共管模式的障碍，但国内一些区域和系统已经展示了这种模式的成功实践。区域范围较小和行政管理问题相对简化的情况下，国内一些地区已经有效地实施了图书资料与资源的跨系统共建、共享。例如，NSTL（国家科技图书文献中心）在为成员馆提供服务的同时，也扩展其服务至全国范围内的各个系统的图书馆，以及非图书馆用户。同样，CALIS（中国高等教育文献保障系统）和全国公共图书馆文化图书资料与资源共享网络，也成功吸引了其他系统的图书馆参与。这些例子表明，在一定的政策和技术支持下，全国性的图书资料与资源共建、共享是可能的，尽管这些还未能达到全国范围内跨系统共建、共享的广泛模式。然而，要在全国范围内实现跨系统的图书资料与资源共建、共享共管，还面临着重大的挑战。首要问题是资金的保障。虽然区域性的项目已经取得了一定的成功，但全国性的图书资料与资源共建、共享、共管模式需要巨大的资金投入，以支持技术平台的建设和维护以及高效的资源更新和管理。观念的变革也是推动全国性跨系统共享的关键，许多地区和系统仍然保持着资源独立运营的传统思维模式，这种观念上的壁垒阻碍了资源共享的深入发展。

二、我国高校图书资料与资源共建、共享、共管的实践特点

（一）图书资料与资源共建、共享、共管模式的可行性

从中国图书资料与资源共建、共享、共管活动的实践来看，全国性或全系统的资源保障体系从战略高度出发，旨在提升文献信息的保障能力。相对而言，地区性的资源共建共享体系更注重便利性和效率，强调提升系统对图书资料与资源的可获知能力。全国性系统内图书资料与资源共建、共享、共管模式，不仅符合中国国情，而且形成了公共、高校、科研机构三大系统三足鼎立的文献信息资源共建共享格局。此模式有效减少了图书资料与资源建设中的重复现象，从整体上提高了国家文献信息资源的保障能力。如此，最大限度地实现了系统内文献信息资源的共建、共享、共管，既是建立中国国家级文献信息资源保障的需求，也是国家发展战略的要求。目前，区域性系统内和跨系统的图书资料与资源共建、共享、共管模式在中国也显示出前所未有的活力。图书馆界已基本达成共识，认为从共建共享模式的灵活性方面来看，这些模式在一定程度上弥补了全国性系统内文献信息资源共建、共享、共管模式的不足。全国性的模式虽然在战略层面具有明显优势，但区域性或跨系统的模式在操作层面更为灵活，能够快速响应地区或特定系统的需求。例如，地区性图书资料与资源共建、共享、共管可以根据地方的具体需求和特点，优化资源配置，提高服务效率和用户满意度。同时，此种模式更便于实现地方性特色资源的开发和利用，从而更好地服务于地方经济和社会发展。

在全国范围内，虽然已经建立了较为完善的图书资料与资源共建、共享、共管体系，但还存在一些挑战，包括资源分布的不均衡、技术标准的不一致和合作机制的不完善等。为了提升图书资料与资源共建、共享、共管的效率和效果，需要加强系统间的协调和合作，建立更加统一

和标准化的管理与运作机制。同时，随着信息技术的快速发展，利用数字化手段推动图书资料与资源的共建、共享、共管也成为一种趋势。数字化可以提升图书资料与资源的可获取性和利用率，通过网络平台实现跨地域、跨系统的即时共享，将极大地提升图书资料与资源共建、共享、共管的范围和深度。

通过三种模式的并行建设，已成功分担资金风险，以较低成本获取较大利益，并以集团组织形式获得了相应的社会效益，此种策略促进了图书资料与资源经济利益及建设成果的共同分享。这些模式形成了层次化、形式多样化、多中心、空间布局合理的文献保障体系，基本满足了国内现阶段的图书资料与资源需求。该现状充分说明了建立全国性跨系统文献信息资源共建、共享、共管的挑战，有力地论证了建立全国性系统内模式和地区性跨系统模式在中国的切实可行性。全国性系统内模式通过统一的管理和标准化的操作，提高了图书资料与资源的整体可用性和效率。而地区性跨系统模式则通过地区间的合作，允许不同地区根据自身的特点和需求，灵活地实施图书资料与资源共建、共享，增强了系统的适应性和响应性。

（二）图书资料与资源共知、共建、共享保障充分

政府引导、政策和资金投入的调控是我国图书资料与资源共知、共建、共享、共管活动的根本保障，在全国性和地区性的文献资源共建、共享、共管项目中，这些项目无一例外地获得了政府职能部门的大力支持与引导协调，并由各级政府财政提供了必要的启动资金和后续投入，此做法非常符合我国的国情。政府的角色不限于业务规范和发展政策的制定，还涵盖了图书资料与资源的保障和行为约束等多个方面。充足的资金支持为图书资料与资源共建、共享、共管体系的构建提供了有利的生存条件，使得可以建立统一的自动化平台，购置必要的网络化服务所需的软硬件设备，为图书资料与资源共建、共享、共管体系

的发展和持续建设提供了坚实的基础。政府的参与不仅确保了图书资料与资源共建、共享、共管的活动可以按照既定的标准和要求顺利进行，也保证了资源的有效利用和长期的可持续发展，从而有效地整合全国乃至地区内的图书资料与资源，提升服务质量和效率，满足公众和专业领域对高质量信息服务的需求。政府的政策支持和资金投入也促进了图书资料与资源共建、共享、共管项目之间的协同和互动，增强了各项目之间的连接和功能互补，推动了图书资料与资源管理和服务创新。

（三）图书资料与资源共建、共享、共管建设内容丰富

图书资料与资源共建、共享、共管建设内容丰富，涉及多种不同的活动和策略，包括联合目录建设、分工合作建设数据库、联合购买电子资源、共享技术、馆际互借、教育培训等元素，共同构成了一个复杂而高效的图书资料与资源管理体系，不仅增强了资源的可用性，也提升了资源的利用效率。不同的系统在共建、共享、共管活动中各有侧重，一方面，高校系统和科研系统在共建、共享、共管活动中，更注重外文图书资料与资源的协调采集、特色数据库的建设以及联合目录的构建，支持了学术研究的深度和广度，提高了教育和研究机构的服务能力；另一方面，公共图书馆系统在共建、共享、共管活动中更加注重数字图书馆的建设，反映了公共图书馆服务广大公众的需求，旨在通过数字化手段提供更广泛的访问权限和更便捷的服务。数字图书馆使用户能够远程访问丰富的图书资料与资源，并以现代化的技术手段增强了用户体验，使图书馆服务更加符合现代社会的需求。

三、我国高校图书资料与资源共建、共享的主要内容与构想

目前，虽然我国各系统和各地区已经建立了一些文献资源共享协作网，但多数协作网没有产生预期的规模效应，其在图书资料与资源共享

方面的作用仍相当有限。为此，建议在现有图书馆协作的基础上，尽快建立一个跨行业、跨系统的权威、统一的综合性信息中枢机构，该机构将形成国家和地方两级链式网络层次结构协作网，从而有效整合和优化我国的图书资料与资源管理。该中枢机构下设的机构包括文献资源建设委员会、计算机网络管理委员会、文献传递协调委员会等，在统一的领导管理下，本着统一规划、统一开发、分工建设、共建共享的原则，将有效推动我国图书资料与资源共享的进程。文献资源建设委员会的主要任务是策划和协调全国范围内的图书资料与资源建设活动，确保各类资源的系统集成和优化配置。计算机网络管理委员会则负责维护和升级图书资料与资源共享的技术平台，保证资源共享网络的稳定运行和数据安全。文献传递协调委员会的职责是优化文献传递流程和服务，提高文献资源获取的效率和响应速度。通过协调和管理机构的努力，可以极大地提升图书资料与资源共享的效率，消除资源配置和管理中的冗余和低效现象。

目前，我国图书馆的藏书目数据库建设相对分散，且尚未完全进入共享阶段，导致读者通过因特网访问各馆的在线公共访问目录（OPAC）时，经常遇到检索效果不佳或无法进行批量检索的问题。为了改变此状况，建议由资源共享网络中心来构建一个集中型的联合目录数据库和公共查询系统。如此，读者可以一次性进行批量检索，快速准确地找到所需的文献信息，并了解这些文献在哪一个图书馆有收藏，大大提升了检索效率，增强了用户满意度。枢纽化的书目信息检索系统，允许用户在单一界面上对多个图书馆的藏书目进行查询，这是国外许多共享网络当前采取的主要方式。实施这一系统将帮助解决当前分散的数据存储问题，统一书目资源，并通过高效的技术手段实现信息的快速共享。集中型查询系统还可以提供额外的服务，如文献传递请求、预约和电子文献直接访问等功能，从而提高了图书资料与资源的可访问性，还可以优化图书馆资源的整体管理和利用。

（一）图书资料与资源共知

图书资料与资源共知是指对文献信息资源的收藏状况、书刊编目情况、文献报道及服务情况的共同了解和认知。在网络环境下，图书资料与资源共知的形式有所扩展，涵盖了多种内容，从馆藏书目数据库的数字化组织和展示，到联机联合编目系统的建立，以及期刊目次服务的实现，各种方式共同促进了文献信息资源的广泛共享和利用。

馆藏书目数据库使图书馆能够以数字化方式组织和揭示其收藏的图书资料与资源，并通过图书馆的主页上网提供服务。此方式使各馆的馆藏图书资料与资源得以共知，任何访问图书馆网站的用户都可以轻松查询到馆藏信息，从而实现信息的高效共享和利用。此举不仅提升了图书馆服务的透明度，还增强了用户的访问便利性和满意度。联机联合编目系统通过将多个文献机构的目录资源联合在一个自动化系统中，形成了一个统一的联合目录数据库，使得所有连接到该数据库的机构均能共享书目资源，并能进行异地联机编目。例如，OCLC 已形成了世界上最大最综合的联合目录数据库，而香港大学拥有世界上第二大的联合目录数据库系统。在中国，CALIS 系统的联机合作编目中心已累积了超过 300 万条馆藏信息，显著提高了信息的可访问性和使用效率。期刊目次服务是图书资料与资源共知的另一种形式，它允许信息服务机构或期刊出版商将期刊目次汇集并通过邮件传递或数据库检索的方式提供给用户。期刊目次服务有助于用户和文献信息机构间的信息共知，使用户能够及时获取和索取所需的学术资源。例如，Uncover Reveal Alert 通告服务就是通过电子邮件将最新出版的期刊目次信息直接发送到用户的电子信箱，根据用户的需求，还可以在 24 小时内将文章全文通过传真传递给用户。在中国，CALIS 和中国科学院文献情报中心建立的 CCC 西文期刊目次系统是展示西文期刊信息资源的主要方式。这些数据库记录了大量的西文学术期刊目次，提供了从检索到全文获取的综合文献服务环境，极大地提高了学术交流的效率和速度。

（二）图书资料与资源共建

共建图书资料与资源是文献信息共知和共享的基础，其核心目的在于提高文献保障率，通过多层次的合作增强资源的可用性和服务质量。在共建的过程中，文献信息机构通常会跨越人为和空间的限制，与其他非文献信息机构进行合作开发。该合作模式可以分为两种主要形式：

第一种形式是文献信息机构之间的直接合作，通常涉及图书馆、档案馆、研究机构等，它们共同开发和维护文献资源库，实现资源的相互补充和优化。例如，多个图书馆可能会共同开发特定主题的数据库或共享罕见文献的数字档案，通过此种方式，各参与机构可以互补资源，提高服务的覆盖率和效率。

第二种形式是文献信息机构与非文献信息机构之间的合作开发，如图书馆与出版社、广播电视台、政府部门等的合作。此种合作模式扩展了图书资料与资源的开发领域，不限于传统的图书和期刊，还包括电子文档、政府工作报告、广播档案等多种形式的资源。例如，英国和美国的图书馆与出版商合作开展的在版编目（CIP）服务，就是一个图书馆与非图书馆机构合作共建图书目录资源的突出例子。此种服务使得图书在出版前就已经完成了编目过程，不仅极大地提高了图书上架的速度和效率，也为读者提供了及时的信息服务。德国的公共图书馆与地方统计办公室合作编制地方信息指南、开发地方信息资源的例子，则展示了图书馆如何利用非传统图书资料与资源进行服务创新，提高了图书馆服务的实用性，加强了图书馆在地方社区中的作用和影响力。在中国，广东省中山图书馆与广州大都会通讯电子有限公司合作成立环球编译中心，这一合作项目使得中山图书馆能够更有效地开发和利用其外文资料，为当地用户提供了更为丰富的国际视角和信息。虽然图书馆与非图书馆机构的合作共建图书资料与资源在全球范围内还未普遍形成规模和体系，但是这种跨界合作的前景非常可观。

1. 实现文献协调采购，学科文献合理配置

自 1957 年国务院颁布《全国图书协调方案》以来，我国在文献协调采购方面逐步发展形成了多样化的采购模式，主要包括地区间、学科间和文献类型间的协调采购。地区间的文献协调采购主要体现在地区高校间或者高校与本地区其他文献机构间的协作，如上海地区自 1994 年起组建了高校期刊协作网，实现了外刊资源的共享。此外，上海高校图书馆利用建立在上海图书馆的文献资源采购中心开展采购工作，为成员馆提供了优良的选书环境，还根据每个图书馆的需求合理配备图书，旨在增加新品种图书的同时减少复本，提高资源利用率。北京地区和广东地区的文献协调采购活动也是此类合作的典型案例，通过区域合作强化了文献资源的区域共享。学科间文献协调采购是目前我国文献协调采购的另一个主要方式，NSTL（国家科技图书文献中心）和 CALIS（中国高等教育文献保障系统）都是以学科为基础进行文献协调采购的典型，CALIS系统的四个全国中心主要按照学科进行文献信息的协调采购，各地区中心也依据重点学科执行了采购协调任务。例如，东北三省的 135 所高校图书馆通过 CALIS 分配的 42 个重点学科开展了协调采购，实现了国内文献的高保障率和国外文献的较高保障率。以学科为导向的协调采购策略有效地保障了学科研究所需的核心文献资源。由于外文期刊和电子期刊相对昂贵，文献类型间的协调采购主要集中在这些资源上。2002 年召开的全国高校图书馆外刊协调会，对教学科研有用但利用率不高的高价期刊进行了分工保种任务，并整理出供有关系统订购参考的外刊，还决定从 2003 年起编制《全国跨系统的外刊预定联合目录》。协调采购的策略提高了外文期刊资源的整体利用效率，并通过重点学科分工收藏的方式，建立了高校外刊文献资源保障体系，加深了与国家图书馆及科研系统图书馆的交流与合作，从而完善了文献快速传递体系。

2.信息资源的数字化建设工作

图书资料与资源的数字化建设涵盖馆藏特色数据库的建设和馆藏图书的数字化转换两个主要内容，这一进程不仅提高了图书资料的可获取性和使用效率，还为全球的教育和科研工作提供了强有力的数字资源支持。馆藏特色数据库的建设旨在将图书馆收藏中独具特色的部分转化为计算机可检索的数据库，这一过程极大地增加了图书资料与资源的价值和使用范围。馆藏特色数据库包括各个图书馆的特藏数据库、专题数据库、全文数据库等，如清华大学建立的"全国高校图书馆信息参考服务大全"及 CALIS 的"高校全文数据库""高校会议论文数据库"，均为通过整合现有的文献资源，提供更为系统和全面的信息服务。馆藏特色数据库为研究者和学生提供了便捷的访问路径，并显著提高了信息资源的利用率。馆藏图书的数字化转换是指将需求量大的重点学科用书、教学参考书等进行数字化，以减少因复本少引起的拒借现象，扩大图书资料与资源的共享范围。数字化转换使得文献信息能够跨越空间和时间的限制，被更广泛地共享和利用。在数字图书馆建设初期，许多文献信息机构对其特色资源进行了数字化转换，极大地促进了学术交流和知识传播。CADAL 计划是中美两国计算机科学家共同发起的一项国际合作计划，旨在建设面向教育和科研的百万册图书规模的数字化文献资源。该计划涵盖 100 万册中、英文图书的数字化加工，并实现了网上全文检索和阅读。美方由卡内基梅隆等著名大学组成的"数字图书馆联盟"参与，中方由浙江大学牵头，与北京大学、清华大学、复旦大学、南京大学等国内 14 所知名高校以及中国科学院分工合作。此项目不仅为学术研究提供了丰富的直接文献支持，而且通过国际合作增强了技术平台的建设，提升了我国高等教育的国际竞争力。此外，该计划的间接效益包括为全社会提供一个开放的知识库，促进数字图书馆的研究和发展，以及加强东西方的知识传播、文化交流和资源共享。

3. 数字化资源的引入

随着新型电子信息载体的不断涌现，图书资料与资源的管理与利用进入了一个全新的时代。传统的印刷型文献信息不再独占鳌头，电子图书资料与资源成为文献信息体系的重要组成部分，这一转变彻底打破了文献信息机构馆藏建设的传统格局。自 20 世纪 80 年代起，我国开始开发和利用电子图书资料与资源，尤其是 1994 年加入因特网后，电子图书资料与资源建设逐渐进入了一个快速发展阶段。目前，电子资源的种类越来越多，规模越来越大，质量也在持续提高。电子资源类型繁多，包括二次文献数据库、全文型的电子图书、电子期刊、学位论文、会议论文等数字化图书资料与资源，这些资源与传统的印刷型文献相比，更便于用户利用，更易于实现资源共享。

电子资源的海量化导致其订购价格不断上升，并对存储系统提出了更高的要求。为了降低电子资源的订购价格，各种图书资料与资源共建、共享体系，如 CALIS（中国高等教育文献保障系统）、NSTL（国家科技图书文献中心）以及一些地区性的文献保障系统，如 JALIS（江苏省高等教育文献保障系统），开始采取联盟内部及联盟间电子资源的集团购买策略和分散上网方式。集团购买策略的实施，使得联盟成员单位能够以更低的价格订购到所需的电子资源，有效降低了成本。例如，对于有共同需求的电子资源，联盟成员通过集体谈判，压低厂商价格，从而减少各成员单位购买电子资源的费用。此外，根据当前的网络条件，对于用户群规模不是特别大的电子资源实行网上包库服务，而对于用户群规模较大的电子资源，根据学科建设的分工，通过充分的协作，将不同的电子资源分散存储于不同图书馆的海量存储系统中。分散存储的策略不仅减少了单个图书馆因独自存储大规模电子资源所需的设备投资，而且提高了电子资源建设和利用的投入产出比。

4.分布协作式资源发现与导航系统

在信息时代，随着 Web（万维网）的迅速发展，传统的集中式网络信息资源发现机制已经逐渐显得力不从心。虽然搜索引擎此类工具依然在日常信息检索中扮演着重要角色，但面对信息量的海量增长、资源管理的复杂性，单一的搜索引擎系统已经难以满足高效、精准的信息检索需求。因此，采用分布协作式的资源发现和导航系统成为图书资料与资源共建共享体系中的一项重要发展方向。集中式资源管理系统在处理海量数据时面临诸多挑战，包括资源更新的滞后、覆盖范围的局限性以及重复建设的资源浪费等问题。与此相对，分布协作式系统通过将资源发现和管理任务分散于多个系统和机构中，不仅可以减轻单一系统的负担，还能提高资源管理的效率和灵活性。此方法使得各个独立系统可以专注于特定类型或学科领域的资源，从而提高了资源管理和检索的专业性和精确性。

在我国，科研和高等教育机构的图书馆系统已经在网络信息资源的发现和导航方面采取了分布协作的方法。这些图书馆系统按照学科进行分工协作，各自建立专门的资源发现和导航系统，最终向全国用户提供相应的资源服务。例如，CALIS（中国高等教育文献保障系统）启动了重点学科网络资源导航数据库项目，该项目是国家"211 工程"的重点建设项目之一，旨在构建一个基于教育部学科分类系统的全球网络资源导航数据库，提供重要学术网站和免费学术资源的导航。同样，中国科学院文献情报系统建立了针对不同学科的门户系统，如化学门户、生命科学门户、数理科学门户等，这些门户系统专注于特定学科资源的导航和发现，极大地提高了科研人员在特定领域内的信息检索效率。分布协作式资源发现和导航系统的建立，使得各个资源发现系统所需管理的图书资料与资源相对减少，降低了操作的复杂性和维护的成本。此外，通过系统之间的协作，不仅扩大了信息服务的覆盖度，而且加快了信息检索的速度，从而有效地提升了信息服务的整体质量。此种模式的成功实施，为图书馆及其他文献信息机构提供了一个有效的路径来收集、整合和利用互联网上的图书资料与资源，实现了资源的共知、共建和共享。

5.统一标准规范的联合制定

统一规划的不足、标准化程度低、联网少是导致利用率低的主要原因，为了克服诸多挑战，需制定统一的数据资源标准。协作各方按照统一标准加工数据，可以极大地提高数据的处理效率和质量。在制定统一标准的过程中，应尽可能使用国际或国内的通用标准，不仅有助于保证数据的质量和可靠性，而且有助于实现图书资料与资源的广泛共享。例如，在数据库建设方面，应充分进行馆际协作，制定开放且与国家标准或国际标准接轨的数据库建设标准与规范。有关标准和规范将为自建数据库的规范化建设提供指导，提高自建数据库的通用性和互操作性。此外，为了最大限度地保障系统的安全并节省平台建设费用，统一平台、安全系统及管理制度也十分重要。通过集中力量来保护系统的安全，可以避免多个系统间安全标准不一致所带来的风险。

（三）图书资料与资源共享

1.馆际互借

馆际互借（ILL）作为共享图书资料与资源的一种极为普遍且有效的形式，在中国经历了显著的发展和变革。最初，馆际互借工作依赖于纯手工方式进行，随后逐步过渡到半手工方式，最终采用非标准的自动化方式。在此过程中，馆际互借服务的形式也不断创新和拓展，包括发放通用阅览证以提供馆际互阅服务，启动馆际流通车以开展馆际互借服务，以及各图书馆之间的直接互借服务等。随着图书馆工作自动化程度的提升，馆际互借工作的效率、质量和服务水平得到了进一步的增强。标准化和自动化的发展使得馆际互借流程更加高效和规范，极大地提升了服务的速度和用户的满意度。其标准化不仅涵盖技术层面，如互借软件的应用、自动跟踪系统的建立，还包括服务流程的优化，如简化借阅申请流程、加快文献传递速度等。

2.期刊交换

期刊交换作为图书资料与资源共享的一个重要方式，在中国已有成功的实践。西北大学昆虫博物馆通过其编辑出版的《昆虫分类学报》与全球42个国家和地区建立了期刊交换关系。期刊交换关系使该博物馆获得了1929年至1994年的218种外文科技期刊，有效地满足了该单位在科研和教学方面对高质量和特定领域文献的需求。此外，通过期刊交换所获取的图书资料与资源既服务于本单位，又为其他单位的科研人员提供了重要的参考和支持，促进了科研成果的生成和学术交流的活跃。

3.分布式合作虚拟咨询服务系统

随着社会的发展，单个图书馆在图书资料与资源及服务等方面面临着无法满足人民日益增长的知识需求的挑战。因此，合作成为图书馆进一步发展的重要途径。在此背景下，分布式合作虚拟咨询服务系统（Collaborative Virtual Reference Service, CVRS）应运而生，为图书馆之间的合作提供了新的模式，并极大地促进了图书资料与资源的共知、共建和共享。分布式合作虚拟咨询服务是一种基于网络的新型参考咨询服务，多个图书馆或信息机构联合起来，基于资源的协调和共享，提供电子邮件咨询服务和实时问答服务。分布式合作虚拟咨询服务不仅是图书馆资源共享的延伸，而且通过资源上的相互补充，能为更广泛的用户群体提供优质的服务。

在中国，图书馆合作虚拟咨询服务也在逐步发展。2002年，由中国科学院文献情报中心、上海图书馆和中国科学院成都文献情报中心共同开发的国家科学数字图书馆分布式参考咨询服务系统项目启动，旨在提出技术标准、管理机制及系统设计方案，构建试验系统。到2003年，该系统正式投入运行。此类服务通过协调合作范围内的信息机构（包括图书馆、信息机构以及虚拟咨询网站）的资源，建立技术层面上的合作系统，并形成有效的机制来管理协调各个成员馆的电子邮件或实时问答回答服务，最大限度地利用各个成员馆的资源。在本土化方面，上海市中心图书馆网上联合知识导航站是中国内地图书馆界提供专业参考咨询和知识导航的先驱项目之一。尽管其规模和服务项目相对简单，但它提供了一个重要的基础，表明合作的组织形式在资源利用上的潜力。此外，CALIS（中国高等教育文献保障系统）分布式联合虚拟参考咨询系统项目由上海交通大学图书馆领衔，联合国内多家著名高校图书馆共同启动，旨在构建一个可持续发展的分布式联合虚拟参考咨询服务体系，强调本地化运作，结合分布式、合作式的运作模式，实现知识库和学习中心的共享与共建。

第三节　人工智能时代下高校图书资料共建、共享、共管的发展趋势

一、 人工智能时代下图书资料共建、共享、共管体系的研究与实践

（一）图书资料体系

在没有成熟和完善的图书资料与资源体系的情况下，资源共享无异于"无源之水"，难以实现其潜在的价值和功能。因此，共同建设一个相对完备的图书资料与资源保障系统成为确保高效共享的关键。一个相对完备的图书资料与资源保障系统应基于一个多维的图书资料与资源体系，此种体系能够从多个层面和角度提供支持，确保图书资料与资源共享能够取得更大的效益。多维体系涉及图书、期刊等传统文献资源的整合，包括数字资源、电子图书、在线数据库等现代电子信息资源的融合，

使得资源共享更为全面和深入。为了使资源的利用效率最大化，图书资料与资源体系首先需要解决的是各自为政和重复建设的问题。在传统模式下，多个图书馆或信息机构可能独立进行资源采购和建设，导致大量的重复劳动和资源浪费。通过建立一个集成化的公共平台，各成员单位可以在此基础上进行资源的整合和共享，从而避免无谓的重复建设，优化资源配置。随着网络技术的快速发展，为图书资料与资源的优化组合提供了强大的技术支持。通过建立协作管理网络，各共享成员应充分利用网络公共平台进行资源的集成整合及开发，实现文献和网络信息资源的一体化。其整合大大提高了资源的可访问性和实用性，提高了图书馆服务的现代化水平。构建一个多维的图书资料与资源体系是一个长期的任务，需要各成员单位克服技术困难，加强沟通。

（二）人工智能时代下图书资料共知、共建、共享的支撑与保障体系

1. 管理机制

随着知识更新的速度加快，教育需求的多样化，传统的图书馆资源已经难以满足高校学生的学习和研究需求。因此，高校之间，以及与其他教育机构、研究机构之间的图书资料与资源共建共享显得尤为关键。有效的管理机制能够提升资源利用效率，促进教育公平和知识的广泛传播。对于高校学生而言，一个高效且良好的组织协调机构可以确保他们能够快速而方便地获取所需的学术资源。例如，国内外许多成功的图书资料与资源共享网络，如 CALIS（中国高等教育文献保障系统）和OCLC（联机计算机图书馆中心），都展示了强大的组织协调能力。这些机构通过整合来自不同高校的资源，既增强了资源的多样性，又提高了资源的可及性。在人工智能的帮助下，这些机构可以利用算法优化资源分配，预测学生的需求趋势，并实时调整资源配置。

在图书资料与资源的共建、共享中，确保所有参与高校无论大小都能从中获得公平利益，是保持合作动力的关键。高校学生作为最终用户，应特别关注他们能否公平访问到高质量的学术资源。为此，建立一个以人工智能支持的动态反馈系统，能够根据使用数据和学生反馈调整资源分配，确保资源共享的公平性和效率。人工智能技术的应用可以显著提高图书资料与资源共享的服务质量，通过智能推荐系统，高校学生可以获得与其研究兴趣和学术需求最匹配的资源推荐。此外，人工智能可以帮助图书馆工作人员进行图书分类、资源标注和查询优化，从而提高图书资料与资源检索的效率和精确性。

2. 技术支持体系

现代信息技术的迅猛发展，尤其是数字化和网络化的广泛应用，为图书资料与资源的共享创造了良好的环境和条件。然而，我国各文献信息机构在自动化发展上存在显著不平衡，此差异存在于不同地区、不同规模的机构之间，极大地影响了图书资料与资源共建共享的效率和效果。为了实现图书资料与资源更广泛、更深入的共享，亟须加快文献信息机构的数字化和网络化进程，包括不断改善网络环境，建立海量数据存储系统，装备高性能服务器，以及建立机构自有的 Web（万维网）网站。这些技术基础设施的建设是实现资源有效共享的前提，能够支持大数据的处理和高速信息的传输，是图书资料与资源共享不可或缺的组成部分。

随着人工智能、大数据、云计算等技术的发展，图书馆及其他文献信息机构需要引进先进的数字图书馆管理系统，从而提升图书馆的运营效率，还能通过提供异构检索平台，加强不同系统间的互操作性，实现资源的无缝连接。此外，基于 Web（万维网）的特色数据库的建设，可以为用户提供更加个性化、便捷的服务，满足用户多样化的信息需求。在技术支撑体系的设计和实施过程中，必须坚持国际标准和国家标准，确保系统的兼容性和规范化，保障系统的长期可持续发展并与国际接轨。遵守标准有助于技术的升级和扩展，保证在全球范围内的技术互认和资源共享。技术支撑体系的设计还需要考虑长远发展，预留足够的空间以适应未来技术的变革。

3.人才培养机制

现代图书馆不仅需要拥有传统的图书管理和文献处理技能，还需要具备计算机知识、网络通信及外语能力，甚至需要理解和应用人工智能技术。因此，构建一个有效的人才培养机制成为提升图书馆服务能力的关键因素。为适应现代图书馆的需求，需要从多个层面和途径引进具有多样化技能的人才，可以从高校图书情报科学专业直接引进新鲜血液，同时考虑跨领域招聘，如计算机科学、数据分析、人工智能等相关专业的人才，这些人才能够帮助图书馆在数字化和智能化服务上实现突破。随着技术的不断发展，持续的职业教育对图书馆员来说至关重要。图书馆应该实施系统的继续教育计划，包括定期的在职培训、工作坊、研讨会等，以确保图书馆员能够跟上人工智能和信息技术的最新发展。培训内容不限于技术技能的提升，还包括客户服务、项目管理和创新服务设计等。图书馆需要制订具有前瞻性的中长期人才培养政策和年度培训计划，旨在培养图书馆员的全方位技能，从技术操作到服务理念，从数据处理到用户互动，确保图书馆人才结构的合理化和未来发展需要的适应性。

（三）信息资源的利用体系

随着人工智能的广泛应用，图书资料与资源的利用体系正在经历一场革命。通过人工智能技术，图书馆能够实现自动化的文献检索、智能化的资源推荐和更精准的用户行为分析，不仅提高了服务的效率，而且提升了用户体验，从而使用户能够更快地找到所需的资料。然而，尽管这些技术的引入带来了巨大的潜力，我国在图书资料与资源利用体系的研究和实践方面还处于初级阶段。目前，许多先进的利用方式尚未得到广泛的实践或普及。这表明，尽管技术已经可用，但在实际应用中还存在一定的障碍，其中可能包括技术接受度、资金投入、人才培训等多方面的因素。为了推动图书资料与资源的共建共享，不仅需要在技术上进行创新，还需要在管理和政策上进行相应的调整和支持，包括制定适合国情的管理策略、用于基础设施建设的投资以及在教育体系中加强对图书情报专业人才的培养。

二、人工智能时代下图书资料共建、共享、共管与开放获取

（一）开放获取的含义及其产生背景

当前，文献信息机构所购买的电子资源主要涵盖电子期刊和电子图书等，用户虽然能够访问有关资源，但只拥有使用权而非所有权。出版商为了保护自身的长期利益，采取了多种措施来限制这些电子资源的使用。例如，他们通过技术手段限制电子期刊的使用模式，禁止图书馆进行电子文件的馆际互借，甚至禁止电子期刊复印件的馆际互借，不仅束缚了图书馆和最终用户的权利，也抑制了知识的开放共享。在此背景下，人工智能技术的应用为解决有关问题提供了新的思路和方法。利用人工智能，文献信息机构可以开发智能的资源管理和访问系统，根据用户的使用习惯和需求，提供个性化的资源推荐，优化资源的配置和访问策略。此外，人工智能技术可以帮助文献信息机构更有效地与出版商谈判，通过数据分析展示用户需求和使用情况，为获取更为宽松的授权条件提供依据。

尽管电子版图书资料与资源提供了相对于传统纸质出版更快的访问方式，许多电子图书资料与资源仍受制于传统的出版流程。特别是在生物医学等快速发展的学科领域，传统的出版流程从作者投稿到最终读者获取，通常需要3—6个月的时间，这显然无法满足科研人员对图书资料与资源时效性的迫切需求。基于此背景下，开放获取（Open Access，OA）模式应运而生，它旨在打破传统的出版流程，允许科研成果尽可能

快速地被公众访问和使用。开放获取通过网络平台发布，使得一旦科研成果完成即可在线发布，大大缩短了从完成到公众可用的时间。此种模式加快了知识的传播速度，提高了图书资料与资源的利用效率。人工智能技术在开放获取模式中发挥着越来越重要的作用。①人工智能可以用于优化图书资料与资源的搜索引擎，提高检索效率，确保用户能够快速找到所需的资料。②人工智能可以通过分析用户的搜索习惯和阅读偏好，提供个性化的推荐，增强用户体验。③人工智能能在图书资料与资源的管理和分发中起到关键作用，例如，通过自动化的内容管理系统，可以实现对大量开放获取资料的快速审核、分类和发布。④人工智能能帮助出版机构和图书馆监控和分析图书资料与资源的使用情况，为未来的资源规划提供数据支持。

　　开放获取（Open Access, OA）是利用互联网技术，允许用户免费获取学术文献资源的一种现代出版模式。此方式没有价格或访问权限的限制，极大地促进了科学知识的生产、出版、交流和共享。在人工智能时代，开放获取尤其显得具有革命性，因为它与新兴技术的结合为学术研究的传播方式带来了根本性的变革。开放获取主要针对经过同行评审的学术文献，尤其是学术期刊论文，同时包括会议论文、学位论文等其他类型的学术成果。这些资源一旦发布，即可由全球任何人自由访问和使用，无须支付订阅费用或面临其他形式的访问限制。关于开放获取的经费，通常由作者自己或支持研究的机构，如基金会、政府部门、大学和研究实验室等承担。如此的经费模型旨在去除传统出版中的财务障碍，使研究成果能够尽可能广泛地传播，从而加速科学进步和知识积累。在人工智能的辅助下，开放获取可以实现更加高效和精准的知识服务。人工智能技术可以帮助自动分类和标注大量的开放访问文献，提高检索系统的效率，使研究人员能够快速找到所需的文献。

　　与传统的电子期刊相比，开放获取期刊通过网络平台实现了对科学知识的快速传播，使得最新的研究成果能够即时公布，并被全球学者和公众即刻访问和使用。开放获取期刊的主要优势在于它消除了传统出版中的版权和访问权限限制，著作权所有者事先放弃了对复制、存储、打印和链接等一系列使用权的限制，从而允许任何人自由地阅读、下载和分享文章。其开放性加速了科学知识的传播，促进了学术研究的国际合作和跨学科发展。在人工智能辅助下，开放获取期刊可以进一步提高其服务质量和效率。人工智能技术能够帮助自动化处理大量提交的论文，从初步筛选、同行评审到最终发布的各个环节，显著地提高了出版流程的效率。

在国际领域，开放获取已成为图书资料与资源共享的一种主流方式，受到许多领先大学和研究机构的高度重视。例如，美国的哈佛大学、麻省理工学院和华盛顿大学等，都在其图书馆主页上积极宣传和推荐开放获取作为学术交流的方式。特别是堪萨斯大学图书馆，不仅将开放获取纳入服务内容，还强调构建一个满足当前及未来研究者需求的学术交流系统，这需要教师、图书馆员和出版社的密切合作。在人工智能时代，开放获取的推广和应用具有更广泛的意义。通过利用人工智能技术，图书馆可以更有效地管理和分发开放获取的内容，如使用人工智能进行文献的自动分类、元数据标注和内容推荐等，从而提高资源的可访问性和使用效率。

（二）开放获取与图书资料共知、共建、共享

开放获取（Open Access, OA）在图书资料与资源共享领域已成为一种创新的推动力，随着科技的进步，特别是人工智能技术的日益成熟，开放获取的实践正在向更高效和更动态的方向演进，从而极大地推动了学术交流和知识传播的边界。开放获取模式鼓励跨学科甚至跨行业的合作，在人工智能的帮助下，图书馆可以与数据科学、计算机科学和其他技术领域的专家合作，开发新的工具和平台，用于改善和增强文献的可访问性和可用性。此种合作不仅限于提高搜索和检索系统的效率，也涉及创建更智能的用户交互界面，使得非专业用户能轻松获取和利用高级学术资源。

开放获取资源的集成与人工智能技术相结合，为数据分析和可视化

提供了新的可能性。图书馆和研究机构可以利用人工智能进行深入的数据挖掘，识别研究趋势，分析阅读和引用模式，不仅会提高资源的管理效率，还可以提供定制化的内容推荐。此外，通过可视化技术，复杂的数据和研究结果可以被更直观地呈现，有助于研究人员和公众更好地理解复杂的概念或发现。尽管开放获取提倡自由使用，版权问题依然是一个复杂的挑战。在这一背景下，人工智能可以辅助图书馆对版权知识进行教育和管理。例如，通过自动化系统帮助识别和标注内容的版权状态，确保用户在遵守法律的前提下使用资源。此外，人工智能也可以用于追踪和分析版权相关的争议或使用模式，提供策略建议。在推广开放获取的过程中，图书馆需要考虑到可持续性问题。人工智能技术能帮助图书馆评估资源的使用效果，优化资源配置，确保在有限的预算内使资源的使用价值最大化。

第八章 人工智能在高校图书资料管理与读者服务中的实际应用举措

第一节 我国高校移动图书馆的发展研究

一、移动图书馆的概念解读

移动图书馆的概念已从传统的流动车辆扩展到数字技术的创新应用，移动图书馆不再局限于实体书和实体场所，而是利用现代技术，如无线网络和移动设备，提供无缝的图书馆体验。用户通过手机或平板等设备，即可随时随地享受图书馆的服务，包括阅读电子书、查看文献、参与线上讲座和研讨会。其便利性大大扩展了图书馆的功能和影响力，使得知识的获取更加民主化，任何时间、任何地点的访问都成为可能。用户可以直接在他们的设备上下载或流式传输数字资源，包括图书、杂志、报纸及多媒体内容，实现即搜即得的便捷。移动图书馆服务还特别适应现代人快节奏的生活方式，满足了人们在休息时间或任何短暂空闲时间里对阅读和学习的需求。

移动图书馆是一种结合无线通信网络与数字图书馆系统的先进服务形式，它以用户需求为中心，通过移动设备提供多样化的图书馆服务。这一系统不仅满足了传统的图书查询和借阅需求，还包括参考咨询、在线支付等功能，有效地突破了地理和时间的限制，为用户带来了前所未有的便利。读者通过移动图书馆服务模式，在任何地点只需通过手机或平板等移动终端设备，就能轻松实现对图书馆资源的访问和利用。例如，用户可接收图书归还和预约的短信提醒，不仅增加了图书馆服务的互动性，而且提高了资源利用的效率。书目信息的查询功能使得用户能够快速找到所需资料，无须亲自前往图书馆即可了解图书的详细信息。移动终端设备作为与图书馆互动的工具，不限于单向的信息接收，还允许用户参与图书馆的多种活动，如在线讲座、研讨会的直播，甚至可以进行实时的问题咨询和反馈，使得图书馆服务更加人性化和互动化。

二、移动图书馆的基本特点

移动图书馆展现了技术与传统服务的完美融合，其利用移动通信技术，将图书馆服务的传统优势与现代技术的便捷性结合起来。此种创新不仅保留了图书馆原有的各项服务功能，如借阅、查询和参考咨询，还解决了传统图书馆在移动性方面的不足，使得用户无须前往实体图书馆就能享受到全面的图书馆服务。移动图书馆提供的人性化服务，如随时随地的访问、实时的信息更新及个性化推荐，大大提升了用户体验。其特点如图 8-1 所示：

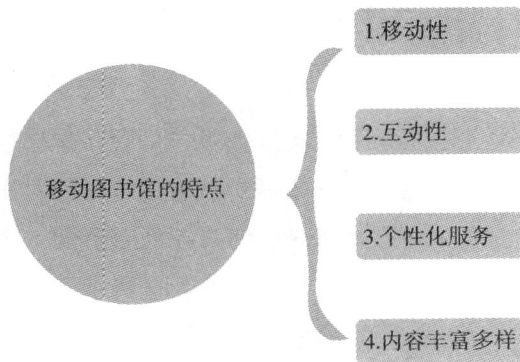

图 8-1　移动图书馆的特点

（一）移动性

移动图书馆的核心特点在于其卓越的移动性，该特性得益于电子技术的支撑和无线通信网络的应用。结合技术整合，图书馆服务不再受到传统的时间和空间限制，可以在全球任何角落提供连续不断的服务。移动图书馆能够存储大量信息，并实现高效的数据管理与检索系统，使用户能够通过智能手机、平板电脑等移动上网设备轻松检索和访问所需信息。此无缝连接的信息获取方式极大地方便了用户，无论是学术研究还是日常阅读，用户都能通过简单的操作迅速获得所需资料。图书馆的服务效率也因此得到显著的提升，满足了现代社会对于快速、便捷信息服务的需求。

（二）互动性

移动图书馆的另一个突出特点是其互动性，主要得益于移动终端设备的双向交互功能。用户不仅可以通过手机等设备发送短信或留言，进行咨询和提出建议，还可以与图书馆工作人员实现实时的沟通交流。即时反馈机制增强了用户与图书馆之间的联系，使得服务更加个性化且响应迅速。移动终端的应用还极大地便利了用户的图书管理过程，通过简单的操作，用户可以查询图书馆的馆藏信息，执行预约和续借等自助服务，从而节省时间并提高效率。

（三）个性化服务

移动图书馆通过建立互动沟通信息服务平台，能够根据用户的具体需求提供定制化的信息服务。例如，新书通报可以针对用户的阅读偏好进行个性化推送，确保用户及时获取感兴趣的新资源。个性化服务方式使得用户在获取信息时具有更大的自主性和选择性。个性化的服务模式不仅让用户能够主动选择所需的信息，还极大地提升了用户的满意度和参与度。用户可以根据自己的兴趣和需要来定制接收信息的种类和频率，从而使得图书馆的服务更加贴合个人需求，此转变不仅体现了图书馆业务的现代化和用户中心化，还标志着图书馆服务从传统的、标准化的服务向更加灵活和个性化的方向发展。

（四）内容丰富多样

移动图书馆通过扩展传统图书馆的功能和服务范围，实现了内容的多样化和丰富性，此种服务形式从图书馆丰富的文献资料和专业服务中获取信息资源，能够满足不同用户的需求。特别是对于来自不同语言和文化背景的用户，移动图书馆提供了更加便利的方式来利用图书馆资源，从而促进了信息的可达性和使用的便捷性。移动图书馆不仅包含文字资料，还广泛地整合了图片、音频、视频等多种媒体形式的内容。用户可以根据个人的偏好和需求选择最合适的信息形式，无论是视觉学习者还是听觉学习者，都能找到适合自己的资源，此种多媒体集成方式对于维持用户的参与度和增强学习体验是极其有效的。移动图书馆还提供了一系列增值服务，如手机短信定制服务允许用户接收关于新书发布或图书馆活动的定期更新；馆藏搜索功能可以帮助用户快速找到所需资料；而电子书的浏览与下载功能让阅读变得无时无刻不在。参考咨询服务的增设，确保了用户在研究或学习过程中能够获得专业的支持和指导。

三、高校移动图书馆信息服务的主要类型

随着移动技术的迅速发展，信息服务已经深入各行各业，对传统信息服务机构提出了新的要求和挑战。高校图书馆作为知识与信息的重要提供者，有必要利用移动互联网平台来提供更实时、更便捷的信息服务。通过此种方式，高校图书馆能有效地补充实体图书馆的服务，并显著提高图书馆的管理和服务水平。移动互联网平台使得学生和教职员工能够随时随地访问图书馆资源，包括电子书、学术论文及数据库查询等。其便捷性极大地满足了现代高校师生的学习和研究需求，使他们能够更加

高效地获取和利用信息。移动图书馆服务模式的创新还为高校图书馆事业的发展带来了新的契机，推动了图书馆服务向数字化、个性化和智能化的方向发展。

（一）短信服务类

在高校图书馆的移动服务中，通过数字图书馆系统，用户预留的手机号经系统验证后完成绑定，启用短信服务功能。此服务大致分为两种类型，有效地满足了高校师生的不同需求。第一种服务是短信定制，短信定制服务使高校图书馆能够根据用户的定制要求发送相关的动态信息，此类信息包括但不限于图书催还提醒、新书通告以及各类图书馆举办的活动通知。此功能使用户能够及时了解图书馆的最新资讯和相关动态，极大地提升了用户体验和服务的个性化程度。第二种服务是短信请求应答，用户可以直接发送短信到图书馆的特定服务号码，提交如书目查询或借阅信息的请求。系统随后通过短信回复，直接将所需信息发送到用户的手机上。此种即问即答的服务模式为用户提供了极大的便利性，并保障了信息的实时传递。

（二）移动接入类

移动接入服务在互联网与先进移动网络的结合下，已经变成了图书馆服务的核心。WAP（无线应用协议）作为一种移动或其他个人终端间的开放式全球标准，为高校图书馆提供了强大的技术支持。用户可以通过无线网络、手机等终端设备登录高校图书馆的 WAP 网站，直接浏览并利用图书馆提供的各种数字服务。高效的移动接入使得高校图书馆不仅能提供基本的门户功能，还能满足用户更深层次的信息需求。具体来说，用户可以轻松查询书目和借阅记录、预约和续借图书。此外，图书馆的服务还包括对数据库的查询和下载、电子书的在线阅读、视频点播等功能，多种服务的整合，极大地丰富了高校图书馆的服务内容，提升了其功能性和互动性。利用 5G 网络的高速度和大带宽特点，移动设备平台的运用更是达到了新的高度，使得图书馆能够处理大量的数据传输，并保证了服务的连续性和稳定性，极大地提升了用户的体验。因此，读者可以在任何时间和任何地点，享受到快速而高效的图书馆数字服务，满足他们对移动文献信息服务的需求。随着移动接入服务的不断完善和扩展，高校图书馆的作用也在教育和文化事业中得到了更大的扩展。

（三）实时参考咨询类

实时参考咨询服务通过手机等设备提供了一个虚拟交流环境，使读者和工作人员能够进行即时沟通。多数高校图书馆目前已经通过电话、电子邮件、即时消息等传统方式提供远程参考咨询服务，而更先进的实践包括依托可视电话服务实现实时咨询。诸多先进的技术允许图书馆工作人员与用户之间不仅可以通过文字，还可以使用图片、语音和视频等多种形式进行交流，从而极大地增强了互动性和信息的准确传递。例如，读者在撰写研究论文或进行学术探究遇到困难时，可以直接通过这些平台与图书馆专家实时交流，获得专业的指导和建议。实时的互动方式使图书馆的参考咨询服务更加人性化，显著地提高了用户的参与度。用户能够获得更为生动和具体的帮助，无论是解答疑问还是提供学术资源，都能更加迅速和直接。

（四）移动定位类

高校图书馆的移动定位技术正变革着传统的图书查找和导航方式，图书馆能够通过这种技术，依据用户当前的地理位置提供相关信息，用户也可以利用自己的移动设备确定图书馆的具体位置。更进一步，此项技术使得用户能够在高校图书馆的地图上查看不同科室的位置，最重要的是，它帮助用户精确地找到所需图书的架位。当用户需要找到特定的图书时，图书馆的 OPAC（开放的公共查询目录）系统可以显示馆藏的平面图。结合移动定位技术，系统能够确定每本书的具体排架位置。随后，这些信息会被转换成图形化的路线图，直接在用户的移动终端上显示。此种图形化指引对一些不熟悉图书馆排架系统的用户来说，是一个极大的便利，可以帮助他们快速且准确地找到所需的文献。

（五）个性化定制类

个性化定制服务是在深入了解用户的兴趣爱好和研究课题之后进行的，使得图书馆能够更精准地提供相关资料和服务。个性化定制服务使用户可以接收到针对特别设计的提示信息和资源。此外，用户还可以通过手机应用来定制自己感兴趣的特定信息或服务，甚至预约参与即将举行的各类活动，这不仅增加了用户的参与感，而且极大地提升了服务的个性化水平。展望未来，数字高校图书馆将继续朝着提供更多个性化服务的方向发展。

四、高校移动图书馆发展中的局限性分析

（一）技术

随着移动设备品牌和类型的增多以及操作系统的多样化，高校移动图书馆在数据展现方式上遇到了巨大的挑战。不同品牌和系统的设备对数据格式和展示方式的要求各不相同，使得图书馆在提供跨平台服务时经常需要进行复杂的数据格式转换，不仅增加了技术处理的复杂性，也加大了服务维护的难度，还影响了用户体验的连贯性和流畅性。不同高校图书馆往往采用各具特色的数据库系统，其在数据存储格式、处理方式及加密保护方法上各不相同。由于界面和数据格式的不一致性，用户在进行资源检索和查询时可能会遇到操作不便和信息不对称的问题。此外，缺乏通用的第三方接口，使资源的整合和共享变得更加困难，从而限制了服务的扩展和优化。中国的三大运营商——移动、联通、电信，在数据服务的协议、计费方式及访问权限上各有不同，这些差异导致了

用户在访问高校图书馆的数字资源时可能会遇到额外的费用或访问限制，从而影响了数字化服务的普及和便捷性。

（二）建设资金

传统的图书馆服务虽然以公益性为主，但移动图书馆的建设和运营往往依赖于运营商的网络平台，使得服务难以完全免费提供。高校图书馆的经费本就紧张，导致移动图书馆的深层次功能无法得到充分发挥，进而影响了其利用率。移动设备的上网费用相对较高，成为制约用户使用高校图书馆手机服务系统的一个重要因素。高昂的费用可能会阻碍用户频繁利用这些服务，尤其是在学生群体中，此种影响尤为明显。

（三）服务及管理

在人员配备方面，随着图书馆服务由传统的单一被动方式向深层次、高技术含量的主动方式转变，对技术型人才的需求日益增加。高校图书馆需要招募具备高端技术能力的专业人员，专业化人才是开发和维护移动服务软件的关键。他们不仅要处理系统的日常运维，还要根据服务需求开发新的应用功能，以确保图书馆服务的技术前沿性和用户友好性。然而，目前许多高校图书馆在这方面还处于起步阶段，缺乏足够的技术人才来支持这一转型。服务内容方面的问题则表现在服务单一和缺乏创新上，尽管移动图书馆提供了一系列基本服务，如短信服务、新书通报、书目检索等，但大多是数字图书馆服务的简单移植，并没有根据移动端用户的特定需求进行优化和创新。此外，有关服务往往缺乏针对性和特色，未能有效利用移动技术的优势来深度挖掘和利用信息资源。例如，移动图书馆的服务内容往往没有充分考虑用户在移动环境下的实际使用场景，导致服务虽多但不够精准，无法完全满足用户更深层次的信息需求。高校图书馆普遍只关注自身的移动应用开发，缺乏与其他图书馆的协同，在一定程度上限制了资源的共享范围和效率。

五、高校移动图书馆有效发展的对策

（一）技术方面支持

不同品牌和型号的移动设备因安装不同的操作系统，其软件兼容性存在很大差异。对于高校图书馆而言，必须建立包括技术标准、应用模式、文件格式等在内的统一标准。统一的技术标准能够确保无论用户使用何种设备，都能无缝接入图书馆的数字资源，不仅有助于简化图书馆的服务流程，也有利于实现文献信息资源的共建和共享，从而使所有用户能平等地访问图书馆资源，无论其地理位置或使用的设备如何。随着移动技术的迅猛发展，信息资源的获取变得更为高效和便捷。高校图书馆应致力于无限制地提供访问任意图书馆信息资源的服务，这需要广泛的馆际合作。共享资源不仅可以扩大有限资源的服务效益，也可以减少资源开发成本，并提高资源利用率。共建资源还需要充分的人力、物力和财力支持，高校图书馆之间的密切合作和资源的开放，是确保移动服务顺利进行的关键。搭建高效的移动业务平台是开展移动阅读服务的基础，在此过程中，移动运营商及网络信息技术公司扮演着至关重要的角色。随着移动信息服务模式的广泛推广，内容提供和应用程序开发已成为高校图书馆移动服务的重点工作。因此，加强与技术提供者的沟通和协调，引入先进的网络信息技术到图书馆信息服务中，是推动高校图书馆移动服务发展的一个重要策略。

（二）有效降低成本

国家相关部门应当出台规范，针对电子数据库市场营销进行明确的政策指导，以支持高校移动图书馆的发展。例如，对国外数据库的价格进行管理和监督可以帮助高校图书馆以更合理的价格采购到必需的外文数据库资源，从而直接降低移动阅读服务的成本。政策支持将为图书馆提供更多的资源选项，从而促进信息资源的财政可持续性。高校图书馆可以通过与电子产品开发商和移动运营商的合作，共同研发专为移动智能服务设计的终端设备并实行绑定服务，从而开发出更适合高校环境的移动设备，还能通过量产来降低设备成本。用户既可以选择经济实惠的移动终端设备，也可以定制适合自己的移动通信服务方案，从而有效地减少移动阅读的通信成本。同时，利用 Wi-Fi 服务而不是移动数据，也是一个有效节省上网费用的方法。

（三）强化服务管理

高校图书馆需要转变传统的服务理念，引入更多的个性化服务元素，其中涉及服务内容的丰富和深化，还包括对新技术的研究和应用。图书馆通过积极引进和吸收新技术，可以改进和创新服务方式与手段，从而吸引更多用户。为了更好地实现个性化服务，图书馆应进行详尽的用户需求调查，了解用户的信息需求和兴趣爱好。基于这些数据，图书馆可以有针对性地提供符合用户个性需求的阅读服务，整合并拓展信息资源。加强与用户的互动并及时处理用户反馈，不仅能够不断提升服务质量，还能增强用户满意度。为了让更多的人了解并利用移动信息服务，高校图书馆需要在宣传上下功夫。利用图书馆主页、海报、讲座及各类网络媒介等多种渠道进行宣传，可以有效提高移动信息服务的知名度和用户参与度。大力推广移动图书馆服务能够增加用户的访问量，提升图书馆服务的整体效果，使图书馆的资源和服务得到更广泛的应用。高校图书馆员的素质直接影响图书馆服务的质量和效率，鉴于高校移动图书馆的运行依赖于网络技术和信息技术，图书馆员必须具备相关的技术知识和技能，包括系统管理与维护的能力以及对软硬件开发的了解。图书馆员需要不断学习最新的技术和管理知识，以适应快速变化的信息服务环境。此外，应坚持"以人为本"的服务理念，不断优化服务流程，提高服务质量。

第二节　人工智能融入高校图书馆微博服务的措施

一、微博的特点解读

（一）快捷方便

微博作为一种社交媒体工具，因其方便快捷的特点而深受用户喜爱，其准入门槛非常低，不需要用户具备高级的技术技能或复杂的表达能力。普通用户可以很快学会使用微博，并能够在短暂的时间内完成发布信息的操作，非常适合现代快节奏的生活方式。微博能够通过各种终端设备，如电脑、智能手机和平板等进行访问，打破了传统沟通的时空限制。用户无论在何时何地，都能即时通过微博平台分享文字、图片等多种形式的内容。

（二）迅速传播

微博作为一个社交平台，其信息传播的速度极快，极大改变了传统的信息传递方式。用户之间可以互相关注并使用评论和转发功能，使得发布的内容能迅速传播和扩散至更广泛的受众；此种互动性强且开放的沟通模式极大地加速了信息的流通速度。结合智能手机及其他通信工具的使用，微博能够实现几乎实时的信息更新和分享，从而大大提升了传播效率。其快速的信息传递能力不仅让用户能够即时获得和响应最新消息，也极大地增强了信息的现场感，使用户仿佛身临其境。正是这种独特的传播效率和现场感，使微博成为用户获取和分享信息的首选平台。

（三）互动性较强

微博的互动性是其吸引用户的重要特点之一，发布的内容不仅会立即推送给关注者，还可以随时接收评论和被转载，极大地促进了用户之间的互动交流。用户可以通过回复评论或发送私信的方式与其他用户进行直接对话，即时反馈和沟通机制不仅增强了社交体验的活跃度和亲密感，还可以利用其他社交平台，如 QQ、微信、朋友圈等，扩展和加强与亲友、同事、同学之间的联系。

（四）突出个性化

微博平台的个性化特征非常显著，允许用户根据个人喜好自由发布内容，展现独特的风格。其开放性使得微博不受用户身份地位、时间和空间的限制，极大地扩展了用户的表达空间。用户可以在任何时候、任何地点发表思想和情感，从而使内容显得更加自然和真实，自由和灵活的表达方式让微博成为一个充满个性和创意的平台。用户的"灵感"往往直接转化为内容，这些内容由于其真实性和原创性，更容易得到其他读者的共鸣和接受。

二、当前高校图书馆开通微博的必要性与重要性分析

（一）利于加强高校图书馆自身的宣传工作

高校图书馆通过使用微博进行自身宣传，可以充分利用这一平台的广泛影响力和互动性。在校大学生作为图书馆服务的主要受众，通常对新事物抱有开放态度，并且很多已经活跃在微博等社交媒体上。利用微博，图书馆不仅能直接与学生进行更为有效的互动和交流，还能通过学生的网络影响力将图书馆的服务和活动信息迅速传播。微博作为一种社交工具，既有助于图书馆推广其服务至更广泛的社会公众，也可以提升图书馆的公共形象，从而增强其社会地位。通过定期更新有关图书馆的

新闻、活动和资源信息，高校图书馆能够吸引更多关注，从而更好地服务于读者。

（二）更加符合读者个性化需求

高校图书馆开通微博账户，既符合现代社会快速、便捷的沟通需求，也非常迎合读者的个性化需求。读者不仅可以通过微博随时随地分享自己的观点和想法，也能够即时接收图书馆的最新消息和资源信息，此种互动性极大地增强了图书馆服务的亲和力和实用性。微博平台的使用也促进了读者群体之间的交流，使得读者能够相互交流图书推荐、学习资源和研究经验，从而形成一个活跃的学术社区。该社交媒体的应用令图书馆的服务更加贴近读者的日常生活，加深了读者对图书馆的依赖和信任。

（三）拓展高校图书馆的服务面

高校图书馆通过使用微博，成功地扩展了服务范围，打破了传统仅限于校内学生的服务界限。微博的用户基数庞大、覆盖面广，使得图书馆能够向更广泛的社会公众传播信息。通过微博发布的文本、图片和视频等多媒体信息，有效增强了信息的吸引力和易读性，极大提高了信息传递的效率和准确性。利用微博这一平台，图书馆能及时更新馆内的新闻动态、活动预告及学术资源信息，有效提升图书馆服务的透明度和公众参与度。这种现代化的信息传播方式，不仅让读者能够便捷地获取所需信息，还帮助图书馆建立了更加开放和互动的公共图书服务体系。

三、人工智能融入高校图书馆微博服务的措施

国内高校图书馆普遍开通了微博，并积极利用这一平台进行服务。然而，如何有效地利用微博来支持图书馆事业并打造独特的服务特色，成为一个亟待解决的问题。

（一）强化宣传力度

在高校图书馆积极运用微博进行宣传和信息交流的同时，引入人工智能技术可以进一步提升微博服务的效能和互动性。人工智能可以使图书馆实现更精准的内容定向和用户互动，从而有效地提升宣传效果。利用人工智能进行内容优化，可以根据学生和教职工的历史互动和阅读偏好，自动推送相关性高的图书馆资源和活动信息。例如，智能算法可以分析用户的关注领域和互动数据，从而推荐个性化的阅读材料或研究资源，使宣传更加目标化和效果化。人工智能还可以通过自然语言处理技术增强图书馆微博的互动能力，例如，设置自动回复系统，对用户的常见咨询进行即时响应，或者在用户评论时生成自动化的、内容相关的反馈，增强用户体验。

（二）多平台构建

为了更好地迎合广泛分布在各大社交媒体平台的高校学生，高校图书馆可以利用人工智能技术在多个微博平台上有效建设和管理账户。通过人工智能的数据分析能力，图书馆能够在不同的社交媒体平台上开设账户，并根据每个平台用户的活跃度和偏好发布定制化内容。人工智能可以帮助图书馆分析各平台的用户行为和反馈，从而确定哪些类型的内容最受欢迎。例如，图书馆可以使用人工智能工具来追踪和分析用户的互动，如点赞、评论和分享，以优化内容策略和提高帖子的可见性和参与度。人工智能也能自动调整发布的时间，以确保内容在用户最活跃的时段发布，从而提高阅读率和互动率。通过在不同平台发布具有针对性和特色鲜明的内容，高校图书馆不仅能扩大其信息的覆盖范围，还能通过智能化管理提高整体的微博使用效率，从而更有效地服务于广大师生。

（三）及时、有效的更新内容

为了确保微博内容的新颖性，抓住学生读者的眼球，高校图书馆可以利用人工智能技术来优化内容更新和提高响应速度。通过集成人工智能工具，图书馆能够自动监测和分析热点话题及趋势，从而生成和推送相关的、吸引学生兴趣的内容。人工智能系统可以帮助图书馆实时跟踪用户互动，如评论和咨询，确保快速响应。人工智能可以通过预设的算法来自动识别常见问题，并提供标准答案，对于更复杂的查询则通知管理人员介入，从而显著提高回应效率。人工智能还能根据历史数据预测最佳发布时间，以确保内容在用户最活跃的时段被看到，从而增加阅读率和互动率，不仅增强了微博内容的吸引力，也提高了图书馆服务的可访问性和效率，使得图书馆的微博平台成为一个动态的、用户友好的信息分享和互动空间。

（四）重视加强管理

人工智能（AI）的应用可以极大地提高管理效率和内容质量，确保图书馆微博服务的有效性和安全性。人工智能可以自动监控和分析微博上的内容，帮助图书馆管理人员识别出有价值的用户反馈和趋势信息。①人工智能技术如自然语言处理（NLP）可以用于理解和归纳用户评论，自动提取关键信息，帮助图书馆更好地总结和分析读者需求。②人工智能能根据分析结果生成高质量的内容反馈，提高与读者的互动质量。③由于微博内容的真实性和准确性难以人工单独验证，人工智能的引入可以通过算法验证信息的来源和真实性，减少错误信息的传播。④人工智能可以配合事实核查工具，自动识别并标记可疑或误导性信息，以支持图书馆管理人员进行高效的内容审核。⑤人工智能不仅可以提升内容管理的质量，还能在风险管理方面发挥作用。⑥通过对微博交流模式的学习和预测，人工智能可以预警潜在的风险行为，如不当言论或版权问题，从而提前介入处理。

（五）提供优质的服务

利用人工智能（AI）技术，图书馆可以在微博上拓展服务的范围和形式，提升资源共享的效率，并优化与读者及其他图书馆之间的交流。高校图书馆可以通过人工智能自动化地整合和发布相关馆藏信息，如兄弟馆的资源和相近单位的信息资源。首先，人工智能技术可以分析并推荐相关的资料和资源，以确保信息的相关性和精准性，从而有效实现资源共享。其次，人工智能可以帮助图书馆发现和连接其他机构的数据库，自动更新和同步信息，使读者能够访问到最广泛的资源。利用智能算法，微博平台可以成为图书馆员互相帮助、探讨业务的有效工具。再次，人工智能可以分析历史对话，提供解决方案和建议，帮助解决工作中的难题。最后，人工智能的聊天机器人可以在微博上实时回答读者的基础查询，释放图书馆员的时间，让他们可以专注于更复杂的任务和高质量的服务提供。

第三节 人工智能技术在高校图书馆资料微信公众平台中的实际应用

一、高校图书馆资料微信公众平台的必要性

（一）微信用户数量的不断增长

微信的强大社交功能特别受年轻一代的青睐，使得微信成为一个极具吸引力的平台，尤其适合高校图书馆来开展其服务。微信公众平台对于高校图书馆来说，不但是一个新兴的服务渠道，而且是连接和服务主要用户——高校学生的有效工具。图书馆通过微信公众平台发布最新的通知、活动信息、学术资源和操作指南等，极大提高了信息传递的速度和广度。更重要的是，微信公众平台支持多种媒体格式，如文字、图片、声音和视频，使得图书馆能够创造更加丰富和互动性强的内容，吸引学

生的注意力并增强用户体验。微信公众平台还提供了便捷的反馈和交流渠道，学生通过留言或直接与图书馆进行互动交流，提升了服务的及时性，增强了图书馆与学生之间的互动性和亲密度。

（二）微信公众平台的功能较为强大

微信公众平台的引入不仅为高校图书馆提供了一个功能强大的新媒体工具，也扩展了传统微信的通信功能，还增强了图书馆与读者之间的互动和服务质量。与个人微信账户相比，微信公众平台提供了更为专业和多功能的服务环境，使得图书馆能够更有效地管理和发布信息，促进与读者的实时互动。微信公众号作为一种综合性的服务平台，为高校图书馆提供了一个全面的信息发布和互动工具。该平台使图书馆不仅能够发送日常的通知和消息，还可以发布多媒体内容，如图片和视频，这些均为传统微信功能的一部分。然而，公众平台的优势在于其更高级的互动功能，如自定义菜单、自动回复、图文混排等，这些功能使得内容呈现更加丰富和吸引人。微信公众号还支持更复杂的信息交互功能，如图书预约、咨询回答和用户反馈等功能，允许读者直接参与到图书馆的服务中来。读者可以通过平台参与在线问答、意见反馈以及参加由图书馆举办的各种互动活动，如阅读挑战和书评分享，从而极大地提升用户的参与度和服务体验。结合此类即时阅读分享和互动服务，高校图书馆的微信公众平台能够增加读者的阅读兴趣，促进读者社群的形成，通过社群互动进一步提高图书馆服务的吸引力和影响力。

（三）微信公众平台进一步推动图书馆资料的多元化服务方式

微信公众平台为高校图书馆提供了一种全新的服务模式，使图书馆能够超越传统的时空限制，向读者提供更加多元化和个性化的服务。通过微信公众平台，图书馆能够实现 7×24 小时不间断服务，极大地增强了其服务的可达性和便利性。利用微信公众平台，高校图书馆能够有效突破实体服务的地理限制和时间限制。学生无须亲自访问图书馆即可进行图书查询、文献检索和数据库服务。例如，通过简单地输入关键字，用户即可迅速检索到所需资料并获取相关信息。此即时响应的服务模式对于忙碌的学生来说尤为重要，可以大幅提升图书馆的使用效率和用户的满意度。微信公众平台的一对一交流功能和分组管理功能为提供个性化服务创造了条件，图书馆可以根据用户的学习专业和兴趣爱好，推送定制化的阅读材料和研究资源。分组功能能够使图书馆为不同的学术领域或研究小组创建专门的交流群组，提供专业化的信息和服务支持。微信公众平台还允许图书馆通过多种形式与用户进行互动，如图文消息、视频讲座、在线问答等，均是传统图书馆服务难以实现的。通过这些互动形式，图书馆能够在提供信息的同时，创建一个学术交流的社区，促进学生之间的知识分享和学术讨论。

二、高校图书馆资料微信公众平台的特点

（一）方便快捷的服务

微信公众平台为高校图书馆提供了一个极为方便快捷的服务方式，主要得益于微信手机客户端的广泛应用和移动终端设备的普及。此种服务模式使得图书馆服务不再受到传统的时空限制，极大地增强了服务的可访问性和便捷性。高校图书馆可以通过微信公众平台实施自动回复功能，使用户只需输入关键字就可以快速获得他们所需要的信息。图书馆可以将常见的咨询问题及其解答编制成一个易于访问的数据库，用户的任何查询都可以在几秒钟内得到响应。即时反馈不仅提高了用户的满意度，还有效地减轻了图书馆工作人员的工作负担，使他们可以将更多的时间和资源投入到更复杂的查询和图书馆管理任务中。

（二）信息交互性较强

微信公众平台的内置消息接口允许图书馆通过服务器连接到指定网

址，实现即时消息发送和回复，从而与用户进行有效的信息交互。此种交流方式增强了用户的参与感，还使得服务响应更加迅速。高校图书馆能够通过微信公众平台提供一对一的交流服务，用户的每一次信息咨询都能得到专业人员的即时回复和指导，不仅提升了用户满意度，而且有助于图书馆收集和理解用户的具体需求和建议。用户可以直接通过平台对图书馆的服务提出建设性的意见，而用户的反馈对于图书馆改进服务、提高服务质量至关重要。

（三）精准服务的提供

微信公众平台为高校图书馆提供了一种精准服务的有效途径，使图书馆能够更好地满足多样化的用户需求。该平台可以使图书馆精确地识别并分析在校学生、在职教师、科研人员及社会人士等不同用户群体的具体需求。利用微信公众平台的高级数据分析工具，高校图书馆可以根据用户的行为和偏好，进行有针对性的信息推送。此种个性化的服务方式能够提供更贴合用户需求的资源和服务，增加了用户的参与度和满意度。例如，为学生推送与课程相关的资料，为教师提供最新的教学研究资源，为科研人员推荐最新的科研成果和论文。微信公众平台的广泛覆盖和互动性还为图书馆带来了扩大影响力的机会，通过持续的优质服务内容和精准的资源推荐，高校图书馆不仅能吸引更多人利用其服务，还能增强图书馆在学术和社会中的地位和作用。

（四）利于阅读推广

高校图书馆的微信公众平台凭借其形式多样和内容丰富的特性，极大地促进了阅读的推广。该平台允许图书馆通过多种媒体形式，如文字、图片、音频和视频发布信息，这些多样化的内容形式不仅增加了信息的吸引力，而且使得内容更易于被理解和接受。由于微信公众平台拥有高效的信息传播能力，图书馆发布的资料能迅速获得广泛关注，并通过用户的复制和转发功能得到进一步的传播。此种快速和广泛的信息分享功能，使图书馆能够有效地将最新资讯、学术资源及阅读材料推广给大量的关注者，提升阅读文化的普及率。

三、高校图书馆微信资料公众平台功能的设置

微信公众平台的根本功能是即时通信，为高校图书馆提供了一个强大的消息推送工具。图书馆能够通过该平台及时向用户发送关键信息，包括图书馆的开放时间、最新图书推荐、近期活动安排等。即时的消息推送功能使得图书馆能够保持与用户的持续联系，确保信息的时效性和可达性。对于学生和教职工来说，这意味着能够实时接收到图书馆的最新动态和资源更新，从而更有效地规划他们的学习和研究活动。微信公众平台通过与图书馆数据库的对接，实现了信息的实时更新和检索功能。用户可以随时通过输入关键字来查询所需的资料，系统能够提供即时的搜索结果和相关信息。该平台的互动功能支持人工和自动回复，能够根据用户的具体询问提供定制化的咨询服务，不仅增强了用户体验，还使图书馆能够更好地了解用户需求，进而优化服务和资源配置。微信公众平台的另一个显著特点是资源共享功能，用户既可以查询和借阅图书资料，又能通过收藏和分享功能与他人共享信息。利用微信的社交属性，图书馆可以扩大其影响力，促进知识的传播和学术交流。此功能不仅提升了图书馆资源的利用效率，而且增强了图书馆在社会上的形象和认知度。

四、人工智能技术下高校图书馆资料微信公众平台应用的建议

在数字化时代背景下，高校图书馆必须利用现代技术手段，如人工智能（AI）来优化和扩展服务。微信公众平台作为一种广泛使用的社交媒体工具，提供了一个独特的机会，不仅用于信息传递和即时通信，还可以深化读者服务和互动。微信的核心优势在于其社交互动功能，高校

图书馆应当通过人工智能来增强这些功能，比如，开发更智能的人工问答系统，而不限于基本的智能问答模式。投入专门的人力和技术资源，可以实现更精准的用户需求识别和满足，从而提高互动质量和用户满意度。例如，人工智能可以分析用户提问的语义，提供更加准确和相关的答案，或者根据历史互动数据，预测并主动提供用户可能感兴趣的信息。利用微信平台的灵活性，高校图书馆可以开发多样化的服务方式，如音频、视频、图文等，以适应不同用户的消费习惯。人工智能可以帮助图书馆分析哪种内容形式更受用户欢迎，从而调整内容发布策略。此外，人工智能还可以帮助自动化内容的生成和定制，如根据用户行为和偏好自动推送个性化的图书推荐或学术资源。

为了确保微信公众平台能持续提供高质量的服务，必须有专人负责其运营和管理，主要负责日常内容的更新和与用户互动，还需要持续监控和评估服务效果，利用人工智能工具来优化操作流程和用户体验。管理团队需要定期接受关于最新人工智能应用和微信功能的培训，确保能够充分利用这些工具来提升服务质量。成功的微信公众平台服务应建立在对用户需求深入了解的基础上，通过定期的用户调研，图书馆可以获得关键的洞见，以定制更符合用户需求的服务。人工智能技术在这里可以发挥关键作用，通过分析用户的互动数据和反馈，图书馆可以更精确地定位用户需求，从而设计更有效的营销和服务策略。

第四节　基于人工智能技术的开放数据与高校图书馆读者服务优化举措

一、科学数据与开放获取数据分析

（一）科学数据的概述

科学数据自 2013 年大数据元年以来已成为生产生活的重要组成部分，对科研工作尤其具有重要意义。科学数据的核心特点在于其实时性，这一属性使得科学数据在各类研究与发展活动中发挥着至关重要的作用。作为信息资源的一种，科学数据既是科研成果的表现，也是科研过程中不可或缺的一环。在当前信息时代，科学数据的应用范围广泛，涉及从基础研究到应用开发的各个阶段。其实时性保证了数据的新鲜度和有效性，对于加快科研步骤、提高研究效率具有显著影响。因此，科学数据的管理与应用成为科研机构和高等教育机构关注的重点。通过有效地利用科学数据，科研人员可以在更短的时间内获得更加精准的研究洞见，推动科学技术的进步。

（二）开放获取数据的分析

由于存储和处理技术的限制，许多宝贵的数据资源未能得到有效保存和合理利用，不仅阻碍了科研进展，也影响了其他生产生活领域的发展。鉴于此，全球范围内对于科学数据的保护与开放使用已达成广泛共识，并逐步实施相关政策和技术支持，以促进数据资源的共享与开发。科学数据的开放获取对于促进知识共享和创新具有深远的意义。2015 年11 月，美国国家信息标准协会与国际科技信息委员会共同召开网络研讨会，探讨数据开放的相关问题，标志着对科学数据开放获取的重视已经上升到国际合作和高层政策制定的层面。此外，美国副总统与欧盟首席执行官就制定新的跨大西洋数据共享协议进行协商，显示出数据开放在国际政策中的重要地位。在实践层面，德国数字图书馆于 2013 年 11 月通过发布应用程序接口（API），向公众提供开放数据服务，成为全球图书馆界首次以 API 方式提供馆藏数字资源的开放共享服务的例子。此种创新不仅提升了图书馆服务的现代化水平，也为全球用户提供了便捷的数据获取途径，极大地促进了科研和学术交流的国际化。随着科学数据开放获取的普及，世界各地的学术机构、科研组织甚至政府部门都在积极制定和实施支持政策，涵盖数据的保存和访问标准，也涉及数据安全和隐私保护，确保数据在开放的同时，使用者的权益也得到妥善保护。开放获取数据的全球推广为科研人员提供了前所未有的资源利用效率和协作潜力。研究人员既可以更快地访问到最新的研究成果和原始数据，加速科研项目的进度，也减少了重复劳动，提高了科研投资的整体回报率。

二、当代高校图书馆与开放数据资源

随着《关于促进大数据发展的行动纲要》于 2015 年 9 月由国务院印发，中国的大数据发展工作已得到国家层面的系统部署。该政策推动了科学数据共享工程，使得我国的数据资源开放体系日益完善，目前已具备一定规模。该体系涵盖科研文献、特种文献及其他多种文献资源，总计超过 50 种资源类型。在这样一个庞大的资源体系中，各类数据资源不仅数量众多，而且彼此之间存在广泛的交叉关系，为科研人员提供了丰富的研究材料和数据支持，极大地便利了科学研究的深入进行。高校图书馆作为知识和信息的集散地，在开放数据资源的背景下，有机会更有效地服务于教学和研究工作，促进了学术交流和知识创新。因此，高校图书馆在当前大数据和开放科学的环境下，应积极融入这一开放的数据资源体系，通过整合和优化现有资源，不断提升服务质量和效率，支持和促进校内外的科研活动，强化图书馆在高等教育体系中的核心作用。

在信息化和数字化的大背景下，高校图书馆的角色和服务范围正在经历重大变革。过去，图书馆主要服务于本校的教学和科研活动，但现在，随着技术的进步和资源的丰富，图书馆有了拓展其服务范围的机会和责任。高校图书馆作为高校信息资源的三大支柱之一，现在不仅需要继续在信息存储和检索上发挥作用，还需要开发更多服务内容（如数据传递、资源共享等）。服务的拓展能够更好地满足用户和读者的需求，并且有助于提升图书馆在学术和研究领域的作用与影响力。诸多创新服务能够使图书馆提高自身的服务质量和效率，进一步在更广泛的领域内展示其价值，从而提升图书馆的整体形象和地位。

三、基于人工智能技术的高校图书馆开放数据服务的前提

在高校图书馆中，信息资源的创新性整合是以用户需求为核心，图书馆需对各种信息资源进行整合、开发和深度挖掘。此过程既涉及传统的图书和期刊资源，又包括电子资源、学术数据库和开放获取资料的集成与优化。图书馆可以通过有效的资源整合，全面地支持教学和科研工作，提高服务质量和效率。人工智能（AI）技术在这里发挥着至关重要的作用，例如，通过智能分类、元数据管理和语义分析技术，可以自动对大量信息资源进行组织和索引，使得资源的检索和使用更为高效。随着大数据时代的到来，用户对信息的获取方式也发生了根本变化。高校图书馆面临的挑战是如何在简单获取的基础上提供更加深入和系统的数据分析服务，这就要求图书馆对数据资源进行科学管理，包括数据的采集、存储、处理和分析。应用人工智能技术，如数据挖掘和机器学习，可以从庞大的数据集中提取有价值的信息，支持复杂的查询需求并生成

高质量的二次文献。例如，通过分析用户行为数据和交互日志，人工智能可以帮助图书馆识别用户群体的研究趋势和兴趣点，从而提供更精准的服务。

信息化大浪潮要求高校图书馆员不再局限于传统的资源管理和借阅服务，在人工智能的辅助下，图书馆员应转变为信息服务的专家，能够提供基于数据分析的定制化咨询。这要求馆员既要掌握最新的信息技术和人工智能工具，又要具备强烈的服务意识和主动性，去了解并满足用户的多样化需求。进一步地，图书馆员还应具备一定的数据科学知识，能够参与数据资源的开发和管理。要有效地实施开放数据服务，高校图书馆需要在多个层面转变其工作理念，强化对数据资源的认知和管理，重视并充分利用电子资源和网络资源。加大对开放数据服务的宣传力度，通过校园网、社交媒体等多种渠道，让更多的用户了解并利用这些服务。举办研讨会、讲座和其他相关活动，提高开放数据服务的可见度和用户的参与度。为了支持开放数据服务，高校图书馆需要加大对数据资源的投资，包括购买和整合最新的学术资源。鼓励图书馆员利用专业知识参与到特色数据资源的建设中，如开发专题数据库和研究项目库。此外，加强与其他高校图书馆的合作，可以通过资源共享和技术交流，共同提升服务水平和资源利用效率。

四、基于人工智能技术的高校图书馆开放数据服务的一般内容

数据检索是图书馆的基本功能，对于高校图书馆而言，此项服务的专业性和精准性尤为关键。图书馆可以通过人工智能技术的应用，实现自动化的文献检索和分类，提高检索的速度和准确性。人工智能系统可以通过学习用户的检索习惯和需求，提供定制化的检索建议，优化检索过程。高校图书馆通过先进的信息技术，如数据库管理系统和云存储解决方案，能够有效地整合不同来源的数据资源。人工智能技术在此过程中发挥着至关重要的作用，通过算法优化数据存储结构，自动化处理大

数据集，确保数据的安全性和易访问性。对于一些不易直接获取的数据资源，如专业数据库和外文资料，高校图书馆提供的数据申请和获取服务尤为重要。人工智能可以在这一服务中发挥关键作用，例如，通过自动化的客户服务系统，用户可以方便地提交数据申请，并实时跟踪申请状态。图书馆工作人员可以利用人工智能工具快速处理这些申请，包括验证用户的访问权限、检索和准备所需数据。此外，人工智能技术也能帮助图书馆评估数据使用的效率，优化资源分配，从而减少成本并提高服务质量。有效的数据管理是开放数据服务成功的关键所在，在此方面，人工智能技术为高校图书馆提供了强大的支持。人工智能技术不仅可以帮助图书馆对海量数据进行分类、标注和维护，还能通过持续的学习和更新，提高数据管理的精度和效率。图书馆建立智能的用户反馈系统，能够实时收集和分析用户反馈，从而不断优化服务。人工智能还能辅助图书馆进行数据挖掘，发现数据之间的潜在联系，为科研人员提供更深层次的分析和研究支持。在管理实践中，高校图书馆可以利用自身的专业优势和与其他图书馆的合作关系，共享资源和经验，利用人工智能技术加强数据资源的集成和利用，使资源的价值和影响力最大化。

五、基于人工智能技术的高校图书馆开放数据服务的延伸内容

在高校图书馆的开放数据服务中，数据挖掘和分析服务项目发挥重要的作用。结合高级算法和机器学习技术，图书馆能够从大量复杂的数据中筛选出有价值的信息，清除无关数据，从而给用户提供最需要的精确数据。数据挖掘技术还能帮助图书馆从用户的行为和偏好中学习，进一步优化资源的推荐系统。例如，通过分析用户过往的搜索历史和资源的使用情况，人工智能系统可以预测用户可能感兴趣的新领域和资源，从而提供个性化的服务。随着全球化的深入发展，海量数据的产生带来了语言多样性的挑战。许多宝贵的数据资源是以外文形式存在的，这对

于语言能力有限的用户来说，是一个不小的障碍。高校图书馆可以利用人工智能技术提供数据翻译服务，特别是对于一些小语种资源的翻译，极大地增加了有关资源的可访问性和使用率。利用先进的机器翻译技术，如神经网络翻译系统，图书馆不仅可以提供文本翻译，还能实现实时的语音翻译服务。该服务的实施无疑会使图书馆的资源更加丰富、服务范围更广，吸引更多的国际用户。数据传递服务是解决用户在特殊情况下的数据需求的有效方式，如在网络连接不稳定、数据量过大或设备存储能力有限的情况下。通过 E-mail、网络硬盘、云存储等方式，高校图书馆可以将数据直接传送到用户手中，确保数据的快速和安全传递。在此过程中，人工智能技术可以用来优化数据传输路径和方法，确保数据传输的效率和安全性。

参考文献

[1] 朱涵，张韵．新媒体环境下的图书馆知识共享 [M]．上海：上海社会科学院出版社，2022．

[2] 李红霞，冀颖，王金英．高校图书馆微服务体系概论 [M]．北京：新华出版社，2022．

[3] 程静，鲁丹，陈金传．技术视角下高校图书馆创新实践 [M]．上海：上海社会科学院出版社，2021．

[4] 刘瑞琨，马燕，王贤云．现代图书馆管理与阅读推广服务 [M]．银川：宁夏人民出版社，2020．

[5] 施强．大数据、知识服务与当代图书馆学 [M]．杭州：浙江大学出版社，2020．

[6] 曹祺．大数据时代图书馆信息系统的系统分析与设计 [M]．武汉：武汉大学出版社，2020．

[7] 皇甫军，包海艳，杨静．高校图书馆学科资源建设理论与实践 [M]．北京：文化发展出版社，2019．

[8] 中国社会科学情报学会．图书馆、情报与文献学研究的新视野 [M]．北京：中国书籍出版社，2018．

[9] 陈维．数字图书馆特色资源共享与服务研究 [M]．杭州：浙江工商大学出版社，2015．

[10] 韩丽 . 高校图书馆学科化服务的实践发展 [M]. 昆明：云南大学出版社，2014.

[11] 吴兆文，朱林 . 数字环境下的图书馆文化 [M]. 北京：人民邮电出版社，2014.

[12] 蔡鑫 . 基于人工智能的图书馆信息资源建设与服务的版权问题研究 [D]. 开封：河南大学，2023.

[13] 陈雪芬 . 面向智慧图书馆的高校图书馆员能力建设研究 [D]. 南宁：广西民族大学，2023.

[14] 郭晓雨 . 重庆图书馆智能化公共服务建设研究 [D]. 重庆：西南大学，2022.

[15] 胡尹洁 . 人工智能技术在双一流高校图书馆中的应用研究 [D]. 湘潭：湘潭大学，2022.

[16] 杨志顺 . 人工智能背景下公共图书馆视障用户信息无障碍服务研究 [D]. 郑州：郑州航空工业管理学院，2022.

[17] 杨斌成 . 人工智能在公共图书馆智慧化服务中的应用及现状研究 [D]. 上海：华东师范大学，2022.

[18] 邹韶光 . 图书馆融合人工智能调研与对策研究 [D]. 湘潭：湘潭大学，2021.

[19] 钟欢 . 高校图书馆智慧型学科服务平台设计研究 [D]. 曲阜：曲阜师范大学，2021.

[20] 初霭 . 国内高校智慧图书馆服务平台建设研究 [D]. 哈尔滨：黑龙江大学，2021.

[21] 陈茫 . 面向高校科研创新的图书馆智能服务研究 [D]. 哈尔滨：哈尔滨工业大学，2021.

[22] 王益成 . 数据驱动下科技情报智慧服务模式研究 [D]. 长春：吉林大学，2020.

[23] 王灼志. 人工智能环境下高校图书馆咨询知识库建设研究 [D]. 湘潭：湘潭大学，2020.

[24] 王莹. 智慧图书馆的新型文献情报服务模式研究 [D]. 重庆：重庆大学，2020.

[25] 焦洁. 图书馆智能机器人应用研究 [D]. 郑州：郑州大学，2020.

[26] 谈娟. 人工智能技术在图书馆中的应用研究 [D]. 福州：福建师范大学，2020.

[27] 郑卓闻. 馆员视角下图书馆智能设备采纳研究 [D]. 武汉：华中师范大学，2020.

[28] 杨子帅. 基于人工智能的图书智慧服务模式研究 [D]. 天津：天津理工大学，2020.

[29] 王婷. 我国智慧图书馆研究成果述评 [D]. 长春：东北师范大学，2019.

[30] 王晓晨. 基于人工智能的公共图书馆空间再造模式构建研究 [D]. 沈阳：辽宁大学，2019.

[31] 陈远方. 智慧图书馆知识服务延伸情境建构研究 [D]. 长春：吉林大学，2018.

[32] 何瑶. 基于智能机器人的智慧图书馆服务研究 [D]. 南京：南京大学，2018.

[33] 牛昊. 智能图书推荐系统在高校数字图书馆的应用 [D]. 昆明：云南大学，2018.

[34] 陈亮. 图书智能检索系统中的数据挖掘技术研究与应用 [D]. 哈尔滨：哈尔滨工程大学，2012.

[35] 蒲姗姗. 高校"人工智能＋图书馆"智慧服务体系构建研究 [J]. 辽宁经济职业技术学院. 辽宁经济管理干部学院学报，2023（2）：32-34.

[36] 汪东升，游祎. 我国图书馆领域人工智能研究现状与展望 [J]. 图书馆研究与工作，2023（4）：35-41.

[37] 张慧，叶鹰. 智能、智识、智见：智慧图书馆之特征解析 [J]. 中国图书馆学报，2023，49（3）：67-74.

[38] 杨洁琼. 人工智能在智慧图书馆建设中的应用 [J]. 数字通信世界，2022（9）：121-123.

[39] 初景利，任娇菡，王译晗. 从数字图书馆到智慧图书馆 [J]. 大学图书馆学报，2022，40（2）：52-58.

[40] 李菲菲. 基于人工智能的智慧图书馆建设的逻辑和方法研究 [J]. 情报科学，2021，39（12）：87-92.

[41] 王方园. 智能图书馆与智慧图书馆辨析：兼论图书馆未来发展路径 [J]. 图书馆学刊，2021，43（7）：1-5.

[42] 张坤，查先进. 我国智慧图书馆的发展沿革及构建策略研究 [J]. 国家图书馆学刊，2021，30（2）：80-89.

[43] 王天泥，刘妍. 人工智能环境下图书馆空间再造实践与思考 [J]. 图书馆学刊，2020，42（12）：25-29.

[44] 高雅平，詹华清. 基于人工智能的图书馆建设研究 [J]. 数字图书馆论坛，2020（11）：20-26.

[45] 王世伟. 深化人工智能与图书馆更新的若干问题：再论人工智能与图书馆更新 [J]. 图书与情报，2020（3）：93-103.

[46] 于兴尚，高晶. 人工智能视域下图书馆智慧服务探析 [J]. 图书馆研究，2020，50（2）：101-110.

[47] 王红，袁小舒，雷菊霞. 人工智能：图书馆应用架构和服务模式的重塑 [J]. 现代情报，2019，39（9）：101-108.

[48] 沈玲. 人工智能技术在图书馆中的应用研究综述 [J]. 图书馆学刊，2019，41（4）：134-142.

[49] 陈茫，张珏. 基于人工智能的图书馆服务实践应用创新与思考 [J]. 图书馆，2018（12）：8-16.

[50] 李建伟 . 新一代 "人工智能 + 图书馆" 服务应用生态的构建 [J]. 新世纪图书馆，2018（11）：56–59+69.

[51] 赵美芳 . 国外图书馆人工智能 AI 应用现状及启示 [J]. 兰台世界，2018（11）：131–135.

[52] 陆婷婷 . 从智慧图书馆到智能图书馆：人工智能时代图书馆发展的转向 [J]. 图书与情报，2017（3）：98–101+140.

[53] 吴仕平 . 为图书馆插上数字化的 "翅膀" [N]. 芜湖日报，2023–12–19（001）.

[54] 赵依雪 . 人工智能让图书馆更 "智慧"？ [N]. 国际出版周报，2023–09–11（004）.

[55] 蒋肖斌 . "数智" 图书馆为读者带来 "花式" 体验 [N]. 中国青年报，2023–08–14（003）.

[56] 付冬梅 . 高校智慧图书馆平台建设策略探究 [N]. 山西市场导报，2023–07–25（C04）.

[57] 舒晋瑜 . 智慧图书馆: 全媒体阅读时代的文化粮仓 [N]. 中华读书报，2022–11–16（008）.

[58] 马宇平，马佳序 . 大学生如何利用图书馆 [N]. 中国青年报，2018–04–23（011）.

[59] 李晓 . 你好，智能图书馆 [N]. 新华书目报，2015–06–26（A11）.

[60] 江继兰 . 让图书馆阅读更智能 [N]. 中国文化报，2011–05–16（005）.